大学生活引航

宋吉红◎主编

中国林业出版社

图书在版编目（CIP）数据

大学生活引航 / 宋吉红主编. —北京：中国林业出版社，2017.8
ISBN 978-7-5038-9258-5

Ⅰ.①大⋯　Ⅱ.①宋⋯　Ⅲ.①大学生–入学教育–高等学校–教材　Ⅳ.①G645.5

中国版本图书馆CIP数据核字（2017）第204656号

责任编辑： 刘家玲　刘　慧

出版发行	中国林业出版社（100009　北京市西城区德内大街刘海胡同 7 号）	
	电话：（010）83143519	
	http://lycb.forestry.gov.cn	
印　　刷	北京卡乐富印刷有限公司	
版　　次	2017 年 8 月第 1 版	
印　　次	2017 年 8 月第 1 次印刷	
开　　本	787mm×1092mm　1/16	
印　　张	15.5	
字　　数	350 千字	
定　　价	38.00 元	

序
Foreword

据世界卫生组织统计，2015年全球人均寿命71.4岁，我国人均寿命76.1岁。我国大学本科学制一般为4年，这意味着一个接受过高等教育的人大约有1/19的时间是在大学里度过。我国义务教育法规定，年满6周岁儿童必须接受九年义务教育。按年龄计算，大约18周岁开始接受本科高等教育，至22周岁结束，其中一部分人还要接受研究生教育。可以说，大学阶段的学习生活是人生的转折点，也是人生的奠基石。人生中这1/19的时间如何度过，对于每一个大学生都是十分重要、十分关键的。

大学学习生活的重要性在于，掌握过硬的知识技能，为步入社会从事工作奠基；大学学习生活的关键性在于，塑造正确的价值观，为走好人生的每一步领航。一个优秀的大学毕业生，不仅要取得学历学位证书，更重要的是取得思想合格证书，也就是确立科学的价值观，掌握正确的立场、观点和方法。大学毕业后每位同学都将步入社会，服务国家和人民。正确认识大学学习生活的重要性，牢牢把握关键性，将决定每个同学未来的社会角色，也决定每个同学未来的社会贡献度和人生价值的实现度。

习近平总书记指出："学生在高校生活，少则三到四年，多则九到十年，正处在人生成长的关键时期，知识体系搭建尚未完成，价值观塑造尚未成型，情感心理尚未成熟，需要加以正确引导。"我欣喜地发现《大学生活引航》，在指引学生健康成长成才方面积极探索，具备"正确引导"鲜明特点。编著这本书的是这样一群人：他们长期与学生摸爬滚打在一起，了解学生所思所想，他们具有丰富的教育实践经验，深知教书育人的职责。这本书讲述了大学生这样一些事：适应大学生活让父母放心，树立远大理想追求更大进步，掌握学习方法练就过硬本领，学会与人相处净化个人心灵，投身社会实践驾驭成才梦想，学会职业规划实现美好人生。

大学的根本任务是人才培养，大学的重要使命是为国家输送优秀人才。教书育人是大学工作者的天职，编写《大学生活引航》一书是尽职尽责的体现。我认为，这本书对每一个大学生有导航、引路、辅导作用；我还认为，这本书对每一位辅导员和班主任有参考、借鉴、使用价值。愿这本书成为学生们的良师益友，成为辅导员和班主任的得力帮手。

是为序。

北京林业大学党委书记　王洪元

2017年6月1日

前言
Preface

金秋时节，大学新生们坐上了通往大学的第一趟列车，踏上了人生新的征程，满怀憧憬，一路奔向梦想启航的地方。

人生犹如一场漫长的旅行，在每一段旅途开始之前，不妨问一下自己："我准备好了吗？"巴斯德说过："机会是留给有准备的人的。"充分的准备是取得成功的关键。"日异其能，岁增其智"，脚踏实地积累，会使现实与梦想越来越近。大学是人生之旅的重要里程碑。在这个全新的阶段里，学习、生活都发生了很大变化。或许你对大学生活因为陌生而感到无所适从，在新环境里感到迷茫、困惑，甚至无助；或许你已经初步做好一些规划，比如培养一种兴趣，来丰富自己的课余生活，交到几位诚挚的朋友，成为人生路上的知己。无论如何，迈入大学的门槛后，你会感到这里与以前有很多不同。这里是一个人一生中系统学习知识的黄金阶段，是世界观、人生观、价值观形成的重要时期，它决定了一个人基本的专业发展方向和基本的职业素养。在这场旅途中，应该确保收获母校的文凭、优秀的品质、实用的技能、健全的人格、同学的友情，这是大学生走向成功的五拼图。除此以外，大学之旅丰富多彩而又异常艰辛，要想达到成功的终点，还需要做很多的准备。

真切地希望初入大学的同学们能够顺利地度过大学适应期，期待接下来的大学生活能够过得有意义、有质量。《大学生活引航》可以对大学生的成长与发展起到一定的指导与辅助作用，引导大学生尽快独立。这里的独立，不仅包括学习、生活和实践的独立，还包括对理想、职业生涯的主动思考与规划。本书中，作者们对大学各个重要阶段应做的事情进行了详细的阐述，目的是使莘莘学子们对大学生活规律有一个宏观把握和详细了解。

本书编委会成员是具有经验丰富的高校思想政治教育工作者和教学工作管理者。正是因为他们对大学生活的亲身经历，对大学生思想政治教育工作的切身感悟，对大学生多年的深厚感情，才能促使他们对大学生活进行总结与凝练，将理论与实践相结合，对大学生成长规律进行深入思考与探索，以期为大学生的成长引航。

本书中，第一章"初识大学 转变角色"由马丰伟、宋吉红撰写；第二章"仰望星空 心怀理想"由宋吉红、李晓凤撰写；第三章"书海遨游 练就本领"由焦隆撰写；第四章"人际和谐 助力成长"由郝玥撰写；第五章"多彩校园 绽放青春"由程雨萌撰写；第六章"规划未来 放飞梦想"由关立新撰写；第七章"温馨港湾 陪伴成长"由沙京撰写；"第八章"他山之石 精彩大学"由宋吉红、杨佳奇整理编辑。

"授人以鱼不如授人以渔"。希望本书能够成为大学生充实度过大学生活的得力帮手，成为从事高校思想政治教育工作同行们的有益参考。

感谢卓越农林人才培养计划对本书的资助！感谢北京林业大学领导长期以来的鼓励与指导，感谢北京林业大学水土保持学院对本书编写工作的支持与帮助。

编　者

2017年7月

目录
Contents

1

第三章

书海遨游　练就本领

第四章

人际和谐　助力成长

第七章

温馨港湾　陪伴成长

第八章

他山之石　精彩大学

参考文献

后记

第一章

初识大学 转变角色

　　时间，转瞬即逝。9月，大学新生们带着梦想踏上了去往远方的列车，挥一挥手，告别了曾经见证奋斗与汗水的中学，以及那些陪伴自己成长的亲人、老师和朋友，来到了一个陌生的城市，遇到了一群来自天南海北的同龄人。此时，我们的心里可能充满好奇——大学生活该如何度过？该怎样和陌生的同学相处？这曾经梦想中的大学和高中有什么样的不同？我在这里会有什么样的际遇？能结识到什么样的朋友？……这些问题会使许多人产生莫名的兴奋、些许的不安与茫然。因而，尽快了解并适应大学生活非常重要。现在，让我们一起去寻找这些问题的答案吧！

第一节　如何顺利度过大学适应期

　　大学适应期，是指大学生自入学到基本适应大学生活的这一段时期。这一时期，大学生逐步调整好自己的心理状态，完成了中学生到大学生角色的转变，达成与新环境平衡地发展，与大学环境之间形成一种更为和谐的关系，达到和谐状态，在心理上充满幸福感，能够很好地解决遇到的问题和困难，能够有效地进行学习交流和各种社会活动。顺利度过大学适应期，能为今后几年的学习生活打下坚实的基础。所以，大学适应期对大学生的成长与发展非常关键，这也是大一新生普遍关心的问题。

一、调整心态，适应环境

　　中学时期，学习基本上是唯一的任务。那时，大学之梦激励着我们不惜过着往返于教室、宿舍和食堂三点一线的单调生活。进入大学后才发现，各个方面比中学复杂多了，所有的事情都要靠自己去计划与安排，遇到的问题要一个一个亲自去解决：这个月的伙食费快用完了该怎么办？怎样与同寝室的人好好相处？怎样适应老师的授课方式？……从饮食起居到学习工作，每一件事都得从头摸索。令很多人不习惯的是，学习基本上没有老师督促，生活也没有父母一揽代包，这些变化使大学生在感受自由的同时，也带来了强烈的迷茫感。

　　初入校门是大学新生走向独立的开始。每个人必须亲身体味"生活"这个万花筒中丰富多彩而又充满酸甜苦辣的味道。有些中学在高考前的几个月，会为即将上"战场"的学生们举办一次18岁的成人典礼，告诉学生，你们即将独自远

（姚亚琦　绘）

行，从此要独立去走人生之路。这里的"独立"，本义是："不依靠他人。"但实际上却远非这些。不依靠，并不是要遗世独立，而是使自己成为生活的主人公，凭借自己的智慧和经验，去处理身边的大小事情，走出属于自己的人生之路。大学意味着，学生从18岁起，要独自站在成人道路的起点，去创造人生的奇迹。

（一）及时调整心态

大学与中学在教学内容、教学方法上存在着很大差异。大学学习的基本特点是自主性学习。不少大学新生不了解大学学习的方式方法，存在学习心理困惑和学习定位偏离的问题，导致学习目标模糊，学习态度倦怠，学习动力不足，学习成绩欠佳等现象，少数人在第一学期出现多门课不及格，导致心理上出现焦躁或悲观情绪。因此，及时调整心态、适应大学环境特别重要。新生入学后，学校会组织新生进行入学教育，新生要认真地了解学校和所在学院的整体情况及学科、专业情况，主动融入新环境。要树立信心，克服焦虑情绪，勇敢面对困难，以乐观向上的态度面对一切，这样会有利于尽快适应大学新生活。

（二）把握好生活节奏

对于新生而言，大学校园是一个全新的生活空间，不少人面对丰富多彩的校园生活无所适从，有的不适应当地的气候、饮食、语言等环境，有的刚刚离开父母还没有安排好自己的生活等。针对这些问题，新生需要建立有规律的生活节奏，有计划地安排每天的学习与生活。要多参与集体活动，尽快地融入到新的集体中去。新生入学第一周，往往每天要参加各类入学教育活动，容易产生疲劳，因而，作息上要保证充足的睡眠，养成早睡早起的好习惯，尽量不要熬夜。开课后，学习上要全神贯注且劳逸结合。学习之余要坚持体育锻炼，提高身体素质，保持旺盛的体力与精力，以提高环境适应能力。

（三）学会求助他人

大学新生面对新环境和各种各样的选择，常常会感到束手无策，身边又没有亲戚朋友可以依靠，往往会产生无助心理。因而，要学会管理自己的生活，遇到事情多向学长、班主任、辅导员老师请教，主动与他们交流，汲取有益的建议与指导，这样可以少走弯路。必要时，也可以到学校心理咨询中心咨询，从专业角度释疑解惑、缓解压力。

二、明确目标，准确定位

（一）重新定位目标

上大学的目的不只是取得一张文凭，还要学习知识，培养综合素质与能力，为将来在社会上立足打下根基。不少上过大学的人说过这样的话："如果时光可以倒流的话，我会选择以更好的方式度过大学生活。"的确，大学本应是人生中最值得回忆、珍惜的时光，但不少人却虚度了它，究其原因是当初缺乏明确目标的指引。

目标是人行动的出发点与归宿，对目标的追求使人精神上有寄托、行动上有动力。高中阶段，每个人有着明确的目标——考上大学，进入大学后，随着这一目标的实现，部分学生没有及时树立下一阶段的目标，对如何度过大学生活没有一个清晰的规划，于是产生了"理想间歇症"，导致前进动力不足，陷入无所事事、空虚迷茫、得过且过的状态之中。部分学生抱有"以前学习太累，玩得太少，现在该好好玩一玩"的心理，放松了对自己的要求，再加上大学课程安排在时间上比较宽松，学生自主支配的时间比较多，有的人便开始沉溺于网络、游戏、恋爱，长期下来，势必会影响学业，导致在入学第一学期便出现多门课程不及格的现象，给以后的学习生活带来阴影。因此，新生入学后，需重新定位目标，尽快明确方向，使大学生活有一个好的开端。

大学生要志存高远。高尔基曾说："一个人追求的目标越高，他的才能就发展越快，对社会就越有益。"树立远大的目标是一个人成长、成才的关键。大学生正处于对未来充满憧憬的年龄阶段，这个时期是成才、成就事业的关键节点，很多成功人士的人生远大理想和目标往往是大学时期树立的。刚刚步入大学的新生们都处在同一个起跑线上，不管过去是否优秀，现在都是一个崭新的开始，因而确定高远目标十分重要，它就像生活中的一座灯塔，如果生活一直处于黑暗中，我们就很容易感到茫然、空虚、枯燥、乏味，甚至失去自信，意志消沉，丢失自我，但如果有高远目标的指引，则会感觉前途一片光明，任何情况下都会有奋进的动力。高远目标需要分步实施，我们可以根据实际，制定出长期目标、短期目标、近期目标，将每一个大的目标细化成很多个小目标，逐个实现小目标激励着自己不断前进，过段时间再回头看，原来自己已经走了这么远，最初的大目标也已是近在眼前。人生就在这样的过程中不知不觉地得以升华。

有这么一则故事：

一天，一位记者到建筑工地采访，分别问了三个建筑工人一个相同的问题。他问第一个建筑工人正在干什么活，那个工人头也不抬地回答："我正在砌一堵墙。"他问第二个建筑工人同样的问题，第二个建筑工人回答："我正在盖房子。"记者又问第三个工人，这次他得到的回答是："我在为人们建造漂亮的家园。"记者觉得三个建筑工人的回答很有趣，就将其写进了自己的报道。

若干年后，记者在整理过去的采访记录，突然看到了这三个回答，三个不同的回答让他产生了强烈的欲望，想去看看这三个工人现在的生活怎么样。

等他找到这三个工人的时候，结果让他大吃一惊：当年的第一个建筑工人现在还是一个建筑工人，仍然像从前一样砌着他的墙；而在施工现场拿着图纸的设计师竟然是当年的第二个工人；至于第三个工人，记者没费多少工夫就找到了，他现在成为了一家房地产公司的老板，前两个工人正在为他工作。可见，一个人的目标直接决定了他的前途。

这个故事说明，人要有明确而高远的目标，如果自己没有明确而高远的目标，别人的经历再美、故事再精彩，也都是别人的。同时，确立目标的过程实际上是一个做出选择的过程，这个反复思考、衡量、纠结、取舍的过程，能够帮助我们更好地提高自我认知能力。

（二）制定具体的计划

目标是我们设置的要达到的理想结果，计划是准备达到这样一个结果而实施的详细步骤。科学的计划能够管理好时间和精力，帮助大学生有计划地度过大学生活，从而确立在大学期间的发展目标、发展前景以及发展道路。人们常说计划赶不上变化快，但这并不意味着制定计划是徒劳无功的，而是要求我们在制定计划的时候要注意结合自身实际情况灵活地安排，及时地对计划进行调整。简单地说，好的计划应该包含四个要素。

一是具体。好的计划应该是具体的，要具体到自己很清楚自己在做什么。例如，"晚上要去图书馆上自习"就是不够具体的。因为它并没有说明学习的具体时间、具体内容等。这种计划的结果很可能就是你带上各种学习资料，气喘吁吁地赶到图书馆，左翻翻、右看看，不知从何处下手。这样的计划在一定程度上反而会降低效率。相比之下，"每周五数学课后去图书馆学习高数两个小时，完成作业，复习预习"就是一个具体的计划。越具体的计划越容易执行。

二是可衡量。可衡量就是使目标量化。例如，"今天背30个单词"就是一个量化了的、可衡量的计划。相比之下，"今天要背单词"这样的计划是意义不大的，因为它不可衡量，我们在执行的过程中不知道如何才算完成计划。

三是可实现。计划必须是依据实际情况制定。由于缺乏经验，很多人喜欢制定几乎不可能实现的计划。例如，"在一周之内减肥20斤"、"一天背100个单词"。因为计划完成的难度太大，往往会使人产生倦怠心理，如果计划失败又会产生挫败感，久而久之就失去了制定计划、完成计划的积极性。

四是时间安排。时间安排包括执行时间和完成期限，要根据个人所处的环境和实际能力来确定。

同时，时间安排要有一定的灵活性，要根据实际情况进行实时调整。合理的时间安排会给人适度的紧迫感，保证计划完成的效率。

三、全面发展，塑造自我

大学教育不仅是为大学生提供学习知识的机会，更重要的是为大学生搭建起从学校跨入社会的坚实桥梁，以全新的自我迎接未来的挑战。这个自我要具备多项能力，如自主学习能力、思维逻辑能力、沟通交流能力、时间管理能力、创新创造能力等，只有具备了这些能力，才能够在激烈的社会竞争中占有一席之地。

（一）注重德、智、体全面发展

大学生是祖国的未来、民族的希望，要努力成为全面发展、德才兼备的中国特色社会主义事业合格建设者和可靠接班人。"德"是人的灵魂。诗人但丁说过，一个知识不全的人可以用道德去弥补，而一个道德不全的人却难以用知识去弥补。德重于才，良好的品德和人格是做人的先决条件，它关系到国家、民族之盛衰。"才"支撑"德"。作为未来建设国家的栋梁之才，大学生要在学习知识的关键时期，努力掌握科学文化知识，将所学知识运用于社会。社会需要综合性人才，大学新生在学好专业课之余，不妨根据个人兴趣爱好，抽出一部分时间多辅修一个专业，比如计算机、会计等。多一项技能，会在就业择业时增加一份竞争的筹码，多一些成功的可能。同时，大学生在为国家发展和民族振兴的不懈奋斗中，要强身健体，养成终生锻炼的习惯，为将来工作打下基础。

（二）主动适应社会的变化

大学新生的社会适应是指根据社会要求及变化了的学习方式、人际关系、外部环境等不断调适心理及行为反应，以达到与新环境的和谐。在这个过程中，大学生的社会角色发生转变，逐渐形成自我意识，进入个体社会化阶段。由于新生社会认知水平的局限性，在一定程度上会导致社会认知偏见和情绪发展的不稳定性，容易产生角色冲突和自我意识的矛盾，对社会的认知常常会出现一些偏差，表现在人际适应中会出现一些偏见。这就需要大学生在适应学习的同时，积极地建立好人际关系，强化认知训练，加强人际沟通，增强实践性学习的力度，锻炼自己适应社会发展的能力。

（三）培养健全的人格

健全的人格是事业成功的基础。离开了健全的人格，再高的智商、再好的人才也不会得到充分有效地使用和发展，人们所说的"情商往往大于智商"就是这个道理。当代学者普遍认为，健全人格应具有以下内容：一是人格独立，自尊自信；二是接纳别人，人际和谐；三是能够充分发挥自身的创新潜能，实现有意义的创造性生活。因此，大学新生首先应该明白，既要追求智力因素的全面提高，又要重视优秀品质和特长的培养；既要掌握科学知识、先进技术，又要做一个有道德、讲诚信、对国家和社会有益的人。爱因斯坦在《论教育》中曾提出：学校的目标永远是，从学校毕业的人不只是个某领域的专家，而应该是个和谐的人。所以，大学生应将"成为和谐的人"作为人格发展目标，不断探索自我，适应不断变化的社会环境，充分发挥人格最佳作用，更好地创造人生价值，为社会多做贡献。要在课余时间积极参加各种实践活动，不断提高自身素质，在实践中将优秀的品质内化为自己的信念和行为习惯，不断超越自我，使自己成为一个全面发展的人才。

总之，大学是成长的沃土，大学新生需要努力汲取知识营养，使自己成为一个对社会有用的人才。实践证明，怎样的大学生活就会带来怎样的大学结果。俗话说："条条大路通罗马"，不同的路必有捷径与曲折之分，不同的路也会有不同的风景。有的人为了节省时间，而选择了近路；有的人为了观赏更多风景，选择了看似较远的旅途。"只要有心，常回来，常看看那些残存的理想。看看自己是否辜负了曾经许下的愿望。"把握住那些温暖的时光，不让青春虚度；回忆也会历久弥新，洒满阳光。

四、一个好汉三个帮——学会适应集体生活

高中阶段，宿舍和班级同学关系相对简单，是单一的学习型人际关系。大学里，宿舍和班级成为生活的主要单元，同学关系因为各种宿舍和班级活动而变得密不可分，是相对复杂的、多元的人际关系。刚入学这一过渡时期，新生出现了暂时的人际空缺，部分学生会感到孤单寂寞。由于风俗习惯、性情脾气、兴趣爱好各不相同，部分学生在集体生活中难免会出现一些不适应甚至是人际冲突，如不及时处理，会给以后的人际交往埋下隐患。因而，集体生活中的人际关系是非常重要的。和谐的人际关系有利于促进身心发展，缓解学习生活压力，不和谐的人际关系则会带来很多负面影响。因此，入学之初每个人都要学会适应集体生活，做和谐人际关系的建设者。

（一）大学里的"家"——宿舍与班级

宿舍人际关系是大学生活中最基本、也是最重要的人际关系。对于大学新生而言，宿舍是一个全新的环境。同一寝室的同学来自五湖四海，组成一个新的小家，同学们都远离了父母、昔日的同学和老师，都怀念旧日的亲情、友情，都渴望新的友谊。良好的宿舍关系不仅会给大学生提供良好的生活环境，也会为大学生更好地学习科学文化知识、形成健康的人格、树立正确的思想道德观念提供可靠的保障。

大学里的班级是由二、三十个学生组成的一个新集体。在这个集体里，大家一起上课，一起参加实验实习，一起建设班级文化，班级成为学习生活的重要场所和实现个人价值的重要平台。和谐的班级同学关系将非常有利于大学生身心健康发展，丰富多彩的班级活动可为美好的大学生活增添值得回味的记忆。作为一名大学生要重视并珍惜班级同学关系，共同建设和谐班集体，为学习生活创造愉悦的氛围。入学之初，学校会组织新生参加运动会等各类集体活动，每个成员都有责任、有义务为班级荣誉尽心尽力。在

（来源：百度图片）

班级活动中，团结一心是最强战斗力，它不仅能保证各项任务的出色完成，还能给全体成员提供强大的互助与支持。只有在全体成员的共同努力下，班级最终才会成为一个团结的集体，一个值得永远怀念和骄傲的"家"。

（二）如何处理大学适应期的人际关系

1. 主动交流，积极沟通

宿舍、班级团结和谐的一个重要秘诀就是沟通。新生之间由于每个人的生活习惯、性格特点不同，有时难免会产生一些摩擦和误会，一旦有了矛盾就要及时进行沟通与调节，否则，矛盾积累多了，会影响正常的学习生活。要相信，随着时间的推移，大家在一起朝夕相处必会亲如兄弟姐妹。因而，要主动与他人交流，主动表达自己内心真实的想法，逐渐消除彼此间的陌生感。遇到分歧时，有什么话就早点说出来，有什么想法就直接提出来，这样便于求同存异，相互理解。遇到开心的事情大家可以共同分享快乐，遇到烦恼也可以互相倾诉，这样会有利于彼此拉近心理、情感上的距离，共同促进和谐寝室和班级文化的形成。

2. 热情助人，不计得失

俗话说："在家靠父母，出门靠朋友"，初入陌生环境，人生地不熟，难免会遇到需要别人帮助的时候。当一个人身处困境时，别人的关心会如雪中送炭，带来无形的力量。在集体生活中，只要我们热情待人，乐于助人，不怕吃亏，不计得失，就会赢得别人的信任，就会潜移默化地影响他们。要主动去帮助别人，不计回报；当别人有助于我们时，要学会感恩。这样，同学之间的关系自然就融洽了。此外，个人与集体有着密不

（姚亚琦　绘）

可分的关系，需要每个成员在班级和宿舍建设中多做贡献，需要大家支持工作，积极参加宿舍、班级组织的各项活动，主动做一些公共的事务，为集体争荣誉。

3．宽容待人，换位思考

初来乍到，由于同学之间还不了解，难免存在诸多不适应，这就需要大家坦诚包容，共同去营造良好的氛围。要认识到，同学们能够聚在一起就是缘分，只要互相谦让、互相关心，就能和谐相处。《论语》中这样记载：子贡问曰："有一言而可以终身行之者乎？"子曰："其恕乎！己所不欲，勿施于人。"这里的"恕"说的就是宽容。宽容，不仅仅是为了让别人快乐，更是为了让自己放松。不宽容的人心里装了太多事，斤斤计较，独自辗转，却不明白最受影响的人是自己。以说话为例，有的同学以口无遮拦为荣，认为这是性格直爽的表现，却没有注意到尖刻背后藏着双刃刀，一边刺痛别人，一边割伤自己。人的成长，其实是一个学"规矩"的过程，从一开始天不怕地不怕的"小兽"到最后成长为一个身心健全、知书达理的好青年，中间的岁月不外乎是在学家里的规矩，学自然的规矩，学社会的规矩……所谓没有规矩不成方圆，守规矩不意味着死板教条，而是一种克制，一种成熟，一种尊重，一种敬畏。遇到事情要设身处地替他人考虑，只有真情相待，才能建立和谐而温馨的宿舍环境。

总之，同学之间的友情是最宝贵的，和谐的集体生活可获得终生的友情，值得每个人好好去珍惜。

（来源：百度图片）

案例分享

小程的午休

刚刚进入大学不久的小程，遇到了一件麻烦事儿——午休。之前在高中的时候，班主任老师经常告诫大家，必须午休才能保证下午和晚自习的效率。可是，三年来养成的习惯突然与室友中午看大片、看球赛的习惯给撞上了。每天中午当小程快要入睡时，室友的一声"球进啦！"或是"太牛啦！"就把他吵醒了。反反复复几次，小程被搅得睡意全无。对小程来说午休可是头等大事，绝对不能有人打扰。刚开始时，小程还一直忍着，可是日子久了，心里的积怨就越来越重。

他心里也清楚，室友自然不可能像父母兄弟一样迁就自己。但这样下去也太影响自己的生活了。他心想，要求大家不看节目很过分，但是需要和大家聊一聊，看看有什么更好的解决方式，如果态度好一点，没准他们会理解的。

一天中午，当午休再一次被打搅后，他严肃但仍礼貌地和大家说起了自己的午睡习惯，以及这段时间以来的困扰。听他说完后，室友们笑着说：既然这样，你为什么不早说啊，早点儿说出来就不会受这罪了。很快，宿舍成员达成一致：以后在午休时间，大家若看电视都戴上耳机或是调到最低音量。打那以后，小程终于可以好好地睡上午觉了。

就这样，小程第一次在众人面前说出了他的烦扰，并且妥善地解决了遇到的问题，这仅仅是他大学生活面临诸多困难和烦扰的开始，他也将在一次次的独立面对问题和解决问题的过程中变得更加独立和成熟。

案例分享

天堂与地狱

有个人过世后去上帝那里报到，上帝看了他的履历，告诉他可以自由选择去天堂或者地狱。

他对这两个地方都不是太了解，就请求上帝让他去这两个地方看看，然后做决定。上帝同意了，然后他们一起去地狱，看到很多人围着一个大汤锅，手里拿着把勺子，勺子把很长，超过了手臂的长度，握住勺子以后就没有办法把汤喂到嘴里，因此所有的人都饿着肚子，对着汤干瞪眼。接着他们一起来到天堂，可是天堂跟

（来源：百度图片）

地狱一点区别都没有，每个人也是拿着同样的勺子在那里喝汤。这个人觉得很迷惑，就问上帝，为啥天堂和地狱都一样呢？

上帝微笑不语，用手指指向那群喝汤的人。只见天堂的每个人都把汤喂给别人喝，所以每个人都喝到了鲜美的汤；而地狱的人只知道拼命地把汤往自己嘴里面倒，但是怎么也没有办法倒进嘴里，他们每天都饿肚子。

其实天堂和地狱的差别就在于是不是有奉献精神，是不是愿意团结在一起，自私的人永远只能呆在地狱中。

第二节　跟父母说一声"今天我真正长大了"

入学报到后，新生们就开启了新的生活，逐渐走向独立。在我们每个匆忙身影的背后，都有父亲关爱的目光，母亲熟悉的话语。尤其在身心疲惫的时候，总会想起父母，回味一下他们给予我们的温情与关爱，增添我们前进的力量。

（来源：百度图片）

《诗经》有云："哀哀父母，生我劬劳；无父何怙，无母何恃。"世界上最在乎我们的人就是父母，父母的爱不计付出、不求回报，那双养育我们的手上厚厚的茧子就是爱的最真切的见证；作为子女，我们应该用行动来表达对父母的爱。特别是对于离开父母独自生活的大一新生来说，应该跟父母说一声"今天我真正长大了"，以此来宽慰他们的牵挂与担忧。

一、儿行千里母担忧

经过高考激烈地竞争，我们不负十几年的努力，终于梦想成真了。高兴之余，会有些担心和不舍，因为我们即将离开父母，离开温暖的家，开启一段崭新的旅程。旅程中，尽管不像以前那样经常感受到父母的关心与唠叨，吃到妈妈做的可口饭菜，拥靠爸爸坚实的臂膀，但也能切实感受到父母永远在关注、期待着我们的成长。虽然我们像刚出巢的小鸟一样向往自由自在的天空，渴望大显身手开创一番新天地，但其实我们从未脱离过父母的视线。对父母而言，孩子就是放飞的风筝，无论多高多远，始终离不开手上那根关爱的线。

案例分享

父亲的不舍

这几天心情有些低落，昨晚吃饭时，饭都端上了桌，拿起筷子时，眼泪夺眶而出……爱人笑我还不如她呢。前天把女儿送去北京上大学，要回来的前一天晚上，在宾馆里我们一家三口都不怎么说话，女儿更是不出声，只是偶尔冒出句："这回不说我烦人了吧？也不用再听你们俩磨叽了。"由于坐的是早班车，我与爱人凌晨四点多就起床收拾东西，女儿也醒了，一声不响地躺着，凭感觉我知道她在流泪。长这么大了，从来就没有离开过我们俩，这回全要靠自己了，我想女儿那时的心里也会发慌的，毕竟在这个城市只有她自己一个人。出门的时候我与女儿挥手告别时，她还是哭了！我头也没回就走了出去……怕她看到我流泪会更加依恋。

"儿行千里母担忧"，这句话不知听了看了多少遍了，没有经历也只能理解字面意思。如今，作为父亲，当孩子真的离开时，才有了真真切切的体会。

　　亲自把孩子送走，让孩子张开并未丰满的羽翼，狠心地让她试着飞翔起来，那时的担忧、那时的不忍心是绝不能用语言来表达的。这使我联想到了自己12岁离开家时的情景，母亲忙忙碌碌的为我准备行囊，父亲在一边走动，我当时并没有那种要离开家时的心酸，只是偶尔看看母亲，发现母亲的眼里噙着泪水……如今送女儿外出求学才有了深深的体会。但是孩子毕竟长大了，要走自己的人生路，父母能做的只是尽自己的力量为他们付出。路，最终还要他们自己去走，生活的五味还要他们自己去品尝。最后要像雄鹰一样翱翔天空！

（姚亚琦　绘）

　　这个案例表达了一位父亲送女儿上大学别离时的复杂心情，也表达了许多父母远离儿女时的感受。年少时的我们从不曾真切地理解父母临别时眼眶里的泪水，也不曾理解那远去的背影所隐藏的心酸，而我们的父母也少有记录心情的习惯，更不愿向我们吐露心声怕给儿女增加负担，他们留给我们的永远是坚强的一面。通过这位父亲简单、朴实的日记，让我们看到的是天下的父母心。

（一）学会理解父母

　　孩提时代，我们无论是从心理上，还是生活上都很依赖父母，跟父母很亲密，但随着年龄增长，自我意识越来越强，父母的某些言行已经不能被我们的思想所接纳。上大学后，千里之外的求学生活一年才能回去一两次，这样与父母的接触就更少了。父母在电话中的教导逐渐被新环境、新事物形成的自我意识所替代，心理上也逐渐地与父母产生了一定的隔阂。于是，父母对我们的言行看不惯，我们对父母的管教也听不进去，甚至有时和父母顶撞。岂知，无论长多大，我们在父母心里的位置从未改变，他们的管教唠叨，用意是为了让自己的孩子走正确的路，人生少一些曲折，他们是在用自己几十年的生活经验来保护我们，帮助我们。因而，大学生应该理解父母的这份苦心，感恩父母的这份责任，回馈父母对子女的疼爱之情。最主要的是不应浪费光阴消极对待学习，要让他们看到一个阳光、上进、健康的你。正所谓"百善孝为先"，只有这样才对得起父母的养育之恩。

案例分享

讨米的母亲

　　儿子刚上小学时，父亲去世了，母亲没有改嫁，含辛茹苦地拉扯着儿子。那时村里

（姚亚琦 绘）

没通电，儿子每晚在油灯下书声琅琅，写写画画。母亲拿着针线，轻轻、细细地将母爱密密缝进儿子的衣衫。

日复一日，年复一年，当一张张奖状覆盖了两面斑驳陆离的土墙时，儿子也像春天的翠竹一般茁壮成长，考上了县重点一中。母亲却患上了严重的风湿病，不但干不了农活儿，有时连饭都吃不饱。那时的一中，学生每月都得带30斤大米交给食堂。儿子知道母亲拿不出便说要退学，母亲摸着儿子的头说："书是非读不可！放心，娘生你，就有法子养你。"儿子固执地说不，母亲挥起粗糙的巴掌，结实地甩在儿子脸上，这是16岁的儿子第一次挨打……

儿子终于上学去了，看着儿子离开的背景，母亲陷于沉思。接下来的日子里，母亲更加省吃俭用，每月给孩子交30斤大米成了她生活的动力，甚至有时拖着病躯出门讨米，但她从不让儿子知道这些，仅仅是为了保护孩子的一份自尊，因为孩子读好书就是她最大的希望。后来，母亲讨米供儿读书的故事被校长知道后，学校不动声色，以特困生的名义减免了儿子三年的学费与生活费。三年后，儿子以680分的成绩考进了北京一所著名大学。欢送毕业生那天，学校将儿子与母亲同时请上台，此时儿子终于明白母亲所做的一切，母亲讨米供儿上学的故事也感动了很多人。

这个故事告诉我们，无论多大的苦，只要是对孩子好，父母都愿意承受。他们用无私的爱为子女撑起成长的天空。

离开家时，父母是千万般的不舍，但为了我们的成长和今后的发展，他们不得不放我们飞翔，那种心情正如雄鹰将孩子从高空扔向山谷，强忍着心疼与不舍，只能把对孩子的思念融化成未来的希冀，哪怕是含辛茹苦也在所不惜。这种爱的牺牲与奉献，或许你现在还不能清楚地理解，但总有一天，我们也会为人父母，才能真正地懂得天下父母心。

伟大的父爱母爱我们无以回报，只能尽己所能地在有限的团聚时光里，为他们做一顿可口的饭菜，为他们洗净衣服上的灰尘，陪伴他们看一会儿喜欢的电视，告诉父母在没有他们陪伴的时光里，我们有多坚强，让他们不再那么担心我们的生活。努力学习工作，用成绩证明他们已经将我们养育成才，证明我们就是他们的骄傲；还有，记得他们的生日并送上祝福，告诉父母，身在远方的你一直把他们放在心上……

（二）尽孝要从当下开始

"树欲静而风不止，子欲养而亲不待。"多少儿女在奔波劳碌的工作和生活中把尽孝寄望于明天；又有多少父母在一日日的翘首期盼中渐渐老去。曾经有一段视频，其中讲到一个小故事，看完令很多人沉默……

案例分享

父亲的日记

一对读到了很高学历的姐弟俩，在外工作一年多没有回家啦，终于今年过年的时候姐弟俩回到家里，可是他们做梦都没有想到：母亲走了，父亲自己一个人生活，房子简直乱得像仓库一样。姐弟俩非常的自责，利用两天的时间，才把那个房子打扫得像点样。在打扫房间的时候，在他爸爸的一个本子里面发现这样的一段话：

当我们老的时候，不再是原来的我们，请你们做儿女的理解我们，对我们要有一点耐心，不要嫌我们终日唠唠叨叨，前言不搭后语，其实还不都是为你们好，常言道，不听老人言，吃亏在眼前。当我们吃饭漏嘴的时候，把饭菜留在衣服上时，千万不要责怪我们，请你想一想，当初是如何我们把着手，给你们喂饭的；当我们大小便失禁的时候，弄脏了衣服，不要埋怨我们迟钝，请你们想一想你们小的时候，我们是如何为你们擦屎擦尿的；当我们说话忘了主题，请给我们一点回想的时间，让我们想一想再说，其实谈什么并不重要，只要有你们在旁边，听我们说下去，我们就心满意足了。

孝敬并不一定是物质和金钱不可，在力所能及的范围内，时常牵挂着我们就行了，饭后给我们老两口端杯热茶，阳光灿烂的日子，陪我们出去散散心，和邻居聊聊天，等你们结了婚，生了孩子，带回家常让我们看看就开心。当看着我们渐渐地变老，直到弯腰驼背，老眼昏花的时候，不要悲伤，这是自然规律使然，要理解我们，支持我

（来源：百度图片）

们，当初我们引领你们走上了人生之路，如今，也请你们陪伴我们走完最后的路，多给我们一点爱心吧，我们会回馈你感激的微笑，这微笑中凝聚着我们对你们无限的爱。

这则故事告诉我们，不要把孝顺父母推到明天，"马皆能有养，不敬何以别乎"，其实孝顺很简单，父母的要求并不高，只要我们时常电话问候，利用假期时间回家看看他们，让他们知道我们在大学里一切都好，他们就会很满足，这就已经表达我们的孝心了。

岁月如歌，我们都会为人父母，也都会有老去的那一天，关爱父母就是关爱我们自己，父母最需要的是我们的体贴与关心。歌词里写得好："不管你走多远，不管你官多大，到什么时候也不能忘咱的妈！"也许我们在外面或风光潇洒，或辛苦拼搏，但"忙"不是借口！我们一生可能会遇到很多事情，会想要很多东西，但在父母眼里我们就是唯一。即使在事业上父母也许帮不了我们，但父母孕育了我们的生命，生儿养女一辈子，所有的一切都给了我们，我们还有什么理由不关心父母，所以尽孝要从当下开始。

二、做一个让父母放心的人

孩子远离家乡求学，父母牵挂孩子的心情可想而知：孩子在外能否吃饱睡好，身体会不会生病，学习生活是否顺利，能否与他人相处好，能否有一个好的未来，等等。这时候，作为大学生如果能够自主自立，则在很大程度上能够减轻父母的担忧。自主独立能力是一个人的身心、思想水平发展到一定程度的必然产物，是人要立足于社会、实现个人价值与理想的必备能力，主要是指自己对命运的掌握，对自己的选择与行为负责。只有使自己具备承担责任的条件，才能减少对外界的依赖，为将来在社会发展打下坚实的基础。如何做到让父母放心呢？

（一）生活上让父母放心

大学生活中，饮食起居等方方面面都要学生自己去做，因而，大学生要学会料理自己的生活，要明白独立生活能力是一个人适应能力强的特征之一，是作为一个独立的人必须具备的能力。

（二）在自我管理能力上让父母放心

新生入学后要结合入学教育，围绕学校、学院开展的各类与学生发展相关的活动，有意识地锻炼自己。同时，做好大学四年的学习及工作规划。遇到问题要勇敢面对，无论这些问题是否在我们的解决能力范围之内，都要主动去观察思考，而不要采取逃避或者过分地依赖外界，淡化自身的思考与实践能力，这样会导致失去个人能力的锻炼机会，影响自主独立能力的提高。在学有余力的情况下，可以参加学生会、社团等组织，主动接受锻炼，在服务他人的同时提高自我管理能力。

（三）在强化责任感上让父母放心

托尔斯泰认为："一个人若是没有热情，他将一事无成，而热情的基点正是责任心。"责任感是一个人日后能够立足社会、获得事业成功与家

（来源：百度图片）

庭幸福至关重要的人格品质，是保证大学生素质不断优化发展的核心心理品质，也是大学生创新意识和道德自律意识形成的心理基础。一个有着强烈责任感的人，必然会抱以积极主动的态度对待学习生活，产生强烈的批判与改造欲望，由此产生创造能力，形成创新意识。一个缺乏责任感的人，会缺乏道德自律，对自己行为不负责任，往往会带来许多不良后果。因而，作为大学新生要注意加强责任意识的培养，从各方面严格要求自己。要培养对自己与他人、家庭与集体、社会与国家负责的意识与情感观念，让责任感伴随大学每一步，为成为有用之才奠定基础。

时光如水匆匆流逝，沉淀的是儿时的记忆，忘不了的是父母温柔的呼唤、叮咛和操劳的身影。岁月的雨露滋润了我们的成长，但岁月的风也吹皱了母亲的额头，岁月的霜也染白了父亲的头发。父母在慢慢地变老，我们也在逐渐地长大。作为一名大学生，我们完全有能力不再让父母担心，有能力做一个可以适应新的环境，可以独立生活，可以轻松理财，可以独自面对困难的成年人。让我们用自己的实际行动告诉父母：我长大了，我能够理解爸爸的严厉、妈妈的唠叨，能够理解电话那端的关切，能够理解他们的苦心，告诉他们：爸爸妈妈，我爱你们！

案例分享

妈妈的骄傲

小张，女，来自湖北。在她刚出生不久，父母因为各种原因离异，自那以后，她便跟随母亲在单亲家庭中长大。尽管家庭变故使她多少有些内向和自卑，但母亲坚强的性格和积极乐观的生活态度对她产生了深远的影响。她生活中自立自强，学习上刻苦努力，终于如愿地考上了这所北京的大学。母亲为了让女儿过上与同龄人一样的生活，不

辞辛苦地工作。她深刻地认识到：只有乐观的生活态度和刻苦的学习，才能改变自己的命运，因此她不断地努力，只为母亲和自己都能够过上更好的生活。

大学生要想在竞争激烈的社会中占有一席之地，必须要有扎实的专业基础知识。因而，学习上，她始终谦虚勤奋，虚心好学，课后经常和老师探讨专业问题。

（来源：百度图片）

图书馆是她最喜欢去的地方，她广泛阅读拓宽专业知识面，上课认真听老师讲课，保持良好的学习和生活习惯。功夫不负有心人，大学几年，她始终保持着优异的学习成绩，多次获"三好学生"、"优秀学生奖学金"等荣誉与奖励。

学习之余，她还参加了学院学生会。在学生会中，她勤奋努力地工作，多次举办同学们喜欢的活动。大三的时候，她顺利当选为学生会副主席，带领学生会开展了十大歌手赛、新生运动会、体育文化节、元旦晚会等多项大型校园文体活动。她以强烈的责任心赢得了老师和学生的一致好评。

学业繁重、工作辛苦，但这些并没有将她累垮，反而成就了她顽强拼搏的意志和品格。大学毕业后，她顺利地被推荐免试攻读一所著名高校的研究生。如今，她已步入工作岗位，继续为远大的理想而拼搏！

这个身边的例子告诉我们，要做一个让父母放心的人，做一个对他人有益的人，做一个对国家和社会负责的人，任何时候都不能丧失信心，不能丢弃梦想。相信只要努力与坚持，我们一定会拥有别样的人生！

第二章

仰望星空　心怀理想

理想是人生的引擎，它能决定一个人飞得有多高，走得有多远。有理想的人，可以在任何情况下遇到任何事情都不会迷失方向；信念是对理想的支持，是追求理想过程中获得的强有力的精神动力，有信念的人，会在任何困难面前不放弃、不低头。大学生只有树立了正确而崇高的理想信念才能获得人生的精神支柱和动力源泉，才会不断地追求、不断地成长。因而，充分利用大学这段人生最美好的时期，明确方向，树立理想，并付诸于行动，是每位大学生的必然选择。

第一节 理想的力量

　　理想人皆有之，是每个人心中渴望成真的梦，它作为一种观念形态，是社会存在的反映，也是人主观能动性的表现形式之一。理想对于人至关重要，在人生逐梦过程中，它一直伴随着个人成长，给予人们无限向上的力量，它是人生前进的引擎，是点燃梦想的星火，是激励人永远保持昂首阔步、朝气向前的精神动力。

　　大学是梦想启航的地方。大学提供给我们的不仅是优美典雅的环境和完备的设施，还是知识和精神的殿堂，人生理想的火种。大学生将在这段人生宝贵的时期里播种理想、确立信念、规划未来和设计人生。因而，确立怎样的理想，用怎样的信念去行动，

将直接关系到大学生度过什么样的人生，从根本上决定人生的意义与价值。在人生风华正茂之际，远大的理想和崇高的信念将帮助年轻有为的大学生们扬起生命的风帆，开辟和探索人生新的航程！

一、理想是人生的奋斗目标

（一）人无志不立

　　人在世界上生活如同船在大海中航行，船一旦失去罗盘，就会迷失方向；人一旦没有理想，就会失去生活目标。理想作为人生的奋斗目标，它基于现实又高于现实，是人们在实践中形成的对未来社会和自身发展的向往与追求，也是个人世界观、人生观、价值观在奋斗目标上的集中体现。

　　俗话说："人无头不走，鸟无头不飞"，理想决定着人前进的方向，能够满足人们除物质生活需要以外的精神生活的需要。"你的理想是什么？"、"你长大了想成为什么样的人？"很多人从小都被问过这样的问题，答案也多种多样：有人说想当科学家，有人说想当老师，有人说想当医生……那个时候，理想在人们心目中只是一个具体的职业，对理想的认识也仅仅停留在感性的层面。不少人直到上了大学，才开始认真思考"理

想"二字的真正含义，以及如何去实现自己的理想……
因为有了理想，我们才能在人生舞台上更好地展现自己。
正如雷锋同志所说，人吃饭是为了活着，但活着绝不是
为了吃饭。他用22岁的短暂人生谱写了一个共产主义战
士的光辉人生。

古今中外，凡是为人类进步事业做出杰出贡献的人，
无不具有远大的理想、崇高的信念。正是因为远大的理
想、崇高的信念才点燃了他们人生的激情，激发了他们
的才智，激励着他们奋发向上。马克思早在青年时代就
立下大志，要独立在自己的领域内进行创造，为人类的
幸福而工作。1835年他写的中学毕业论文《青年在选择
职业时的考虑》，就明确地确立了自己一生的选择与抱

马克思（来源：百度图片）

负。文章中写道："人只有为同时代人的完美，为他们的
幸福而工作，自己才能达到完美。"一位年仅17岁的未成年人，在180多年前写出的这
掷地有声的语言，在21世纪读起来，仍然是富有时代气息的豪言壮语。

（二）理想是人生奋进的动力

理想确立以后，就有了奋斗目标，它能够转化为人们为实现理想而行动、奋斗的驱
动力，激励人们在行动中产生强烈的意志和情感，增添实现目标的勇气和毅力，对未来
充满必胜的信心。有了这一奋斗目标才会有不竭的动力，才能在现实生活和社会实践中
发挥巨大作用。一个人只有树立了崇高的人生理想，才会以饱满的热情投入工作、学习
和生活，才能奋发有为，最大限度地实现人生价值。相反，没有远大的理想和高尚的精
神追求，将会虚度终生。所以，一个人是否理智、是否成熟的根本标志就在于他是否已
经确立了自己终身的奋斗目标。

没有理想的青春是灰色的，没有理想的行动是盲目的，没有理想的生活是乏味
的……无数事实证明，有理想的人，纵使人生遭遇坎坷挫折，也不会沉沦止步，他能
在黑暗中看到光明，在困难挫折甚至暂时失败时充满信心并坚信胜利，因为理想就
是他们奋斗的支撑和继续前进的不屈信念。反之，人生就如无舵的小舟，或随波逐
流，或触礁，或搁浅。对于大学生来说，所谓寒窗苦读说的就是读书本质上是很苦的
事情，并非总是伴随乐趣和轻松，更多的时候是痛苦的寂寞，毅力的较量，艰难的突
破。没有理想和志向的人，很难耐得住这份寂寞，受得了这种清苦，因而也很难成就
精彩人生。

（三）理想决定人生道路的选择

平凡因理想而伟大，理想使人的内心变得强大。当人们走到生命的终点而回首往事

的时候，每每都有切肤之感：强者与弱者、奋起和沉沦之间其实就是理想和信念的差别，一切强者都是为了自己的理想……一个心中没有理想的人，是没有前途的。所以人要活得丰富多彩，活得有价值、有意义，就不能整天不思进取，颓废萎靡，什么都不敢去尝试；胸无大志，浑浑噩噩度日之人，到头来会后悔一生。只有勇敢地为理想而奋斗的人，才是伟大的。哪怕现实与理想真的相隔十万八千里，只要有理想在，人就有了希望。

200年前，丹麦思想家克尔凯郭尔一生一贫如洗，生命也很短暂，但是，他内心强大，一生充满快乐。像这样内心强大的人，其实是精神贵族。现代社会，每个人都面对强大的社会压力，心怀理想才会目标清楚，因为清楚，才可以坚定地走下去，才会使内心越来越强大，成为内心最有力量的人。

南京林业大学徐凤翔教授在人迹罕至的西藏原始森林里，在远离都市喧嚣的"小木屋里"，苦苦奋斗了近20个春秋，在中国林业史上写下了光辉的篇章。是什么力量支撑着她？是崇高理想的指引！

张海迪是一位残疾青年，但她却没有意志消沉，而是付出了常人难以想象的努力，为社会做出了常人甚至无法做出的贡献。她以其掌握的针灸等医术为父老乡亲治病，进行诗歌、散文和歌曲等文学作品的创作，参加了上百次大型社会公益活动，成为当代青年的励志典型。她对幸福的诠释是："我还有一种幸福，那就是通过一定的努力，为社会、为人民做出一定成绩的时候，我感到很幸福。我用马克思的话来总结自己的生活，那就是马克思所说的，能给人带来幸福的人，他本人就是幸福的。我愿意做这样的人。"从张海迪对幸福的理解和感受中，我们能够体会到她所确立的远大理想，感受到她执着的人生信念。

案例分享

理想的魅力

美国著名黑人投资专家克里斯·加德纳是一名单身父亲，一度面临连自己的温饱也无法解决的困境。在最困难的时期，加德纳只能将自己仅有的财产背在背上，然后一手提着尿布，一手推着婴儿车，与儿子一起前往无家可归者收容所。实在无处容身时，父子俩只能到公园、地铁卫生间这样的地方过夜。

为了养活儿子，穷困潦倒、无家可归的他从最底层的推销员做起，最后成为全美知名的金融投资家。回忆起自己的这段过去，克里斯·加德

克里斯·加德纳（来源：百度图片）

纳在自传中写道："在我二十几岁的时候，我经历了人们可以想象到的各种艰难、黑暗、恐惧的时刻，不过我从来没有放弃过。"这本自传还有一层深意，那就是即使在最最艰难的时刻，父亲与儿子是不可分离的。"

20来岁的加德纳读书不多，任职医疗物资推销员，还要照顾女友和年幼的儿子。1981年，他在旧金山一个停车场，看到一名驾着红色法拉利的男人正找车位，他回忆道："我对他说你可以用我的车位，但我要你答两个问题：你做什么工作和怎样做？"对方自称是股票经纪人，月薪达8万美元，比加德纳年薪多一倍。

于是加德纳辞职转行，成功获得证券公司聘请。但还未上班时，请他的人却被解雇，新工作于是泡汤了。应征新工作前，他和女友吵架，惊动警员上门调停。加德纳被警方追讨1200美元的违例停车罚款，因为无力还钱，他被判入狱10天。但噩梦还未完，出狱后他发现女友同儿子都消失了，他变得一无所有。几个月后，女友再次现身，但不是想重修旧好，而是她不想带着儿子了。加德纳需要抚养孩子，不能再住单身宿舍，被迫流浪街头……

廉价旅馆、公园、火车站厕所、办公室桌底，都成了父子俩的栖身之所，一年后他才储够钱拥有了自己的小窝。加德纳努力赚钱，当上股票经纪人后，事业一帆风顺。1987年他在芝加哥开设经纪公司做老板，成为百万富翁，致力在南非扶贫。他还出版了自传，就是《当幸福来敲门》。理想是加德纳努力奋斗的目标，也是照亮他暗淡生活的太阳。有了生活理想之后，他所遭遇的困难和打击都变成了一种磨砺，他无暇顾及悲伤沮丧，只知道一往无前，这就是理想的魅力。

二、有理想者就是一个"顶天立地的人"

（一）成大事必先立志

若想成就一番事业，必先立志，确定奋斗目标，明确行动计划，并付诸行动。古今中外，许多名人大家都对立志进行了精辟的阐述。北宋文学家苏轼的经典名言为"古之立大事者，不惟有超世之才，亦必有坚韧不拔之志。"明朝文学家、思想家吕坤说："贫不足羞，可羞是贫而无志；贱不足恶，可恶是贱而无能。"意思是说，贫穷并不值得羞耻，可耻的是贫穷又没有志向；低贱不值得厌恶，可恶是低贱却又没有能力。明代思想家、教育家王守仁也曾就志向问题训诫子孙："志不立，天下无可成之事。虽百工技艺，未有不

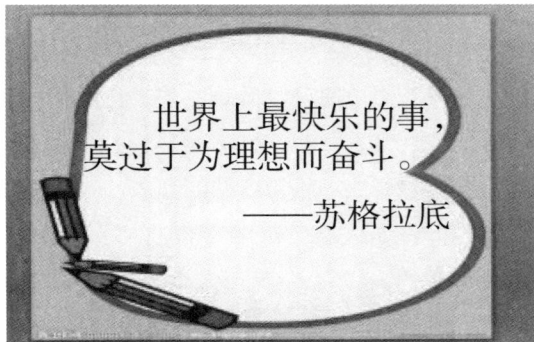

世界上最快乐的事，莫过于为理想而奋斗。

——苏格拉底

（来源：百度图片）

本于志者。"他教育子孙，如果没有志向，世上就没有可以做成的事业，即使是凭借各种技能生活的平民，也没有不先立志的。三国时期魏国哲学家、文学家嵇康说："若志之所之，则口与心誓，守死无二，耻躬不逮，期于必济。"假如志向已定，那么口与心要结盟，至死不二，以不达到目标为羞耻，寄希望于一定要成功。清代名臣左宗棠更直言不讳地在给儿子的家书中写明："志患不立，尤患不坚。"以此训诫儿子，立志一定要坚定，且需要一直坚持做下去，这样事业才会成功。"大江歌罢掉头东，邃密群科济世穷。面壁十年图破壁，难酬蹈海亦英雄。"当年的周恩来，就是怀抱这样的雄心，艰辛探索，与老一辈革命家共同铸成一番伟业。从这些名人大家身上，我们可以明白立志的重要性。正如孔子认为的，人生活在社会上，不应该以个人现在的物质生活为满足，而应有将来精神上的更高要求，这就是对社会发展有自己的理想、尽自己的义务。

（二）将理想付诸行动

平坦大道需要一点一滴的跬步积累。不付出艰辛的攀登，是无法领略"会当凌绝顶，一览众山小"的雄伟风光的。当然，在实现理想的过程中，不排除天资的差异，但我们更相信成功的决定因素是勤奋和毅力。

有这么一则故事：三位信徒请教无德禅师说他们信佛多年，却为什么并不觉得快乐。无德禅师告诉他们"想快乐并不难，首先要弄明白为什么活着。"其中一位信徒说："人总不能死吧！死亡太可怕了，所以人要活着。"第二位说："我现在拼命地劳动，就是为了老的时候能够享受到粮食满仓、子孙满堂的生活。"第三位说："我可没你那么高的奢望，我必须活着，否则一家老小靠谁养活呢？"无德禅师笑着说："怪不得你们得不到快乐，你们想到的只是死亡、年老、被迫劳动，不是理想、信念和责任。这正所谓为什么有人有了名誉却很烦恼，有了爱情却很痛苦，有了金钱却很忧虑。"信徒们无言以对。这段故事告诉我们理想并不是空洞的，而是体现在人们每时每刻的生活中。理想只有借用理性的翅膀才能飞得高远；理想拒绝鼠目寸光的人物，理想也远离玩世不恭者；理想更应与胡思乱想、狂妄无知者断情，那种"今朝有酒今朝醉"式的人物，是无颜谈理想的。同样，一个缺乏理想的个体、民族、国家则是走不了多远的。

有一位天资聪颖的大学生，爱好电脑，热心社会工作，却不愿在学业上花费时间和精力，最终因课程挂红灯太多而被学校开除学籍。对他来说，不能不说是人生一大憾事。

"不积跬步，无以至千里；不积小流，无以成江海"、"有志者事竟成！"由此可见，人生一世，应该有崇高的理想追求，否则，人生就没有意义。只有树立了正确的理想并为之奋斗的人，才能找到人生最美好的归宿，才能真正成为一个顶天立地的人。所以，理想对于当代大学生，应像"人"字一样，双脚踏地，且永远向上，用知识打基础，用理想作支撑，以社会为目标，这样的人生才是不可战胜的。

给梦想一个实践的机会

马云（来源：百度图片）

马云年轻时受挫无数，但他是一个对生活有想法、有梦想、有目标的人。他认为"有想法的日子才是最快乐的日子"，年轻人要给梦想一个实践的机会。1995年，他发现互联网有一天会改变人类，可以影响人类的方方面面，但它到底该怎么样影响人类？这个问题他当时没有想清楚，但是隐隐约约感觉到这是将来他想干的，在征求亲朋好友意见之后，他决定辞职去实现自己的梦想，于是开始了创业之路。他用实际行动诠释了理想的实现过程。正如他所说："有了一个理想以后，我觉得最重要是给自己一个承诺，承诺自己要把这件事做出来。很多创业者都想这个条件没有，那个条件没有，这个条件也不具备，该怎么办？我觉得创业者最重要的是创造条件。如果机会都成熟的话，一定轮不到我们。你坚信这事情能够做起来的时候，给自己一个承诺说我准备干5年，我准备干10年，干20年，把它干出来。我相信你就会走得很久。"他把自己称作一个盲人骑在一个瞎的老虎上面，所以根本不明白将来会怎么样，但是他坚信互联网将会对人类社会有很大的贡献。正是因为他对理想的永不言弃，才成就了今天的阿里巴巴，他也成为中国大陆第一位登上美国权威财经杂志《福布斯》封面的企业家。在理想的支持下，他付出超长的时间和极大的热情、胆识、智慧，在中国宣传互联网知识和应用，为互联网商务应用播下最初的火种。

三、理想总是与信念结伴而行

理想的实现需要信念的支撑。所谓信念，就是对自己理想的相信程度，它是决定个人理想成功与否的重要因素。人们在实现理想的过程中往往会遇到很多的挫折、失败。困难是纸老虎，人弱它强，人强它弱。一旦遇到它，我们在心底要对自己说"相信自己，坚持信念！"。当一个人有了自己的理想后，他就会去为之奋斗。在这个过程中，他必须做到的就是不动摇这个理想的信念，始终持之以恒地去努力；如果一遇到挫折，就放弃了自己的理想，那只能说他是一个懦夫，一个无能的人。

（一）用信念架起理想的翅膀

信念是成就事业的基石。它是在一定的世界观、人生观、价值观的基础上所形成的

（姚亚琦　绘）

信仰和思想观念，可以自觉地指导人的实践活动。信念是对理想的支持，是人们追求理想目标的强大动力。信念一旦形成，就会使人坚贞不渝、百折不挠地追求理想目标。有巨大惯性，当然也会随着客观实际的改变而改变，不断充实、调整和完善。

有人从500位当代名人的成功经历中发现，一个人若想成就一番大事，除了抓住机遇，具备一定的功底与才华之外，还要有一种强大的精神力量，这就是我一定要做，我一定要做成，为了做成事不惜付出的精神动力就是信念。信念在两个方面起决定作用。第一，当一个人遇到巨大的、长期的挫折与困难时，强烈的信念能够帮助人克服困难、战胜挫折，向既定的目标继续顽强努力；第二，当一个人取得初步成就后，一种做大事的信念使他不满足现有的成绩，从而锋芒内敛，向着更高的目标前进。罗曼·罗兰曾说过，人生最可怕的敌人就是没有坚强的信念。没有信念的理想是镜中月、水中花，是永远无法实现的空想。

河北农业大学李保国教授，35年如一日，长期奋战在扶贫攻坚和科技创新的第一线，把毕生精力投入到山区生态建设和科技富民事业之中。是什么支持他一直这样走下去，是信念！是心中有党、有人民的信念！李保国作为一名教授，能够时时刻刻将人民群众的需要摆在第一位，知道群众需要什么，理解群众的难处，并坚持将科研课题的出发点和落脚点放在群众最需要、最受益的选题上，给群众带来实实在在的利益。正是这种信念的支持，他才会在任何休息时间，在任何一个农民有技术需求的时候都能义不容辞；因为有信念，才有奉献的主动，才会淡泊名利、不求回报，将这种热量一直传递下去。

（二）愈磨愈坚的信念方能成就人生

坚定的信念不是时刻都有的，它总是徘徊于坚持与动摇之中，总是彷徨于前进与退缩之间。信念的形成需要艰苦的磨练与坚强的毅力。信念的失去有许多外在的迫力，但主要还在于自己，因为外因永远靠内因才起作用。正如信念的重塑需要外在的推动力，但最终还要靠自己去完成，任何人也不可能把信念深种于你的心中。

放眼世界，纵观古今，哪一位仁人志士不是在磨砺中坚定信念呢？哪一位伟人不是历经风雨后方见彩虹？司马迁在受宫刑后，忍辱负重，用毕生精力和心血完成了中国第一部纪传体通史——《史记》；李时珍为了完成旷世巨著《本草纲目》，在采药的过程中多次险些丧命；伟大革命导师马克思，为写《资本论》，在大英博物馆的座位上磨出了清晰的印迹。"九层之台，起于累土；千里之行，始于足下。"达芬奇脚踏实地，耐得住寂寞，一次次描绘鸡蛋，这使他日后成为著名画家，留名千载。孟子说："天将降大任于斯人也，必先苦其心志，劳其筋骨，饿其体肤，空乏其身，行拂乱其所为，所以动心忍性，曾益其所不能。"钱三强说："古今中外，凡成就事业，对人类有作为的无一不是脚踏实地、艰苦攀登的结果。"钱钟书夫人杨绛说："如要锻炼一个能做大事的人，必定要叫他吃苦受累，百不称心，才能养成坚忍的性格。一个人经过不同程度的锻炼，就获得不同程度的修养、不同程度的效益。好比香料，捣得愈碎，磨得愈细，香得愈浓烈。"

对青年人来说，磨砺不仅仅在于苦心志、劳筋骨，还在于通过磨练塑造一种人格力量、感受一种精神洗礼、收获一份人生财富，最终学会坚韧、学会稳重、学会成长。因而，我们立下远大的志向后，最重要的就是要不断地坚持，不要受外物的影响而改变原来的志向，唯有这样才会成功。

（三）理想与信念密不可分

理想和信念是什么样的关系呢？理想，是一个人自我确定的奋斗目标；信念，就是实现这个目标的主观必要条件。理想使人上进，信念使人振奋。只有相信自己，在挫折中你才会爬起来。"志当存高远，路自脚下始。"理想再怎么伟大，知识再怎么丰富，信心再怎么充足，缺乏扎扎实实做人做事的态度，一切都将化为乌有；理想再高远，没有了坚定的信念，也不过是一句随口即出的空话；信念再崇高，没有了理想的指引，也如隔河望远。没有了"笃行"，理想成为空想，知识变得没用，自信成了自负。

也就是说，理想和信念总是如影随形，相互依存，就像是一对孪生兄弟，从诞生的那一刻起，他们就被绑在一起了。理想构筑我们的人生，信念支撑我们追梦的过程。他们之间既有区别又有联系，理想是信念的根据和前提，信念则是理想实现必须具备的主观条件和重要保障。在很多情况下，理想亦是信念，信念亦是理想。当理想作为信念时，它是指人们确信的一种观点和主张；当信念作为理想时，它是与奋斗目标相联系的一种向往和追求。

如果说社会是大海，人生是小舟，那么理想就是引航的灯塔，信念就是推进的风帆。没有理想信念的人生，就像失去了方向和动力的小船，在生活的波浪中随处漂泊，甚至会沉没于急流险滩。正所谓：人生如屋，信念如柱，柱折屋塌，柱坚屋固。

一个人，无论是从政、为学，还是务工、经商，都要做些事；无论是学文、学理，还是学农、学医，都要掌握知识；无论是生活愉快还是忧愁痛苦，都要生活；无论是交往困难，还是人缘甚佳，都要与人沟通……如此，在人生旅途中，则很需要建立自己合理的信念系统，不断排除与摒弃不合理的信念框框。从而在人生中，生活才能幸福，工作才能愉快，学习才能进步，人际关系才有可能和谐融洽。

青年人有了理想，就像是给小屋打开了天窗，从此不会局限在自己的小天地里自怨自艾，也没空顾及生活的鸡毛蒜皮。因为我们知道，有更重要的事在等着自己，现在的那些困难不过是追梦路上的磨刀石，只会让我们变得更加无坚不摧。电影《肖申克的救赎》里有一句经典台词："希望是美好的事物，也许是世上最美好的事物。美好的事物从不消逝。"所以，大学生需用辩证的眼光看待和处理理想与信念的关系，正确认识社会发展的规律，不断坚定自己的向往与追求，以实际行动来实践它，理想才会最终实现。

案例分享

为理想而站起来的人

霍金（来源：百度图片）

霍金于1942年1月8日出生于英国的牛津，他年轻时就身患绝症，然而他胸怀理想、执着信念，战胜了病痛的折磨，成为了举世瞩目的科学家。霍金在牛津大学毕业后即到剑桥大学读研究生，这时他被诊断患了"卢伽雷病"，不久，就完全瘫痪了。患病后，霍金为了家庭，为了自己的理想，果断地"站了起来"，继续了自己的研究。在个人传记中他谈到，他并不认为疾病对他有多大影响，他每天都陶醉在自己的世界之中，努力不去思考自己的疾病。

同时，他又努力证明自己能够像常人那样生活！他说：一个人身体残疾了，决不能让精神也残疾。1985年，霍金又因肺炎进行了穿气管手术，此后，他完全不能说话，依靠安装在轮椅上的一个小对话机和语言合成器与人进行交谈；看书必须依赖一种翻书页的机器，读文献时需要请人将每一页都摊在大桌子上，然后他驱动轮椅如蚕吃桑叶般地逐页阅读……但霍金没有因为病痛的折磨而放弃自己的理想，他的意志力是非常坚强的，在他患病后，曾有6次非常近距离的和死神交手，他都顽强地活了下来。一次霍金演讲结束后，一位女记者冲到演讲台前问到："病魔已将您永远固定在轮椅上，你不认为命运让你失去太多了吗？"霍金的脸上充满了笑意，用他还能活动的3根手指，艰难地叩击键盘显示出："我的手指还能活动；我的大脑还能思维；我有终生追求的理想……"

正是因为始终坚守理想，他才在一般人难以置信的艰难中，成为世界公认的引力物理科学巨人。霍金在剑桥大学任牛顿曾担任过的卢卡逊数学讲座教授之职，他的黑洞蒸发理论和量子宇宙论不仅震动了自然科学界，并且对哲学和宗教也有深远影响。霍金还在1988年4月出版了《时间简史》，已用33种文字发行了550万册。

第二节　让理想的种子在现实的土壤中生根发芽

　　大学生作为祖国的未来、民族的希望，承担着振兴中华的历史责任，每一个大学生都应该清楚自己的使命与肩负的责任，我们不单纯是普通的求学者，而是中国特色社会主义事业的合格建设者和可靠接班人。大学给予我们深造的机会，是为了让我们将来能够更好地服务于社会、服务于人民。上大学不是进了象牙塔，而是要刻苦学习知识，做好为国家、社会奋斗的准备。因此，大学生必须坚定自己的理想信念，时刻牢记历史使命，培养自觉意识，建立强烈的社会责任感，做敢于负责、勇于担当的新世纪大学生。

一、个人理想与社会理想的关系

　　理想有正确与错误、科学与非科学、崇高与庸俗之分。不同的人生理想将决定不同的人生道路。例如，有着相同时代背景、相似成长环境的人，其所走的道路是不同的，有的实现了人生的价值，成为社会的有用人才；有的碌碌无为，甚至成了有损于国家和社会的人。只有将个人理想与国家发展、社会进步相结合，才是有意义的、值得称颂的理想。

（一）个人理想与社会理想密不可分

　　个人理想总是与社会理想联系在一起，二者是辩证统一和相互制约的。社会理想以个人理想为基础，个人理想以社会理想为导向，社会理想是个人理想实现的条件，违背社会理想的个人理想很难实现。个人的向往和追求只有同社会的需要、人民的利益相一致，才可能变为现实。社会理想包含着千百万人的个人理想，社会理想的实现要靠社会成员个体的努力奋斗。在人类历史实践中，国富民强、国破家亡的经验和教训都说明了这一点。

　　正如陶铸所说：无论在什么样的社会里，一个人的理想，是为了多数人的利益，为了社会的进步，对社会生产力的发展起了促进作

（来源：千图网）

用，也就是说，合乎社会历史的发展规律，就是伟大的理想。正因为伟大的理想是合乎社会的进步、合乎人民利益的要求、合乎社会发展的规律的，所以对于一些具有伟大理想并为伟大理想而斗争的人，千百年来人们一直在尊重他们、怀念他们、纪念他们。相反地，对于一些破坏这些理想，阻挠这些理想实现的人，千百年来也受到了历史的唾弃和淘汰。

（二）个人理想与国家民族命运密切结合

肯尼迪说过"不要总是问国家为你做了什么，你要常问自己为国家做了什么"，这句话适用于全世界的年轻人，用来解读个人和国家的关系。这句话告诉中国大学生，你怎么样，中国便怎么样，你是什么，中国便是什么。作为祖国的栋梁之才，大学生应该勇于跳出小我，开阔视野，涵养胸怀，做一个胸怀大志之人，自觉将个人理想与祖国、民族的命运紧密联系在一起，在时代的洪流中勇立潮头，彰显责任与担当。

2010年，时任国务院总理温家宝在同济大学一场即席演讲后创作的一首诗《仰望星空》，来勉励青年要经常仰望星空，学会做人，学会思考，学会知识和技能，做一个关心世界和国家命运的人。仰望星空就是要有理想、有抱负、有信仰。没有理想和抱负，在人生的漫漫旅途上就会看不清前进的方向，就会失去向上攀登的动力，就可能在滚滚红尘之中困惑迷茫，遇到困难和挫折就会气馁颓唐。大学生要学会去"仰望星空"。正如温总理所讲："一个民族有一些关注天空的人，他们才有希望，一个民族只是关心脚下的事，那是没有未来的。""仰望星空"不是虚度时光，不是空想，而是学会思考，没有思想的灵魂是空虚的、机械的。

二、理想与责任

理想是人生的指示灯，而责任则是实现人生理想和事业成功的有力保证。人生如果失去了理想，就会失去面对生活的勇气；人生一旦失去了责任，则意味着理想的实现失去了保证。因此，人生既要有远大的理想，又要有高度的责任。

（一）理想的实现与责任担当

人生活的时代不同，历史责任与使命也相应地不同。当代青年，很少像过去那样，在战场上或艰苦环境中经受锻炼，拥有壮怀激烈、报效国家的机会与责任。但作为国家培养的当代大学生，应清楚地认识到自己身上的神圣使命与艰巨责任。这些责任包括：对自我和他人负责，对家族和集体负责，对国家和社会负责。所以，理想实现的过程就是履行责任、改变现实的过程。邓小平同志曾强调："我们这么大一个国家，怎样才能团结起来、组织起来呢？一靠理想，二靠纪律。"党的十八大以来，习近平总书记高度重视理想信念教育，多次强调"革命理想高于天"。坚定理想信念，是共产党人战胜一切艰难险阻的强大精神支柱和力量源泉。吉林大学地球探测科学与技术学院、博士生导师黄大年毅然放弃了国外优越条件回到祖国，刻苦钻研、勇于创新，取得了一系列重大科技成果，填补了多项国内外空白，是具有浓厚家国情怀、强烈社会责任感的中国知识分子的杰出代表。一个人只有有了理想才不会盲目地追求，一个社会只有人人都有理想，才会有共同的理想和坚定的信念，这个社会才会具有凝聚力。一个社会宣传和提倡什么理想，一个人确立和追求什么理想，对于社会的物质文明和精神文明建设，都具有非常重要的意义。

（二）理想的形成离不开时代的土壤

有理想的人才能顺应时代的发展，时代造就了许许多多具有远大理想并矢志不渝为之奋斗的青年。世界各国都将富有理想的青年大学生作为党和国家未来的希望。列宁曾经讲过："我们是未来的党，而未来是属于青年的。"习近平总书记强调"青年一代有理想、有担当，国家就有前途，民族就有希望，实现我们的发展目标就有源源不断的强大力量。"青年一代有没有理想、敢不敢担当，对一个国家和民族来说，极为重要。从某种意义上说，青年一代的精神状态是一个国家、一个社会精神面貌的缩影和集中反映。大学生代表着中国的未来，今天是后备军，明日是生力军，将来更会成为主力军，需要用"中国梦"来激励和引领，应当勇担时代重任，为之开拓创新、努力奋斗，用自己的"青年梦"来托举"中国梦"，在全面建设小康社会的进程中发挥不可或缺的作用。

（三）社会责任感是大学生必备的基本素质

理想本身并没有高低大小之分，不管是"读完100本书"还是"造福一方报效祖国"，都是人的美好愿景。作为当代青年，个人理想应该在一定程度上与社会相结合，把个人价值和他人的需求结合起来，追求更高层次的自我实现。这样的理想，以付出代替索取，用关怀代替自私，用大我代替小我，是崇高的，甚至可以成为信仰。大学生社会责任感的强弱将关系到全面建设小康社会的进程，关系到能否或在多大程度上肩负起实现中华民族伟大复兴的历史使命。在新的历史时期，国家全面构建和谐社会，领导全国人民实现国泰民安的理想，保证我们中国特色社会主义事业蓬勃兴旺，必须要有青年大学生参与，新时代的大学生尤其要把个人的发展置于国家社会发展的大背景之下，在充分发展个人的同时更要对国家社会做出应有的贡献。这就要求大学生们树立崇高的人生理想，确立积极进取的人生态度、保持昂扬向上的精神状态和锤炼不屈不挠的坚强意志，以实际行动投身于国家伟大的改革进程中。

三、大学是通往人生理想之桥

莘莘学子度过"黑色"七月，从跨进大学校门的那一刻起，便开始了全新的生活。

（来源：百度图片）

新生入校后，表现相差迥异。有的很快地确立了目标，信心满满；但也有不少人会感到迷茫、无所适从。为什么会有这些现象？仔细分析，除了新环境适应问题，还有一个重要原因就是"目标模糊"在作怪。因此，在人生新的起始阶段，大学生应该如何树立人生理想，设定新的目标方向，规划今后的道路，对于过好大学生活乃至走好今后的人生之路至关重要。

（一）尽快确立理想与目标

中学，我们的目标是将来能考入一所理想的大学，于是哪怕寒窗苦读也在所不惜。而目标一旦实现，心理上就会出现放松现象，有的人还没来得及作好未来的打算，一个学期就很快过去了。实践证明，不同的目标与理想会产生不同的结果。曾经有一位以高分踏入大学的学生，入学后没有及时调整目标，确立理想，整天沉溺于电脑游戏，抱着侥幸心理碌碌度日，结果入学第一学期便有几门课程亮起了红灯，给刚刚开始的大学生活抹上一道阴影。殊不知，所谓大学生就是学生前面加个"大"字，这个"大"字的意义可不简单，意味着你是成年人了，不能再像小学生、中学生那样了，这个"大"字赋予你责任，你要为小学生、中学生树立一个好榜样，成为他们学习的对象。我们从小就受教育要做"有理想、有道德、有文化、有纪律"的四有新人，"有理想"被放在首位，足见理想对于一个人成长的重要性。大学是树立理想的关键时期，有理想是大学生成才的首要要求。"人无远虑，必有近忧"刚迈入大学门槛的大学生应尽快确立目标，走好大学的第一步，夯实人生理想之路。

（二）重视思想政治素质的养成

理想和信念是思想政治素质中的有机组成部分，当代大学生的思想政治素质主要体现在崇高的理想、信念，坚定正确的政治方向、政治立场，科学的世界观、人生观和价值观。大学阶段是思想政治素质成型的关键时期。大学生无论从身体、心理还是意识，都已经步入成年人，与中学生相比，我们正处于思想政治理论的主动接受期和政治方向的理性选择期。由于自我意识的增强、理性思维的发展，对思想政治理论的接受和理解，对政治方向、政治态度和政治立场的选择，已经处于主动自觉的状态。选择什么样的人生和理想将决定一个人的人生道路方向，因而，大学生应自觉接受思想政治教育，提高思想政治觉悟，做一个"四有"新人。

（三）过硬的素质是实现理想的必要条件

俗话说："打铁还需自身硬"。当今时代正处于知识经济的时代，社会对人才的要求越来越高。为适应这样一种社会变革的需求，迎接新的挑战，作为有文化、高素质的当代大学生应该胸怀崇高的理想，努力锻炼自己，适应时代发展要求，培养多元化的素质。这些素质包括政治素质、思想素质、道德素质、心理素质、能力素质、文化素质、专业素质、智力素质、身体素质等。这些素质又可以分为三类：一是思想道德素质。比如，比较稳定的思想观念、价值取向、道德修养和行为习惯等。二是科学文化素质。这是最基本的技能，是为人民服务的基础。作为大学文化的引领者，大学生应适应当今社会的发展和进步，具备较好的人文和社会科学修养。三是行为素质。有了理想，就应该落实于行动，为大家干实事，真正做到为国家、为人民全心全意地服务，贡献自己全部力量。

习近平总书记说："青年最富有朝气、最富有梦想，青年兴则国家兴，青年强则国家强。""中国梦是我们的，更是青年一代的。中华民族伟大复兴终将在广大青年的接力奋斗中变为现实。"

时代给大学生带来了机遇，也赋予了大学生神圣的使命。大学生应充分认识到：今天能在高等学府深造，不仅仅是个人努力的结果，更是国家和社会给我们创造了条件和机会，因而，不仅要志存高远，还要脚踏实地，要树立明确的目标，坚持认真刻苦地学习，不断提高为人民服务的本领，担当起民族复兴的重任。应珍惜宝贵年华，以国家和社会的需要为导向，把个人的成长与追求、前途与价值，与国家和民族的命运紧紧联系起来，把个人理想融入到全民族的共同理想之中，把爱国爱民作为成长道路上的第一旗帜，自觉传承中华儿女优秀的民族精神，用光荣的爱国传统、高尚的为民情操作为精神支柱，将炽热的爱国热情转化为实现中华复兴的强国行动。唯有如此，个人的奋斗才能始终与时代同步前行，青春的火焰才能迸发出璀璨的光芒，我们的人生才能真正地无怨无悔。

案例分享

为民族奋斗的人生最快乐

李大钊说过，青年之文明，奋斗之文明，也与境遇奋斗，与时代奋斗，与经验奋斗。故青年者，人生之玉，人生之春，人生之华也。

李大钊在《艰难的国运和雄健的国民》中写道：中华民族现在所逢的史路，是一段崎岖险阻的道路。在这一段道路上，实在亦有一种奇绝壮绝的景致，使我们经过这段道路的人，感到一种壮美的趣味。但这种壮美的趣味，没有雄健的精神是不能够感觉到的。我们的扬子江、黄河，可以代表我们

李大钊（来源：百度图片）

的民族精神。扬子江及黄河遇见沙漠、遇见山峡都是浩浩荡荡地往前流过去，以成其浊流滚滚、一泻万里的魄势。

目前的艰难境界，哪能阻抑我们民族生命的前进？我们应该拿出雄健的精神，高唱着进行的曲调，在这悲壮歌声中，走过这崎岖险阻的道路。要知在艰难的国运中建造国家，亦是人生最有趣味的事……文中所展现出来的共产主义者的坚定信念、革命乐观主义精神、强烈的爱国者情怀和革命必胜、民族必兴的信心与决心都源自他心怀着崇高的共产主义理想。

案例分享

为中华崛起而读书

年轻时代的周恩来
（来源：百度图片）

伟大的周总理从小就志向高远。1910年夏，12岁的周恩来跟随伯父到东北奉天，先在铁岭银岗书院读了半年书，后来，转入奉天关东模范学堂读书。时值中国社会发生剧烈变动的时期，孙中山领导的辛亥革命刚刚推翻了清朝政府，结束了中国两千年的封建统治。很多青年开始迷茫，不知道自己的未来何去何从，失去了人生奋斗的目标。有一次，老师提出"为什么读书"的问题，要同学们回答。有的说"为了明礼而读书"，有的说"为了光宗耀祖而读书"，还有一个学生说"为了帮助父亲记账而读书"，弄得哄堂大笑。当老师问到周恩来时，他站起来响亮而严肃地回答说："为中华崛起而读书。"校长眼前一亮，欣慰地点了点头。他示意让周恩来坐下，然后对大家说："有志者，当效周生啊！"

案例分享

大地的卫士

关君蔚院士是我国水土保持与荒漠化防治的奠基人。他自小喜欢农科，学习果树、蔬菜、花卉、促成栽培、农产品加工和林业。为丰富知识，修炼人生，他"读万卷书、行千里路"，启程东渡、远赴日本，考入现东京农工大学林学科。因当时国力和科学落后，必会受到欺凌和藐视，但为了建设祖国，他全然不顾不公待遇，而是废寝忘食、全力以赴，发誓在林学上为民族争口气。1941年拿到毕业证后，他克服重重困难，机智脱离被日警迫害的险境，辗转回到祖国，从此走上了以林学为终生道路的人生之旅，一头扎进这个意味着艰苦、淡泊、奉献的事业。1955年2月，关君蔚先生主编了《水土保持学》统编教材，开启了水土保持教育事业，他的理想是"让黄河流碧水，赤地变青山"，为了这个理想，他60多年如一日，始终奋战在教学、科研的第一线。当时的工作条件非常艰苦，但从未改变他从事水土保持事业的信心与决心，率领教师们创建了有中国特色的水土保持学科体系。多年来，他培养的学生遍布祖国各地，完成的科研工作，或填补了研究空白，或属理论创

关君蔚院士

新，或在理论和技术上有所突破，或在生产中广泛应用，发表了50多篇在科学上具有特殊意义的论文。他一生淡泊名利，但他最看中的是，饱蘸着心血、汗水的成果和对祖国、对事业的爱，在祖国贫穷落后的地区，在荒山秃岭、戈壁沙漠上，播撒的片片绿色。他说，这是最精彩、最有价值的论文。

他以卓著的科研成就和极高的学术造诣，当选为中国工程院院士，不仅仅为他本人赢得了荣誉，更为水土保持事业争得了地位。他还获得了全国科学大会奖励以及国家科技进步奖、林业部科技进步奖，被评为全国、北京市水土保持先进个人和全国、北京市优秀教师。"坐而论道是不行的，一定要踏踏实实地干。"这是他获奖后的肺腑之言。

对于关君蔚院士而言，生命在于事业。他用实际行动践行着对祖国的爱，他把自己的一生，紧紧地与祖国大地连在了一起。

案例分享

当代吕梁英雄

王斌瑞是北京林业大学水土保持学院教授，他祖籍安徽省合肥市，是我国著名的水土保持专家。其父是我国著名的造林学家，他自幼受父亲影响、热爱绿色、向往自然。他热爱祖国，早在中学学习期间，就加入了中国新民主主义青年团。1956年，他以优异的成绩考入北京林学院。大学期间他勤奋学习、刻苦钻研，毕业后成了一名光荣的人民教师，从此开启了毕生从事水土保持教育事业之旅。在40多年的教学生涯中，王斌瑞

王斌瑞

始终跟党走，兢兢业业地奋斗在林业教学、科研和生产第一线，把全部身心都献给了为祖国培养水土保持人才的神圣事业。在完成大量教学任务的同时，他积极投身水土保持科研事业，主持了黄土高原抗旱造林技术研究、黄土高原径流林业合理配套技术研究等多项国家攻关课题，研究成果填补了多项科学技术的空白。他克服种种困难，坚持扎根贫困地区，先后在陕西、宁夏、甘肃、山西等水土流失严重的地区从事科研工作，在十分恶劣的环境中坚持工作，把汗水和心血洒在贫瘠的黄土地上。年过六旬后，他不顾高血压、心脏病等疾病，依然坚持在科研第一线。只要是科研工作需要，他从不犹豫，忘我地投入工作。他把远大理想与本职岗位相结合，成为教书育人的典范，治学严谨，精益求精。他具有很高的学术造诣，是林业部教书育人先进个人、北京市优秀教师、北京市先进工作者、全国优秀教师。他出于对事业的忠诚与热爱，甘为人梯，默默奉献，为我国的林业高等教育事业的发展和林业建设人才的培养立下了不可磨灭的功勋。他为自己所热爱的事业，奋斗到生命的最后一息。2000年5月27日，王斌瑞先生在山西省方山县科研工作中因车祸不幸遇难，因公殉职，献出了最宝贵的生命，被追授为"当代吕梁英雄"，被授予支援西部大开发生态环境建设特别荣誉奖。王斌瑞先生用平凡的一生诠释了如何将远大的理想扎根于伟大的实践中。

王斌瑞教授在试验点上

第三节　积极向党组织靠拢

　　国家要兴旺、要发展，必须在青年中间、在全社会中间讲理想。只有树立了远大的理想，才会不畏前行道路上的艰难险阻，敢于面对困难与挫折；才会想尽一切办法去克服和战胜困难；才会立足当下、放眼长远，从胜利走向新的胜利。

　　当代大学生首先要具有共产主义的理想信念。要加强政治理论学习，养成良好的政治素质、科学的思想素质，树立正确的世界观、人生观和科学的方法论，用唯物辩证法武装头脑，防止形而上学；用唯物史观武装头脑，将其作为观察各种社会现象的唯一科学方法。在人生观方面，我们要树立正确的人生价值的目标，把劳动和对社会的奉献作为人生追求的价值尺度，而不是把金钱作为人生的价值尺度。同时，按照社会主义集体主义的总体原则正确地认识和处理个人与社会的关系，"社会为先，个人为后"，"我为人人，人人为我"。还要养成良好的道德素质，践行社会主义核心价值观，使自己的道德观念和道德行为进入社会主义道德规范的轨道，具有社会公德、职业道德和家庭美德。

一、做一个思想积极上进的大学生

大学生要树立共产主义理想信念，明确自己的政治信仰，主动学习党的理论知识，积极参加党组织的各项活动，主动向党组织靠拢。通过参加党校学习，自觉接受党组织的培养和教育，不断提高共产主义觉悟，树立马克思主义信仰，自觉践行社会主义核心价值观。

入党愿望和入党动机是在不断地学习中逐步由模糊变得清晰，由被动变为主动，由感性变得理性。入党是一个人崇高的政治选择。一般来说，一个人刚刚提出入党申请的时候，尽管有要求进步的愿望，但他对党的奋斗目标、党的性质、纲领、任务和宗旨的认识不可能那么深刻，与共产党员的标准还有一定的差距。要缩短这个差距，既需要个人的主观努力，又需要党组织的培养教育和帮助。所以，申请入党的同学应该自觉地接受党组织的培养、教育和考察，做到以下几点：

（一）主动向党组织汇报思想

申请入党的同学向党组织汇报自己的情况，有利于党组织加深对自己的了解和有针对性地进行教育帮助，从而更快地进步。同时，这也是培养严格的组织观念和对党忠诚老实态度的重要途径。申请入党的同学应当主动向党组织汇报自己的思想、学习和工作，汇报对党的路线、方针、政策的认识，等等。向党组织汇报要忠诚老实，有什么说什么，要敢于谈出自己的缺点。要知道，一个同学敢于亮出自己的缺点、毛病，这正说明他襟怀坦白，追求真理，是有觉悟的表现。

（二）积极参加党的活动

申请入党的同学参加党的哪些活动由党组织决定。一般来说，可以参加理论学习、听党课、党日活动、党员发展大会、预备党员入党宣誓大会、先进党支部或优秀党员表彰大会等。积极分子参加党的活动，是体验党内生活、接受党内生活锻炼、学习党的基本理论和基础知识、学习党员优秀品质的好机会。每个要求入党的同学都应按照党组织的安排积极参加这些活动，并从中接受教育。同时，要努力完成党组织交给的任务。一般来说，党组织为了培养锻炼申请入党的同学，都要给他分配一定的社会工作，这既是对他的一种实际锻炼，也是考察他的思想觉悟，申请入党的同学要认真负责地做好这些工作。

（三）认真接受党组织的培训

申请入党的同学要认真接受党组织的培训，严肃对待理论学习，认真学好规定的学习材料，注重理论联系实际，掌握中国特色社会主义理论的基本内涵，了解党的路线、方针、政策，掌握《中国共产党章程》（以下简称《党章》）内容，了解当前国内外政治形势，读中国共产党的经典理论著作，以实际行动解决自己思想上存在的问题，努力做到思想上入党。

（四）正确对待党组织的考察

考察，是为了保持党的先进性和纯洁性，切实保证新党员的质量，避免不符合党员标准的人被吸收入党。党组织对发展对象的思想觉悟、政治品质和工作表现，要进行全面的考察。要求入党的同学应当自觉地接受并配合党组织做好考察工作。申请入党的同学从递交入党申请书的那天起，就渴望早日实现自己的入党愿望，这种心情是可以理解的。但是，由于每个人的情况不同，接受考验的时间有的可能长一些，有的可能短一些。考验时间的长短以是否具备了入党条件为准。因此，每个申请入党的同学都应当愉快地接受党组织的这种考验。有些申请入党多年的同学没有被批准入党，多数原因是他们在某些主要方面还不符合党员标准，应该多从主观上寻找原因，正视自己的缺点和不足，并以实际行动努力改进。

二、发展党员工作程序

发展党员是党的建设的基础工作，有严格的工作规程。入党坚持自愿原则，要求入党一般要由本人向党组织正式提出书面入党申请。作为一名积极要求入党的同学，要认真阅读《党章》，了解申请入党的条件，加深对党的认识。

（一）递交入党申请书

年满18周岁的大学生一入学就可以向党组织递交入党申请书。入党申请书是申请人向党组织表达自己入党愿望和决心的一种书面材料。它要求申请人将自己的真实思想感情，即要求入党的动机、目的、愿望、决心等充分表达出来，使党组织了解申请人的政治信仰和追求，便于党组织对申请人有针对性地进行培养、教育、考察，同时也是党组织确定入党积极分子和发展对象的重要依据，每一位申请入党的大学生，都应该认真写好入党申请书。

1. 入党申请书的基本格式

标题：居中写"入党申请书"。

称谓：即申请人对党组织的称呼，一般写"敬爱的党组织"。顶格书写在标题的下一行，后面加冒号。

正文：主要内容包括：（1）为什么要入党，主要写自己对党的认识和入党动机。（2）介绍自己的政治信念、成长经历和个人在政治、思想、学习、工作等方面的情况；

家庭成员及主要社会关系的情况；（3）对待入党的态度和决心，明确表达自己的愿望。如自己的入党要求，向党组织表示决心，主要优缺点及今后努力方向，以及如何以实际行动争取入党。（4）结尾。主要表达请党组织考察的心情和愿望，一般用"请党组织在实践中考验我"或"请党组织看我的实际行动"等作为结束语。全文的结尾一般用"此致，敬礼"。在申请书的最后，要署名和注明申请日期。一般居右书写"申请人×××"，下一行写上："××××年×月×日"。

2. 写入党申请书需要注意的事项

首先，必须本着对党忠诚老实的态度，如实地反映本人的真实思想动机和本人、家庭成员、主要社会关系的有关情况，不得隐瞒事实真相。其次，要认真学习党章，掌握基本精神，加深对党的性质、宗旨、任务、党员的权利义务等基本知识的理解，联系自己的思想实际谈对党的认识和入党动机，切忌东拼西凑，或以旁观者身份一味评论别人。再次，要写得朴实、庄重，不要追求华丽的辞藻，夸夸其谈。对正文中各部分的内容可根据自己的实际情况掌握。要用钢笔或签字笔书写。

（二）确定为入党积极分子

递交入党申请书后的身份就是入党申请人。上级党组织会安排专人与入党申请人进行谈话，谈话时间一般为提交入党申请书一个月以内；谈话的人一般是所在学院辅导员或者是所隶属党支部的学生党员；谈话的内容是了解入党申请人的基本情况和入党的愿望，指出应努力的方向。作为入党申请人要了解入党积极分子的条件是：承认党纲党章，信仰共产主义，拥护党的路线、方针、政策；对党有明确的认识，对党的基本知识有一定的了解，积极要求入党；工作积极，表现突出，作风正派，团结同志，在群众中有一定的威信。在程序上要经过团支部推优，党支部推荐，填写《入党积极分子考察登记表》。那么这个时候入党申请人的身份就变成了入党积极分子。党支部会指定一至两名正式党员作为培养联系人向入党积极分子介绍党的基本知识，定期了解其政治觉悟、道德品质、现实表现和家庭情况等，向党支部汇报其情况。

（三）参加入党前的培训

入党积极分子在入党前都要经过系统地培训，以提高理论素养。培训方式有集中授课、社会实践、志愿服务等。经本人申请，上级党组织会安排参加党校学习，学习马克思列宁主义、毛泽东思想和中国特色社会主义理论体系，党的路线、方针、政策和党的基本知识，党的历史和优良传统、作风以及社会主义核心价值观。通过学习，端正入党动机，确立为共产主义事业奋斗终生的信念。

以北京林业大学水土保持学院为例，对入党积极分子进行培训的内容及程序如下。

1. 入学第一讲：党校学前教育

党校学前教育是大学生入学后的第一讲，开课时间为入学一周左右，学时为2个小时。在这次课上，老师会全面地介绍入党的步骤和流程，详细地介绍如何写入党申请书和思想汇报。

2. 党校培训之初级阶段——党校初级班

开课时间为入学一个月左右，学时约为14个小时，每学期一次。学员为年满十八岁、向党组织递交入党申请书者。培训内容包括党的性质和宗旨，党的指导思想，党的奋斗目标，党的纪律，端正入党动机等。考核方式为平时考核和闭卷考试。

3. 支部培养阶段——模拟党支部

模拟党支部隶属于所属党支部，模拟党支部书记由所在党支部组织委员担任。模拟党支部的任务是对党校初级班结业的学员进行继续考察和培养，主要包括理论学习和实践活动。

4. 党校培训之高级阶段——党校提高班

开课时间为每学期初，学时约为14小时，每学期一次。学员为初级班结业合格、平常表现优秀、被确定为发展对象的入党积极分子。内容包括：党章党规、党史国史、中国特色社会主义理论、习近平总书记系列讲话、社会主义核心价值观、时事热点等专题。考核方式：平时考核和提交论文。

5. 党校培训之精英培养阶段——青年马克思主义者学习班

青年马克思主义学习班简称青马班。从党校提高班中选拔优秀的学员进入青马班进行专门培养，聘请理论水平高的党员领导干部担任学习导师，指导学习，是入党积极分子培养的精英教育，是入党积极分子学习的优质平台。

（四）接受党组织的考察

入党积极分子初级班结业后进入模拟党支部接受组织的培养考察。经过一段时间的考察后，由党支部结合考察意见列入发展计划，然后推荐其进入党校提高班学习，提高班学习考核合格后，在听取培养联系人和党内外群众意见的基础上，支部讨论确定为发展对象。

从被确定为入党积极分子到被确定为发展对象至少要一年时间。在此期间，入党积极分子除了接受组织的培养和考察外，还要主动学习马克思主义经典著作、党章、党内法规、党史国史、中国特色社会主义理论和习近平总书记系列讲话，通过学习，不断端正入党动机，提高自身理论素养和理论水平，学会运用马克思主义立场方法解决问题。除此以外，还要积极参加各类实践活动，例如志愿服务、支农支教、参观红色教育基地等，强化理论学习，提高认知能力，坚定理想信念，树立共产主义远大理想。

预备党员宣誓

（五）政治审查

入党积极分子被确定为发展对象后要进行政治审查。政治审查的主要内容是：（1）对党的路线、方针、政策的态度；（2）本人的政治历史和在重大政治斗争中的表现；（3）直系亲属和与本人关系密切的主要社会关系的政治情况。政治审查的基本方法是：（1）同本人谈话；（2）查阅有关档案材料；（3）找有关老师、同学了解情况；（4）必要的函调或外调。

政治审查要形成综合性的政审材料。凡没有经过政治审查的，不能发展入党。

（六）发展成为预备党员

党组织接收预备党员严格按照《中国共产党党章》、《中国共产党发展党员工作细则》规定的程序办理。具体程序如下：

1. 确定入党介绍人和填写《入党志愿书》

申请入党的人要有两名正式党员作介绍人。入党介绍人一般由培养联系人担任，也可由发展对象约请，或由党支部指定。发展对象要在党支部负责人或入党介绍人的指导下认真填写《入党志愿书》。这里需要了解一下入党申请书和入党志愿书的区别。

（1）入党申请书是申请人自发地提出来的；《入党志愿书》则是党组织交给申请人填写的。《入党志愿书》是确认党员身份的重要材料之一。

（2）入党申请书只是表明申请入党者本人的意愿和请求。《入党志愿书》则标志着党组织已接受其申请的基本态度，并准备提交党支部大会讨论。

（3）入党申请书完全是由个人写的；《入党志愿书》是由申请人、入党介绍人、谈话人和各级党组织及其负责人分别按规定和要求填写的。

（4）入党申请书没有严格的格式，写法也比较灵活，《入党志愿书》有统一的格式，只能严格地按照规定的栏目，严格按照入党审批程序，逐项填写。

（5）在发展党员常用文书中，《入党志愿书》是唯一由党组织印发、申请入党人填写的材料；《入党志愿书》有规定的篇幅，不能像其他材料可以不受字数限制，因此，填写《入党志愿书》要注意字数的限制。

（6）《入党志愿书》要在入党申请书、思想汇报等基础上进一步加工、提炼，字斟句酌，把自己最想向党组织表达的思想写出来。

2. 支部党员大会

在支部党员大会上，入党申请人需要汇报自己对党的认识、入党动机、本人履历、现实表现、家庭主要成员和主要社会关系情况，以及需要向党组织说明的其他问题。对党员大会讨论的情况表明自己的态度，对讨论中党员提出的有关问题需要解释说明的，应做出实事求是的解释和说明。

3. 上级党委审批

预备党员必须由党委审批。党委审批前，会指派专人对《入党志愿书》及有关材料进行审查，并同申请人进行谈话，作进一步考察。党委审批后，党支部会将审批结果及时通知本人，并在支部党员大会上宣布。

（七）写思想汇报

思想汇报是要求入党的积极分子或党员为使党组织更好地了解自己的思想状况、争取党组织的教育和监督，定期以书面形式向党组织汇报自己思想和工作的一种文书。入党积极分子在培训和考察期间，应主动向党组织汇报思想。思想汇报有两种方式：一种是书面汇报，另一种是口头汇报。

1. 思想汇报的基本格式

标题：居中写思想汇报的题目，题目可直接写"思想汇报"或者是"学习××体会"。

称谓：即申请人对党组织的称呼，一般写"敬爱的党组织"。顶格书写在标题的下一行，后面加冒号。

正文：主要内容包括：自己现实的思想和工作情况；学习某一重要文件、党内的重要理论、参加某一重要活动受到的启发和教育；个人利益同集体利益发生矛盾时的认识和态度；按党员标准衡量，还有哪些方面的不足；自己今后继续努力的方向和决心。

2. 写思想汇报需要注意的事项

要抓住重点，即写自己要求入党的过程中或思想改造的过程中遇到的症结性问题，这一问题的解决，可以使自己的思想认识上升到一个新的高度。切记不要把思想汇报写成流水帐，或空话、套话、假话，做表面文章。思想汇报应认真、如实、深刻地向党组织汇报思想。用正规的稿纸，用钢笔或签字笔书写；要注明姓名、班级、学号，最后标注落款具体日期；思想汇报不能搞突击，或存在抄袭、代笔等现象。

总之，入党是我们人生中最重要的选择之一，是理想信念之关，选择了共产党，就选择了信仰共产主义，而我们闯过的每一关都一步一步地坚定了我们的理想信念。但是有一点必须清楚，组织上入党只是我们迈出的第一步，是起点而不是终点，我们始终不能放松对自己的要求，要牢记全心全意为人民服务的宗旨，不忘初心，锤炼党性，真正做到思想上入党，做一名合格的共产党员。

案例分享

陶妍同学的入党历程

陶妍，女，北京林业大学土木工程专业14-3班学生。陶妍同学自小受中国共产党革命故事的影响，对中国共产党有着朦胧的信仰。大一刚入学，她便坚定了入党的决心，向党组织提交了入党申请书，后被推荐至党校初级班学习并顺利结业。经过党校初级班对中国共产党系统理论知识的学习，她对党的指导思想、性质、宗旨等党的基本理论有了全方位的了解，并深刻认识到只有共产党才能救中国，才能带领中华民族走向富强，这时，她对于中国共产党朦胧的信仰逐步变得清晰与坚定。

大一下学期，陶妍进入了土木本科生模拟党支部，积极参与学习实践活动、读书分享会、文化交流节等活动，将党校初级班的理论学习应用到实践中，使理论与实践相结合，思想的认知也在一系列实践活动中得以提升。

大二上学期，通过团支部、党支部推荐陶妍进入党校提高班学习。她十分珍惜并以优异成绩顺利结业。党校提高班是全校性的课程，众多优秀的入党积极分子一起上课，思想上进行碰撞交流。除了本校优秀教师，学校还邀请了校外专家授课，课程内容是在党的理论知识基础之上结合习近平总书记系列讲话等时事热点，进一步讲述党在中国当今形势下的一系列方针政策等，使得入党积极分子通过学习对党的认知又迈上了一个新的阶段，思想水平也提升到了一个新的高度。

通过学习，陶妍认为，对思想提升起到最大促进作用的是党校提高班学习之后进入北京林业大学第一届青年马克思主义者培训班的学习。青马班分成不同的小组以提高学习实践的

（来源：百度图片）

效果，每一组都配备了优秀的导师，在与导师近距离的交流沟通中对于一些问题有了更为深入地学习。聆听了许多平时没有机会接触到的讲座，可谓受益匪浅。每周六晚的线上讨论环节选取热点问题，同学们畅所欲言，发表自己的见解，进行思想上的互动。除了理论课程的学习，青马班还注重理论与实践相结合，选取当下热点的话题举行辩论赛，进行思想碰撞，引导对于当下热点事件思考，更好地为人民服务。红色教育实践活动走进了"新中国从这里走来"的红色教育基地西柏坡，领略了带领新中国走向独立的伟人的风采，内心十分激动，更加坚定了加入中国共产党的决心。

2016年6月2日，通过党组织各项考察，陶妍终于成为了一名光荣的中共预备党员。

对陶妍来说，入党的过程不仅是思想提升的过程，也是促进自我不断奋斗的过程，只有优秀的人才能够加入中国共产党，因此她无论在学习中还是生活中都严格要求自己，积极参与志愿活动，努力做到思想上入党，更好地为人民服务。

追求入党的过程中，陶妍更加坚定了共产主义理想信念，对于中国共产党的认识从朦胧到清晰再到深刻，最终深入思想，成为终生的信仰。

案例分享

在党组织的感召下做优秀的大学生

张雨珊，女，北京林业大学水土保持与荒漠化防治专业学生，2015年成为中共预备党员。

高中时期，张雨珊的思想便逐渐成熟，树立起了正确的世界观和人生观。通过学习，对中国特色社会主义理论体系有了初步的认识，明白了自己不仅要做一名优秀的青年学生，还要做一名合格的共产党员。2014年9月，她刚入大学便递交了党校初级班学

习的申请书，把自己对党的认识、现实表现、入党愿望以及作为一名青年学生对党组织的热爱与拥护写进申请书，充分表达了希望自己早日加入中国共产党的愿望与决心。

在党校初级班阶段，她系统学习了端正入党动机、党的性质、党的指导思想、党员的权利与义务等党的基础理论。第一堂端正入党动机的课上，她明白了要想成为一名合格的党员，首先应当有一颗纯粹、甘于奉献的心，不能因存在任何与私人利益有关的想法而入党。在初级班的实践课上，她与其他同学一起讨论有关时政、学生党员应尽的权利与义务等话题，经过认真学习，最终以优异的成绩顺利结业。

大一下学期，张雨珊进入了学院模拟党支部，并担任水保专业14级模拟党支部的负责人，组织大家前往中国科技馆参观学习，举办模拟党支部读书分享会，以及为学校图书馆进行"馆际互借平台"项目宣传的志愿活动。暑期参加了邓小平理论与实践协会组织的"叩响回忆，铭记历史"红色文化进社区的社会实践活动，将党史、党的理论知识等带进社区，荣获校级"优秀社会实践项目"。除了积极参加党支部的各项理论学习和实践活动之外，在专业学习、学生工作和社会实践等方面，她时刻以一名共产党员的标准严格要求自己，努力在各方面都起到先锋模范带头作用。

大二上学期，她经过团支部推优、党支部推荐进入了党校提高班学习。主要学习了"中国梦"、"三严三实"、"四个全面"等相关课程，理论水平有了明显提高，结合党史与当前国内外形势加深了对中国共产党的性质与意义的理解；同时与组员一起完成了"绿色信使"的实践活动，经考核合格，顺利结业。

经过一年的考察，2015年11月她被发展为中共预备党员。

之后她继续坚持理论学习，研读了《中国共产党简史》、《共产党宣言》、《苦难辉煌》等理论书籍，结合历史与现状进行反思，与身边的党员同学进行讨论交流，思想碰撞的同时也逐渐有了自己独立的想法与见解。她积极参与学生工作，在实践中接受党性锻炼。还承担了党支部的工作，担任了水保15级入党积极分子联系人，同时还负责党支部微信平台"鸿声水影"的推送工作。她在专业学习和社会科研实践上积极参与，在生活中乐于助人、热心开朗、传递正能量，努力在各方面表现出党员的先锋模范作用。雄关漫道真如铁，而今迈步从头越。思想上的入党是一段漫长的征程，她用实际行动践行一名共产党员的宗旨，积极履行入党承诺。

（来源：百度图片）

三、供参考的理论学习著作

党章党规及党的理论著作：《中国共产党章程》、《中国共产党廉洁自律准则》、《中国共产党纪律处分条例》、《共产党宣言》（马克思、恩格斯）、《论共产党员的修养》（刘少奇）、《毛泽东文选》、《邓小平文选》、《论三个代表》、《科学发展观学习纲要》、《习近平总书记系列重要讲话读本》、《习近平谈治国理政》、《习近平总书记在文艺工作座谈会上的重要讲话学习读本》、《之江新语》等。

政治历史类著作：《当代马克思主义政治经济学十五讲》（中国人民大学·政治经济学大讲堂）、《理论自信：做坚定的马克思主义信仰者》（陈先达）、《马克思靠谱》（内蒙轩）、《中国供给侧结构性改革》（国家行政学院）、《全面从严治党》（中共中央组织部组织研究室（政策法规局））、《遏制腐败战略——党的十八大以来中国特色反腐败理论十讲》（孙志勇）、《全面小康热点面对面：理论热点面对面·2016》（中共中央宣传部理论局）、《红军长征记》（上下册）（丁玲）、《长征——前所未闻的故事》（（美）索尔兹伯里著；过家鼎等译）、《苦难辉煌》（金一南）、《复兴之路》（中央电视台复兴之路栏目组）、《大国悲剧–苏联解体的前因后果》（尼古拉·伊万诺维奇·雷日科夫）、《论中国》（基辛格）、《邓小平时代》（傅高义）、《雍正皇帝》（二月河）、《甲午殇思》（刘声东、张铁柱）等。

人文社科类著作：《红日》（吴强）、《林海雪原》（曲波）、《红楼梦》（曹雪芹）、《阿Q正传》（鲁迅）、《围城》（钱钟书）、《白鹿原》（陈忠实）、《红高粱》（莫言）、《行者无疆》（余秋雨）、《活着》（余华）、《百年孤独》（加西亚·马尔克斯）、《平凡的世界》（路遥）、《傲慢与偏见》（简·奥斯汀）、《冰河》（余秋雨）、《看见》（柴静）、《于丹〈论语〉心得》（于丹）、《管理的未来》（加里·哈默）、《4D卓越团队：美国宇航局的管理法则（修订版）》（查理·佩勒林）等。

总之，人人都应该珍惜最美好的青春年华，以正确的价值观为导向，以实际行动来实现自己的理想。我们应该继承先辈的优良传统，学习优秀共产党员的先进事迹，在实现"美丽中国梦"的道路上奉献自己的青春和热情，为国家建设做出贡献，在学习、工作、生活等各方面起到表率作用，用自己的一言一行去影响身边更多的人，坚持真理，实事求是，传递正能量。

第三章

书海遨游　练就本领

上大学后，明显感觉到大学的学习环境较中学有很大的变化。可能一部分同学会这样认为：终于摆脱了高考的压力，学习上可以松一口气了。如果这样想那就大错特错了！为什么同一起跑线上的同学，大学毕业时的结果迥然不同？这是因为每个人的能力不同、努力的程度不同、方式方法不同的结果。作为一名大学生，如何正确认识学习、掌握科学的学习方法、有效地利用各种学习资源，为将来的发展奠定基石，是必须要从一开始就应引起重视的问题。

第一节　不忘使命——大学的学习

　　大学为学生提供了学习知识的场所，打开了一扇通往世界的窗，搭建了看世界的平台。在这个阶段，学习成绩不再是学生唯一追求的目标，而是通过对知识的广泛涉猎，形成多样的思考角度和认知空间。尽管分数不再是衡量一个学生是否优秀的唯一标尺，但它是检验学生学习能力的最重要的手段。对于习惯了高中应试环境的大学新生们，面对大学相对宽松的学习环境，应该主动提高对学习重要性的认识。要清楚，学习仍然是大学时期的首要任务。尽管在大学里每个人都有自己独特的成长方式，会从丰富多彩的社会工作中收获宝贵的成长体验，可以根据自己的兴趣爱好选择生活方式，但是，选择再多，也不能忘记我们的主业——学习，否则会本末倒置，得不偿失。

一、学习的重要性

　　在通往人生巅峰一环又一环的衔接中，知识是最初的那块基石，而学习是获取知识的主要途径。培根说"知识就是力量"，学习收获知识，知识则给予一个人立足世界的力量。正所谓"人有知学，则有力矣"。任何本领都需要学而得之，机智灵活的反应、健康的身心也是如此。学习可以增智、可以解惑、可以辨是非。"吾生也有涯，而知也无涯"，学习是终身的事情，不断地学习、积累，才会拥有过人的自身素质，自身素质提高了，才能在合适的时机完美地捕捉到外部机遇。尤其是在科技发展日新月异的今天，作为大学生应该肩负起时代重任，用知识武装自己，为中华民族伟大复兴贡献力量。

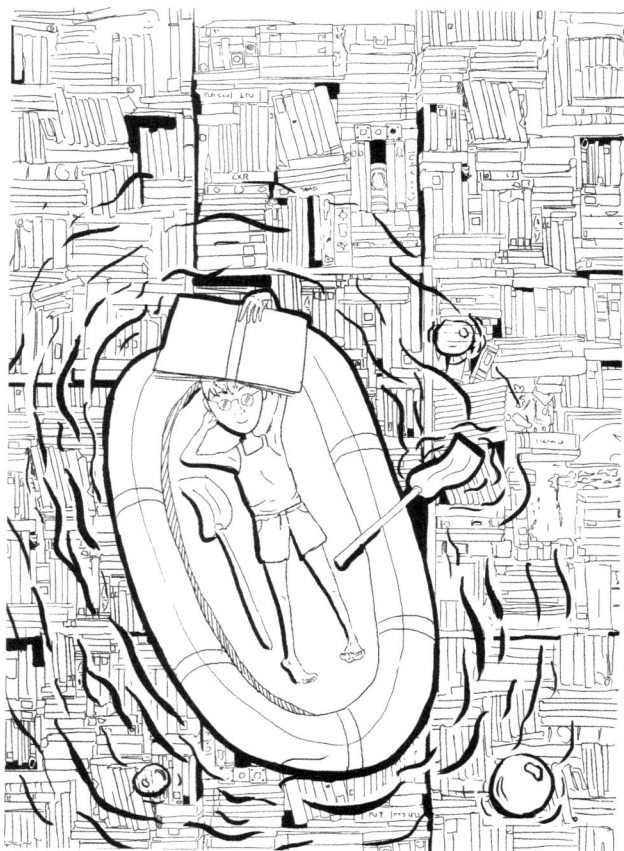

（姚亚琦　绘）

（一）学习是把钥匙

学习是为我们开启未知的大门的钥匙。一场高烧使不到两岁的海伦·凯勒失去了最宝贵的视觉和听觉，对她来说世界是黑暗的、寂寞的，但她没有被生活打败，亦从来没有放弃过学习。海伦并不满足于像常人一样读书、说话，而是奋发有为，最终成为一名能够掌握五个国家语言的教育家、作家，正是学习为她打开了另一扇大门。学习是探索，扩大了她的心灵世界，升华了她的灵魂。著名科学家牛顿对于他的成功是这样表述的"如果说我比别人看得更远些，那是因为我站在了巨人的肩上"。牛顿的成功基于对大量知识的掌握和理解。而故步自封的人始终认为自己知道的就是全部，这种狭隘的想法也导致他们停滞不前。正所谓学无涯，思无涯，其乐亦无涯。

（二）学习是座灯塔

前进的道路是曲折的，时常会遇到困难、不解和疑惑，甚至会一时迷失方向，令人纠结，举棋不定。当面对这些苦恼时，我们可以学习伟人的经验，遨游在知识的海洋中忘却烦恼。先秦的著名思想家荀子曾说："木受绳则直，金就砺则利，君子博学而日参省乎己，则知明而行无过矣。"学习就如繁星、如灯塔，指引着我们航行。我们常常会在面对抉择的时候不知道该怎样去做，会在面对未来时有迷茫无力的感觉，这些时候总想要找到一位智者来帮助我们做出选择。可人生路远，不可能时时刻刻都有人给你帮助，只有自己来做自己的智者。进学致和，行方思远，故不积跬步，无以至千里；不积小流，无以成江海，学习会引领我们成为智者。

（三）学习是面镜子

立身以立学为先。大学引导我们树立正确的世界观、人生观和价值观，这"三观"亦可称为立身之"镜"，它能够帮助我们"正衣冠"，也就是自律。回过头来再看那些因贪念而入狱的达官贵人，无一不是因为没能一直保持学习的状态，衣冠不整而不自觉，突破边界而不自醒，看不见自己已经偏离正路的品行，以致走上了不归路。"知人者智，知己者明"，不断认识自己的无知是人类获得智慧的表现，而学习是一面明镜，并给了我们不断认识自我、修正错误的机会。

（来源：新浪图库）

二、适应学习方式的变化

高中时期的学习具有被动性。学生在学校的安排下进行各种密集的考试，进行着激烈的排名竞争，作业、考试、检查、谈话……接连不断，促使学生向前奔跑。一旦学习稍微落后，老师、家长的担忧也会蜂拥而至。因此，在高中期间所有计划、方向都已经被安排好了，我们只需要做一个执行者——向着高分、朝着上大学而努力。但对于为什么要上大学，将来想要做什么，你要选择什么样的专业？你真正了解这个专业吗？这些问题我们可能知之甚少，这就是应试教育带给我们的弊端，导致学生的独立性和自主性比较差。

大学的学习具有自主性，教学模式也发生了很大的变化。在学习无人监督的情况下，要想学习好必须靠自觉和自律。有人说："小学是老师背着学生跑，初中是老师拉着学生跑，高中是老师指着方向让学生跑，而大学是让学生自己跑。"这句话形象地说明了大学学习的特点。尽管没有密集的考试，没有海量的习题，但要实现梦想和人生的价值，就必须养成独立学习的习惯。学生不能将学习当成一种负担，而应该自觉培养学习兴趣。只有坚持不懈，才能找到学习的真谛。俗话说："苟有恒，何必三更眠五更起；最无益，莫过一日曝十日寒"。可见，成功一定属于那些努力学习、持之以恒之人。

三、端正学习态度

（一）学习的持之以恒

机会总是留给有准备的人，而通过学习提升自己是把握机会的最佳途径。当面试官问到，可不可以用英文介绍一下你自己？我们是流利地展示纯正的发音，还是抱歉地说一句"I'm sorry。"当他人问到你对某事件的看法时，是有逻辑地表达自己的观点，还是不好意思地说"我不清楚您说的是什么？""人之为学，不日进则日退"，知识作为一种财富和资本需要长时间的学习积累才能获得。学习，便是对自己最好的投资。我们生活在一个知识爆炸的时代，一旦停下进取的脚步，很容易就会被时代遗弃。如果要讨论学习的时间性质的话，它是一个长时间持续的过程，而非一段一段的时间节点。"活到老，学到老"这句话不是无意义的说教，而是形容我们存活在世间的一种状态。很多同学会抱怨自己没有时间学习，刚翻开书，社团便喊自己去处理事务；刚打开听力，舍友在后面说一起去吃饭吧；正准备写论文，却打开微信先聊会儿天……这一切的症结在于，我们是不是真心地喜欢更优秀的自己，只要确信了这一点，合理安排精力和时间，用饱满的热情为自己做一份长线投资吧。

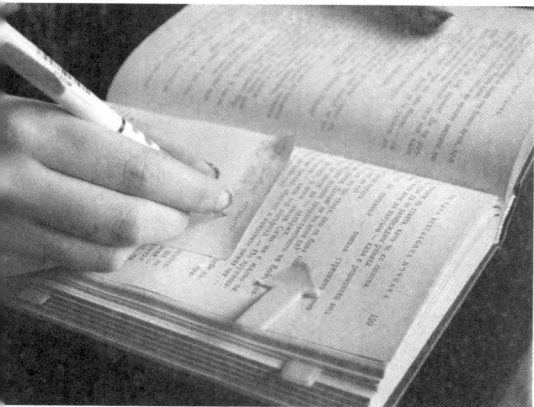

（来源：百度图库）

（二）将学习作为最好的美容师

"腹有诗书气自华"，一个人内在的品质是人格魅力的核心。总有一天，容颜会老去，但气质与思想会长伴我们一生。良好的家教、优雅的谈吐，永远都具有强大的磁力。读书可以净化心灵、磨炼气性、丰富阅历。《晓松奇谈》的开场白里有这样一段词"世界不是苟且，世界是远方，行万里路才能回到内心深处。未来不是岁数，未来是礼物，读万卷书才看得清皓月繁星。"高晓松就是这样一个读万卷书行万里路的人，他先后在《晓说》《晓松奇谈》中讲述世界各地的文化、历史、艺术，引经据典的同时对很多事情有着十分有趣的思考。听他娓娓道来的时候，我们眼前展现的是他浩瀚的识海，为他的才华所折服。不停地学习、增长学识，不仅仅是为让别人感受到自己的才华气质，更重要的是遇事可以看得清、看得轻，人生的视野更加广阔，不会拘泥于任何一点一滴无所谓的事情。心胸开阔、睿智豁达、自信有底蕴的人才最美丽。相比耗费大量时间和金钱投资在浮华飘渺的事情上，不如用这份精力来读书、来学习，沉淀下来就会发现，学习带给我们的远远不只是简单地用美来形容，更是一份真实、一份自然。

（三）以学习搭建成功的阶梯

成功是1%的天资加上99%的努力。我们要坚持不懈地学习知识，当我们的知识储备量达到一定程度时，才会厚积薄发取得成功。我们不仅要向书本学，更要向他人学、向社会学、向实践学，正所谓处处留心皆学问。学习成功人士为人处事的方法，借鉴前人经验，吸取前人教训，做到举一反三、融会贯通。我们也要站在巨人的肩膀上看事情、看世界。王国维先生在《人间词话》中引用晏殊、柳咏、辛弃疾的名句论述治学的三种境界即"昨夜西风凋碧树，独上高楼，望尽天涯路"；"衣带渐宽终不悔，为伊消得人憔悴"；"众里寻他千百度，蓦然回首，那人却在灯火阑珊处"。由此可见，学习是循序渐进的，最终将会通向知识海洋的彼岸。

总之，学习是我们迈向人生高度的阶梯。生命是一颗未经打磨的钻石，如何精美地打造这颗钻石，还需要我们拥有较高的技能，细致认真地雕琢，而这一切的基础是通过学习来获得。树的方向由风决定，人的方向由自己决定，让我们的人生在不断学习的过程中受益，树立终身学习的观念，不断提高自己、完善自己。

第二节　学习方法

大学教育具有明显的职业定向性。学习方法既要注重理论知识学习，又要掌握专业技能，既要提升综合素质，又要重视个性培养；不仅要学习学校安排的必修课程，还要提高自身各方面的能力，如自主学习能力、思维能力、创造能力；学会合理支配课余时间，培养团队意识，为将来能更好地立足社会奠定坚实的基础。

（来源：360图库）

一、大学的学习方法

大学学习的特点要求学生充分发挥主观能动性，主动适应教学内容和方法上的变化，自主选择适合自己的学习方法，调整好学习节奏，使学习事半功倍。

（一）适应讲授方式

大学课堂教学一般是提纲挈领式的教学模式。教师在课堂上注重结合重点难点向学生传授知识。课堂不再是单纯的你讲我听，而是互相交流、互相启发。大学课程涉及的内容更加宽泛，不仅出自于教材，还包括许多课外知识，比如专业前沿知识、国内外相关研究成果等。教师每一节课所讲的内容多、速度快。这就要求学生在课下能对一些知识点进行查阅补充。因此，对知识的攻读、理解在很大程度上要靠学生自己去掌握，做到课后下工夫、查漏补缺，这样才能适应教师在课堂上的讲授方式。

（二）掌握正确的学习方法

好的学习方法能起到事半功倍的效果。大学生不仅要做到刻苦学习，而且要找到科学的学习方法。不能只死记硬背，要多动脑，勤于思考。学习方法对了，学习效率就提高了。

（来源：唯一图库）

1. 掌握学习的主动权

世界著名科学家、教育家钱伟长先生说："一个人在大学四年里，能不能养成自学的习惯，不但在很大程度上决定了他能否学好大学的课程，把知识真正学通、学活，而且影响到大学毕业以后，能否不断地吸收新的知识，创造性地开展工作，为国家做出更大的贡献"。大学课堂上，老师不会反复强调每个知识点，很多知识点需要学生自己去学习理解。要想真正把一门课学明白、学透彻，上课必须认真听讲、做好笔记，多思考、勤动脑，多与老师同学进行交流沟通。

2. 专业性与综合性相结合

学生的学习，经历了从基础教育到文理分科再到专业学习几个阶段，学习之路越走越专。大学学习专业性强，教学大纲中的内容都是围绕专业特点而设置，目的是为了顺应现阶段既高度综合、又高度分化的科技发展的特点，这为大学生未来走向社会、确定更为具体和细致的专业目标打下基础。大学教育也是综合性的，不仅要包括专业教育，还要兼顾时代和科技发展对人才的需求，有目标地进行综合培养。所以，学生在校期间除了要学习好专业知识，还应该结合专业兴趣选修一些有利于将来走向社会的课程，全面拓宽自己的知识面，如熟练计算机的基本操作技能等，为更好地适应社会打下基础。

3. 方法和效率齐步

学习方法是提高学习效率的加油站，也是实现学习目标的重要手段。好的学习方法可以帮助我们事半功倍、有条不紊。

预习是学习过程中的重要一环。通过预习，能够加深对知识的理解，同时把不理解的问题记下来，便于提高听课的针对性。针对预习掌握的内容，在课堂上将自己的理解和想法与老师交流，会得到比没预习更好的效果，有助于对所学知识的掌握。

复习和总结。温故知新，很多新知识都是在复习旧知识的过程中"生长"出来的。复习不仅能够巩固好知识，还会使我们得到意外的收获。

做作业和考试。做作业能检查学习效果，加深对知识的理解。通过做作业过程中的思考，我们可以把混淆的概念搞清楚。考试是对学习效果进行检验的重要手段，通过考试能够发现知识掌握的薄弱点，从而对学习效果进行反馈。

以上的几个环节在学习中都必不可少，我们应结合自身实际情况，灵活地加以应用。

4. 不断完善知识结构

合理的知识结构，既要精深又要广博，又要具备合理、优化的知识体系。大学生知识结构体系的基本框架由基础知识、专业基础知识和专业知识三大要素构成，内容上包括基础知识结构系统、专业知识结构系统、工具知识结构系统和方法知识结构系统。基础知识是知识结构的根基，包括基础的人文科学知识、基础的自然科学知识和基础的技术知识等；专业基础知识是知识更新的原动力，是思维的因子，是攀登科学高峰的基石，包括本专业所需掌握的基本理论、基本技能和基本方法等。专业知识是知识结构的核心，是创新的质料，包括学科概念体系、研究方法、研究工具及学科的历史演变、现状和发展前景等；工具知识和方法知识是知识结构的关键。其中，工具知识包括汉语言

（来源：百度图库）

文学知识、外语知识和计算机网络知识等，而方法知识则包括如何进行文献检索，如何搜集加工材料信息等相关知识，也包括现代科学的方法，如：控制论、信息论、系统论，等等。

此外，大学生应该积极融入校园文化之中，接受校园文化的熏陶，用先进的文化理念和内涵进行自我教育，培养和提高自身的文化素养，为自己的知识结构在动态中不断优化，建构创造一个内在的、深厚的文化底蕴。根据自身的知识水平，结合个人兴趣、个人能力和生涯规划，充分利用现有资源，科学地优化知识架构。

二、培养自学能力

自学能力的高低不仅影响一个学生能否学好大学课程，把知识融会贯通，更重要的是影响到大学毕业后，能否自我更新所学知识，在工作中创新方式方法。自学本身也是一个人摄取知识的好习惯，要想学到本领，必须在学习上进行自我监督，找到适合自己的学习方法。不能过分依赖老师制定的学习进度和目标，要按照自己的专业方向、专业要求以及学习目标，主动掌握课堂教学内容，参与实习实践，自觉地去学习专业知识和技能，使自觉学习的习惯始终贯穿大学学习的始终。要了解自己的兴趣所在，发掘自身潜力，根据自身的兴趣和特长选择合适的课程内容和学习方式。不能单纯地死记硬背老师课堂所教的，而是汲取有用的知识，只有掌握了这种自主性的学习方式，我们才能充分利用大学资源提升自己。

总而言之，信息时代，知识日新月异，人类的知识量呈指数性增长，不具备一定的自学能力，很难在激烈的竞争中占有一席之地。自学能力的培养和提高，是每个大学生都需要做到的，这也是活到老、学到老的一个基本能力。

三、熟悉教学环境

对于刚入学的大学生，要重视大学的教学环境，充分利用现有的学习条件提高自身文化素质。大学校园教学设施较为齐

（来源：乐乐地带）

全，教学内容所包含的信息量大，新生应以最快的速度融入校园生活，在最短的时间里了解学校的基本设施分布，熟悉教学楼、图书馆、电子阅览室、办公地点、文印室等具体位置以及开放时间，牢记其对应的规章制度。还要对学校附近的环境有所了解，比如综合书店、大型超市等，为更好地适应校园生活做好保障，这样能够充分利用好校内及校外资源，使校园生活尽快步入正常轨道。

第三节　学习的帆船——课堂

课堂学习和课外自学是大学学习的两种主要形式。课堂学习是依据教学大纲，在授课教师带领下，以教材、课件以及其他教学资料为媒介，有计划地、系统地学习；课外自学是课堂学习的延伸和扩展，二者互为补充，不可或缺。

一、课堂学习的特点

（一）学习内容的系统性

每个专业都有完善的课程设置，它是根据教学计划制定的实现人才培养目标和满足学生需求的总体规划，是构建学生知识结构的基础。不同专业有不同的课程体系设置，因此，学生需要了解所学内容的系统性、有条不紊的制定系统的学习计划，从而更高效地获取知识。

（二）学习的合作性

课堂学习不单单是个人独立的学习活动，还是多个学习个体在同一个学习环境中，通过教师的组织指导，依照教学大纲规定的内容和时间，统一安排进行的有组织的学习活动。学习的主体是学生，也是学习共同体中的一员，需要按照教师的教学安排，与教师步调一致，和同学团结协作，只有这

（姚亚琦　绘）

（来源：百度图库）

样才能取得较好的学习效果。课堂学习并不能完全按照个人的意愿去进行，要通过一定的纪律来约束学习行为和方式，并且需要很强的团队意识，需要学生积极配合，全体师生共同完成学习任务，做到学习过程的最优化。

（三）师生的互动性

课堂教学是学生和老师一起学习的过程，师生一同组成学习协作体，大家目标一致，一同开展知识追求和教育实践活动。每个成员都应该把自己看成是协作体的一部分，在教师和学生、学生和学生之间形成一种互帮互助的协作氛围。

（四）学习方式的多样性

课堂学习使学习过程最优化，能够提高学习效率。随着时间的迁移，师生的教育理念也在不断更新，原来单一被动的学习方式逐渐被替换，一种充分调动、发挥学生主体性、多样化的学习方式正逐渐被接受，这种学习方式可以促进学生在教师指导下主动、富有个性、卓有成效的学习。学习方式也不局限于单一一种，既可以是传统的记忆阅读、背诵答疑，也可以是实践辩论讨论等。在这个过程中自主、合作、探究、实践、讨论等方式对大学生都尤为重要。在课堂上通过多种学习方式，达到有序、高效的学习是大学生应具备的技能。

二、良好学习习惯的养成

良好的学习习惯可以积极地影响学习者。学习者因此自主自觉地学习，筛选最有效的方法，耗费较少的时间精力，从而取得更好的学习效果。如果学习习惯不好，那么只会事倍功半，收效甚微，而且会习非成是，贻害无穷。教育学家叶圣陶就曾把语文学科的教育目标、任务与培养良好的习惯联系起来，他认为，教育的本质就是养成能力

行为养成习惯
习惯形成品质
品质决定命运

（来源：唯一图库）

和习惯。因而，良好的学习习惯是影响学习活动的重要因素，是有效学习的重要条件，同时也是学习者应该具备的基本素质。课堂学习的良好习惯有以下几方面内容：

（一）课前自学

凡事预则立，不预则废。课前自学是课堂学习的重要一环。大学阶段的学习不仅需要单纯的预习所学知识，还要预习更多的东西。大学生应该改变以往预习的关注点和学习方式，不断提升自身在学习中的主体性、能动性和独立性。这个环节应养成的良好习惯是：

（1）预习教材中以及该领域的相关内容；

（2）通过纸质媒介和网络媒介查阅相关资料；

（3）勤于思考，积累疑问，认真记录。

（二）听课

听课是课堂学习的基础和前提。大学生的自主学习和探究学习所占比重增加，听课的重要性远不如中小学，但这并不意味着它可以被替代。听课不但包含简单的听取，还有听课过程中的思考和课堂互动。教师在课堂上精心创设一些学习环境，包括先进的教学手段和丰富的内容，并且伴随着完整的理论体系、严谨的方法，学生可以从课堂上获得初步的知识储备和分析问题、解决问题的基本方法和深入探究问题的意识。大学课堂应该有更多的互动让学生成为主动学习者。想要掌握好既定的教学内容，必须学会如何高效利用课堂中的信息资源和实践机会，做到事半功倍。良好的学习习惯如下：

（1）上课认真听讲，保持专注；

（2）做课堂笔记，标注重点；

（3）勤于思考，敢于质疑；

（4）勇于实践，乐于探究；

（5）勤学好问，交流互动；

（6）学习的迁移，将知识转化为能力。

（三）复习巩固

课后及时复习是大学学习的重要过程。复习不是机械地重复而是追求

（来源：唯一图库）

提高和升华，复习过程中，不仅仅要巩固已经学到的内容，即做到"温故"，更为关键的是通过对现有知识的整理和思考，迸发新的想法，即做到"知新"。在这个阶段应做到：

（1）及时查阅笔记；

（2）独立完成作业；

（3）做好整理归纳；

（4）建构自身知识体系。

（四）扩展探究

学习是不断探求、提高的过程。学习不能只停留在课本上，更重要的是应该以此为基础，向周围辐射，加深认识，扩展原有知识，深入探究问题，不断获取新知识，这是课堂学习不可缺少的环节。哈佛大学的师生中流传着一句名言：教育的真正目的就是让人不断提出问题、思考问题。探究学习就是指学生独立地发现问题、解决问题，获得自主发展的学习方式。只有通过扩展探究，知识才能得到巩固、内化，也只有通过扩展探究，学生才能向学习的深度、广度前进，才能成为一个会学习的大学生。因此，应该做到：

（1）制定科学可行的学习计划；

（2）大量阅读各专业的相关书籍；

（3）充分利用图书馆和网络资源；

（4）养成做读书笔记的好习惯；

（5）培养信息获取和信息处理的能力；

（6）勇于探索和敢于创新。

总之，正确的学习方法和良好的学习习惯非常重要，可以算是学习上的"捷径"，可为大学生终身学习打下坚实的基础。

第四节　迷途中的指南针——教师

一、教师的职责

"师者，所以传道授业解惑也"。教师是传授文化与技术的人，或是在某方面值得我们学习的人。教师的职责首先是育人。先成人，后成才。教授知识，学生可能只记得一时，而育人，却影响着学生的一生。

课堂上的知识，经过教师系统化地讲解，学生更容易理解。每个教师都有自己的优势与特长，都有自己的教学特色。所以在每位师者身上都能发现闪光点，这些闪光点能够影响学生的一生。

（来源：唯一图库）

二、怎样跟着老师学习

跟着老师学习，不仅是学习科学文化知识，更多的是学习获取知识的方法。俗话说，"师傅领进门，修行在个人"，老师教会了我们学习方法，等于将我们领进了知识的大门，至于最终会在学习知识这条路上修行多远，就要看自己的悟性与努力了。也就是说，一个人学习掌握某门学问或某项技术取得的最终效果，归根结底要取决个人，这是由学习的特点所决定的。

（一）师傅领进门，修行在个人

在整个学习过程中，教师最关键的作用是引领。学习者所能够达到的境界取决于对教师所传授内容的理解程度，而并不是传统意义上的记忆程度。很多学生家长都过多地在意外部条件，比如先进的学习工具等等，但是忽略了对于知识的理解。生命内在发展最终取决于自己，没有理解就没有质的变化，也不会有任何积累，更不可能会有持续成长。老师只是为我们指引方向，而获取知识，最重要的还是需要我们自己去理解、去探索。如若不能找到自己理解知识的方法，老师教得再多也是没有用的。学习是一场修行，没有人可以帮助我们理解吸收知识，只要我们能耐得住寂寞，静下心来思考，保持不懈进取的心态，才能真正进步。

（来源：三联图库）

（二）学习在于融会贯通

无论一个人掌握了多少知识，如果不能把这些知识融入实践，那么所学的知识一定是零散而死板的，这与我们需要知识的整体灵活是相左的。对知识的真正理解，才能将学到的知识变为生命中一部分。理解的标志是融会贯通。只有融会贯通了的知识才不会孤立存在，才会融化为学习者的经验，并深入到学习者的血液之中。爱因斯坦曾对教育定义："忘记了课堂上所学的一切，剩下的才是教育"，而"剩下"的这一个部分绝非教育过程中通过记忆留下的，而是通过理解留下的。所以，我们在学习知识时能理解多少，就可以明白我们在教育之外剩下来多少。无法信手拈来为我们所用的知识终归不能称作自己的学识。每个人的生活经历是不同的，对同一件事物的理解角度也会不同，结合自身的特点去理解吸收老师传授的内容，将知识化为己用，成就自我的学识，我们才能够青出于蓝而胜于蓝，整个人类文明的高度才会一代一代地向上崛起。

（来源：百度图库）

第五节　读书的快乐

　　书籍是人类进步的阶梯，读书是快乐的源泉。读书是我们日常生活与工作中非常重要的一部分。伏尔泰说过，"读书使人心明眼亮"。在课堂上，书籍提供基础知识；在学习工作之余，拿起课外书本，既让紧张的神经得到舒缓，又能给自己充电；旅行在外，在行李中放上一两本书籍，既可解除舟车劳顿之苦，又可把平时无暇阅读的书读一读。在书中，我们可以知晓大千世界的离奇多变，可以为心中的困惑找到答案，可以与过去和未来对话。读书让我们懂得了人生，让我们的心灵得到净化，使我们成为有思想、有文化的人。

一、读书的意义

　　大学生学习不能仅限于课堂。在完成教学任务的同时，更要抓住课余有限的时间去充实自己，利用学校图书馆和电子阅览室资源，尽可能结合自己的专业方向多读书、读好书。高尔基说："我觉得，当书本给我讲到闻所未闻、见所未见的人物、感情、思想和态度时，似乎是每一本书都在我面前打开了一扇窗户，让我看到一个不可思议的新世界。"

　　读书能让我们有所启发、有所收获，能够真正感受快乐。当然读书也不是一件简

（来源：唯一图库）

单的事，古有"凿壁偷光"、"囊萤映雪"、"头悬梁锥刺股"，惊人的意志造就了一位位学富五车才高八斗的大家。"书山有路勤为径，学海无涯苦作舟"，"吃得苦中苦，方为人上人"，"最是书香能致远，腹有诗书气自华"。读书可以营造积极向上的学习氛围，促进学习能力的提高、精神品质的提升。

清代大书法家梁同书曾云："世间千百年旧物，无非饮酒；天下第一等好事，还是读书。"书籍是人类文化、智慧的结晶，以书为友，与书为伴，不但可以修身养性，更能使人身心愉悦，感受到一种

读书使我快乐

（来源：三联图库）

与众不同的快乐。每读到一本好书，都让人有一种如品佳酿的感觉，绵甜上口，余味留香。读书可以静心，读书可以明智，书犹药也，善读之可以医愚。"读一本好书，就像和许多高尚的人谈话。"每读到一本好书，都像是交到了一位挚友，与之畅谈，如沐春风。细细品味、认真阅读，我们总能体会到书中的深意，感悟到书中所包含的哲理，从中汲取营养，丰富知识，拓宽视野。对于大学生而言，读书可以丰富课余文化生活，陶冶情操，提高整体素质和学习能力。

二、读书的方法

我们生活在一个快节奏的时代，书太多，浩如烟海，良莠不齐，精华与糟粕同在。这就要求我们要正确选择，取其精华，去其糟粕，畅游在知识的海洋里。

（一）要选读好书

俗话说："好读书、读好书、读书好"。读有品位、有深度的书，这样才能体会到读书的好处，才能让读书变成"读书好"。做到有准备、有目的地去读书，好书可以读其百遍，庸俗的、肤浅的书，丢掉也罢。关于读书方法有以下几点建议：

（1）找到最适合自己学习战略和目标的书籍，多读原著；

（2）多读和自己专业方向核心领域相关的前沿书籍；

（3）多读励志类书籍；

（4）多读能获得知识、提高自身能力的书籍；

（5）多读有助于改造和重建知识结构和智能结构的书籍；

（6）多读经典著作。

不要让别人替自己选书，不要让畅销排行榜左右了自己读书的选择，不要因为旁人在读什么书则去读什么书，也不要像抛绣球一样随便地选书。可以为自己的大学四年做一个科学合理的读书安排，根据自己未来的发展方向选择合适的书籍。

（二）书读三遍，其义自见

第一遍，快速阅读，只读大意，求得一个大概的印象。第二遍，慢读。仔细的详读细节，明白其内容，可用铅笔在页旁对不明白的地方作标记。第三遍，重点读。选择这本书的重点部分来读，并在此做强调记号。而在读重点之前，一定要经过前两遍的快读和慢读，若没有经过一快一慢，就容易选错重点（韩宗芳，2010；张五常特，2014）。

（三）行动的力量

大学是我们最好的读书时光，我们一定要抓紧时间，立足当下，好好读书。有的人喜欢给自己找各种借口逃避读书，要知道读书是对自己有益的事情，不要自欺欺人的找各种借口，既然决定读书就立刻付诸实践，只要行动起来，你会发现读书其实很容易，也很有趣。读书不能死读书，要结合实践来思考问题，尤其是文科专业的同学，要结合自己的专业和今后的发展方向来读书，而理科的同学更不能一味的钻研书本，必须要付诸生产实践中，才能收获更多（余三定，2009）。

总之，古话说："学而不思则罔，思而不学则殆"。在读书的时候，我们不能只学习而不思考，也不能整天胡思乱想而不去读书。我们不仅要通过读书来丰富自己的知识，更要通过思考来锻炼自己的心智。

第六节　如何利用好图书馆以及各类学习资料

大学生要学会利用身边重要的学习资源——图书馆。图书馆是知识的殿堂，是在校大学生汲取精神食粮的重要场所，应当充分利用图书馆、网络等资源不断地充实自己。著名作家博尔赫斯说："天堂应该是图书馆的模样。"（朱刚等，2012）。如何在图书馆汲取营养，对大学生来说非常重要。

一、图书馆资源对大学生的重要意义

（一）丰富业余时间，充实自我

不少大学生的业余时间通常都是打开电脑、掏出手机、聊天、游戏。"人的差异在于业余时间"。大学生们不妨利用业余时间多去图书馆读一些自己感兴趣的书籍，充实自己的课余生活；在专业学习上也可以借助图书馆的资源，储存更多的知识。"书中自有黄金屋，书中自有颜如玉"，潜心于书海，得其精华，无疑是最好的消遣方式（昂其珍，2013）。李开复在《怎样在大学里赚回你的学费》一文中写道：图书馆藏的不是书，而是一书架一书架的金砖，放着金砖你不拿，你却花钱泡吧、谈恋爱、逛商店，……你们如果把这些当作大学里的生活主题，那么你算是毁了。一本书以实物出现的话大概是3～100元，而里面的知识积累利用起来绝对不只3～100元，而一般的图书馆藏书最少也有50多万册，假设你经常泡在图书馆里，几年下来，你算算你是不是赚大了。李开复的这段话给了我们很多的启示，图书馆的资源要利用好，仅仅靠着课本上的那一点知识肯定无法满足任何一个求学者的心。所以一定要大量阅读最新的书籍，这样才能了解知识的前沿发展，开拓自己的视野。

（来源：百度图库）

（二）充分利用图书馆完善知识结构

大学生可以通过图书馆的资源丰富自己的知识领域，广泛地涉猎各种类型的书籍。高校图书馆内一般藏有各层次、各领域、各类型的教学资料，大学生们可以根据自己的专业、兴趣和爱好进行选择性自主学习。在学习专业知识的同时，扩宽了知识面，有利于提高自身综合素质，形成自我调节、动态平衡和持续发展的知识结构。

（三）促进大学生自身素质的提高

随着大数据时代的到来，网络资源也越来越丰富。图书馆作为大学里重要的素质教育基地，肩负着培养高素质人才的重任。因此，图书馆作为获取知识的渠道越来越受到重视，图书馆的使用情况在一定程度上有助于学生素质的提高（周天翠，2015）。

有些大学生十分抵触阅读，不愿意把时间和精力投入到广泛的阅读中来。这一部分学生大多都认为阅读是浪费时间的事情，不值得去做。读书本就是一件自觉自愿的事情，大学生们若是不端正心态来对待读书这件事，那么高校图书馆中广泛的资源便是被白白浪费了。因此我们鼓励大学生们调整心态，放下功利心，相信我们读的每一本书都会在今后的人生中有所回报。

二、如何利用好图书馆资源

学会利用图书馆是大学生的必备能力。图书馆有着丰富的馆藏、优雅的环境、优质的服务，吸引着千千万万的学子在此享受文化盛宴，成为大学生活的核心，也是信息化建设的重要基地。

（一）了解图书馆

每个大学的图书馆都会有各种各样的书库，文科库、理工科库、密藏书库等等。那么如何利用好图书馆的各种资源呢？首先，要养成良好的阅读习惯，把阅读看作是一种生活的享受；其次，要知道如何查找图书馆的资源。在利用图书馆资源之前，有必要了解图书馆的结构，包括馆藏资源和布局，检索方式和借阅时间等等。这样才能根据自己的兴趣和需要，到相应的书库找到自己感兴趣的书籍。

（二）多选择专业性图书

上大学后，每个人都有自己的专业，和中学时候不同，我们不应该只涉猎自己感兴趣的小说和散文，而是更应专注于自己的专业，在专业领域内探索更深的奥秘。图书馆是大量专业书籍汇集的地方，不仅有专业领域的新书，还有专业领域最经典的书目。因此，大学生应尽可能地涉猎与专业相关的书籍，培养专业兴趣，掌握专业本领，这对未来的发展非常有利。另外，图书馆藏书涉及多领域的图书，大学生要广泛涉猎哲学、管理学、经济学、法律、文史学、英语、计算机等方面的书籍。平衡好"广泛涉猎"与"多选择专业性图书"的关系，在学习专业知识之余尽量去阅读有益的书籍。

（三）锻炼信息提取能力，提高信息综合素质

《中国图书馆图书分类法》中将图书分为五大类：马列毛邓、哲学、社会科学、自然科学、综合性图书。通过阅读多种类型的书，丰富自己的知识储备，并且能够从中整合出所需要的知识，这是大学生必不可少的能力。另一方面，对于大学生来说"科研"是非常重要的，在课程作业和论文写作中，不可避免的需要大量的阅读和资源整合。这个时候，图书馆就成了最好的资源库。利用图书馆的各种资源，整合成自己的思想，写出的作业和论文才是有血有肉的文章。

（来源：百度图库）

三、网络图书资源利用

随着信息时代的飞速发展，大多数高校的图书馆都有着大量的电子资源，包括电子书和视频资源等等，大学生可以在图书馆的网站上阅读电子书籍，观看教学视频以及使用其他电子资源。

网络发展使得图书资源更加宽广，可以将网络图书资源比喻成一个超级联通的电子图书馆。大部分高校的图书馆都设有电子阅览室，电子阅览室能够便捷的获取网络资源，给读者带来极大便利，读者可以足不出户获取到图书馆的各种资源。图书馆方面可以利用图书附带的电子资料和光碟等资料，将其进行共享，方便广大师生下载学习。

下面推荐几个获取电子图书信息的网站（赵晓霞，2009）：

（1）北京林业大学图书馆网（http://www.lib.bjfu.edu.cn/）。北京林业大学图书馆网是图书馆的门户网站。包含各类电子资源以及学习资料，例如：新东方网络课程、网上报告厅等。

（2）维普网（http://www.cqvip.com/）。维普网是中国最大的综合文献数据库，收录有中文报纸400种、中文期刊12000多种、外文期刊6000余种；已标引加工的数据总量达1500万篇、3000万页次、拥有固定客户5000余家，在国内同行中处领先地位。

（3）万方数据库（http://et.wanfangdata.com.cn/）。万方期刊集纳了理、工、农、医、人文五大类70多个类目共4529种科技类期刊全文。万方会议论文：《中国学术会议论文全文数据库》是国内唯一的学术会议文献全文数据库，主要收录1998年以来国家级学会、协会、研究会组织召开的全国性学术会议论文，数据范围覆盖自然科学、工程技

术、农林、医学等领域，是了解国内学术动态必不可少的帮手。

（4）中国知网（http://www.cnki.net/）。提供CNKI源数据库、外文类、工业类、农业类、医药卫生类、经济类和教育类等多种数据库。其中综合性数据库为中国期刊全文数据库、中国博士学位论文数据库、中国优秀硕士学位论文全文数据库、中国重要报纸全文数据库和中国重要会议论文全文数据库。每个数据库都提供初级检索、高级检索和专业检索三种检索功能。高级检索功能最常用。

（5）电子商务的发展使学生可以在网络上购置喜欢的图书。当当网、卓越亚马逊、淘宝商城等都是大学生经常使用的购书网站，不过毕竟是虚拟环境，在交易时需谨慎。

总之，大学是人生中难得的自主学习时期，大学生们应当好好利用在校时间，广泛阅读，积累知识。在高速发展的时代，保持一颗平静的心，不断地充实与提高自己。

第七节　正确使用网络

网络作为科技发展的产物和信息时代的标志，越来越与人们的生活密不可分。通过网络获取知识、交际、休闲娱乐已经成为人们学习、工作、生活的重要方式。网络为我们提供了无尽的学习资源，丰富了我们的精神世界，改变了我们认知和行为的方式。青年是网络的主要使用群体，网络的使用已经渗透到大学生活的方方面面，为大学生搭建了自主学习的平台，提供了参与社交活动的广阔空间（余炎英，2013）。正确、合理地使用网络，将会对大学生的学习、生活、工作产生积极的影响，使人受益无穷，反之，则会带来一系列弊端（吴志全，2015）。

（来源：唯一图库）

一、网络对大学生的影响

（一）网络对大学生的积极影响

互联网对高校大学生的积极影响主要表现在以下几个方面（马高山等，2011）：

1. 促进大学生获取信息和知识

互联网络的开放性和便捷性、内容的多样性和广泛性，为大学生提供了一个广阔的学习空间，增加了学生获取信息的渠道，拓展了大学生的求知途径，有助于大学生开阔视野、促进学业。

2. 培养大学生的创新能力

网络可以为大学生提供一种自由、轻松的学习环境，能够激发大学生探索未知的念头，多维的网络改变了传统线性思维所固有的比较狭隘、死板的弊端，拓宽大学生的思维，使大学生从中获得思维的启发和创新的灵感，有助于大学生发挥创新能力。

3. 开发大学生的潜力

网络文化在一定程度上使大学生摆脱了对知识权威的从众心理，有助于开发大学生的潜力。

4. 提高大学生人际交往和社会参与能力

网络技术的飞速发展和信息传递的快捷，以及人机对话新型人际关系，有助于启发和引导大学生培养和形成学习、效率、平等、开放等现代观念。互联网缩短了人与人之间的空间距离，有助于大学生扩大交往的范围，增加了学生了解社会、结识朋友和与人沟通的机会；网络上新型的人际交往方式和社会关系的建立为大学生在现实社会中进行社会交往提供了缓冲的空间，有助于促进大学生的社会化。

（二）网络对大学生的消极影响

互联网突破了课堂、高校、求知的传统边界，对学生的影响越来越大。在合理有效地利用网络资源为大学生学习生活带来有益帮助的同时，我们不能忽视复杂的社会环境下，网络这把双刃剑给大学生带来的负面影响。如有的人轻信网站教唆，轻率地会网友，无辜遭受伤害，甚至酿成人间悲剧；有的人沉迷于网络之中不能自拔，导致人际关系淡漠、情感疏远、道德滑坡，甚至使一些大学生产生心理问题；还有的人热衷于网络游戏，被其中的弱肉强食、尔虞我诈搞得观念模糊，甚至心智混乱。网络的开放性与隐蔽性灌输精神垃圾于大学生的单纯心灵中，使大学生深受其害。

1. 社交网络的消极影响

利用社交软件网络聊天可以实现多个对象间的平等交流，是一种快捷、经济、有效的交流途径，可以提高工作办事的效率，也可以拉近距离，交流感情。但如果长时间沉溺于网络就会使得大学生人际关系淡化，现实生活中人际交往的机会就会减少，交往能力就会越来越差。沉溺于网络的大学生在很大程度上失去了与他人、与社会接触的机会，容易加剧他们的自我封闭，甚至会产生人格障碍和人际交往障碍；当他们从网络走出来的时候，面对不理想的社会现实会感到悲观失望，极易导致情绪紧张、孤僻、冷漠以及其他不健康的心理问题。

2. 网络游戏的消极影响

现在的大学校园里有很多学生沉迷网络游戏，无法合理分配生活、学习、工作和游戏的时间，进而使得个人健康、生活态度和学习成绩等受到不同程度的影响。没有自制力的学生一旦沉迷于此就很难再抽身出来。这样不仅会占用大量的学习时间，甚至有很多学生通宵玩游戏，影响了生活质量和身心健康，导致学习兴趣降低、学习效率低下、学习成绩下滑，甚至出现考试多门课程"大红灯笼高高挂"。当走入社会各招聘单位要看学年综合成绩或考研保研面试提交材料的时候，才发觉这样的成绩单有些拿不出手。从医学角度来讲，过度沉迷于游戏，睡眠不足会让人情感冷漠，甚至心理异常，还会使人免疫力下降，思维能力和语言表达能力也会降低，更有甚者，出现昏厥、休克，甚至导致"脑死亡"，这些不论对大学生的身体还是心理都会造成很坏的、也很有可能是不可逆的影响。

3. 沉迷角色的消极影响

很多大学生沉浸在网络之中，把虚拟的角色当成现实的角色，容易迷失现实中的自我，造成交往心理失落。网上信息泛滥可能造成大学生信仰的缺失和价值观的多元化，影响正确的人生观、价值观的形成；互联网上信息接受和传播的隐蔽性，可能引起大学生道德意识弱化、社会责任感下降；网络交流的无约束性，极容易使大学生做出一些违反常规的事情，甚至走上犯罪的道路。同时网络中有一些黄色、暴力的内容

（来源：唯一图库）

占了相当比例，而许多大学生自我控制能力较差，充满好奇心，置身于如此污浊的环境后，不思进取，精神颓废，痴迷其中而不能自拔，造成了学生价值观念的迷失和蜕变，甚至导致走上犯罪道路；由网络社交工具引发的"大学生被害事件"也是屡屡发生，发人深思。

由此可见，任何事情都是相对的，网络这把双刃剑，合理地利用能锦上添花，错误地使用它会影响一生。有的大学生不能很好控制自己，沉溺于网络游戏、聊天等娱乐活动当中不可自拔，完全忘记了学习，甚至还有逃课去上网等行为，这对大学生的身心健康和学业发展造成了不可忽视的负面影响，这不得不让人担忧。网络的利弊在于使用得恰当与否，大学生应该学会如何合理使用网络，使网络真正发挥有益的功能。

案例分享

"迷失"的儿子

含辛茹苦的母亲在重庆供养着在上海读大学的王林（化名）。然而，曾经学业优秀的儿子却迷恋于网络游戏不能自拔，将学业荒废，还整整两年没有回家看望妈妈。5天前，儿子突然失踪。心急如焚的母亲昼夜兼程赶到上海寻找儿子，并于当晚给晨报热线打了电话。

1. 开始寻子之路

这是母亲找儿子的第一天。儿子的辅导员陪母亲一同去了儿子宿舍。到了宿舍不禁心酸：薄薄的垫子，薄薄的被盖，房间又脏又乱，衣服已经发了霉，一点都不像一个大学生的宿舍！检查他的东西，身份证、学生证、钥匙等都在，只有儿子不见了。

母亲现在别无他想，找到人才是最重要的。

焦急之时，求助了新闻晨报热线，晨报的记者听闻也很动情，希望可以帮助到这位寻儿心切的母亲。

腿脚累得不听使唤，动过手术的伤口也开始作痛，可儿子到底去了哪呢，只盼一切都是场梦。

记者见到王妈妈的第一眼，就知道她这几天没有休息好，眼圈黑黑的。她说，听到学院老师在电话里说孩子失踪的那一刻，整个人都呆了，晚上也睡不着。于是，她独自来上海找儿子。

妈妈说，实在不行，她就到大街上去找，她连东西都准备好了。说着，她从口袋里掏出一张塑封的照片，大红的背景下，一张青春的脸。接着，她又从包里掏出一个卷好的纸筒，小心翼翼地展开，A4大小的白纸上用黑体大字打印着："有谁知道我儿子的

下落，请你帮帮我！——一个来自重庆的伤心母亲。"她还用圆珠笔写了大段介绍孩子的话。

记者说，这样找，找到的可能性太小了。王妈妈把寻人启事举到胸前说："母亲就这样，会有很多人看见的，总能收集到一些线索吧。"

2. 事情来龙去脉

王林读书以来，学习成绩一直都很好，即使在强手如林的高中，他也是被大多数同学追赶的尖子生。高考那年，他考了640多分，另外，因为曾经竞赛获奖，还享受20分的加分，最后，他被上海某高校录取。进校时，他还获得了学校针对优秀新生设立的新生奖学金。家里亲戚和周围邻居在教育自己的孩子时，都以他作榜样。王妈妈听了，觉得特别地骄傲。

但是这一切都因为网络游戏而改变了。

在王林大学头几个学年的成绩单上，大学第一个学期，他的成绩还马马虎虎，第二个学期就有两门功课亮了红灯，此后每个学期都有一两门功课不过关。大学四年结束时，由于没有完成规定修读的学分数，王林被延期毕业，2003学年已经是他延期的第二个学年了。

学院老师告诉记者，王林成绩滑坡的主要原因是迷上了网络游戏。那时，他和班级里另一个同学经常在一起打游戏，整夜整夜地打，白天就在寝室睡觉，不去上课。就这样，两人的成绩急剧下降。那位同学因为情况严重在大二结束后被勒令退学了。

3. 从网吧入手

网吧里多是学生。

王妈妈一早就醒来，再也睡不着，7点刚过就出了门。在学校周围，一路看见网吧就进去寻一番。网吧里，不少大学生模样的人在打游戏，也有伏案而眠的人，不禁联想到儿子也是这样……可就是不知道他在哪个网吧。问老板，都说没见过他。

母亲决定在儿子房间住一两天，也许他会回来。但是今晚下这么大的雨，估计他回来的可能性很小。不管怎么样，必须等下去。

中午，记者接到王妈妈的电话，虽然她在拼命地压抑着自己的情绪，但是传来的还是无助哭声："看到马路上好多车啊，我快坚持不住了，再找不到他，我都想直接就站在马路中央……"

"他已经2年多没有回家了。就连母亲过50岁生日，他也不回来，只是寄了张贺卡，寥寥的几个字。母亲翻来覆去地找，希望找到他的信，但是没有。母亲每次写信、打电话都跟他讲道理，让他再也不要去打游戏了，他总是说'晓得，晓得，不玩了'。"

但是，王林在延期修读中的表现仍然让关爱他的人失望。在延期修读的第一学年，没有完成一个学分，只能再延读。上学期，他只完成了2个学分。王妈妈说，她现在一看到有关学生因为沉迷网络游戏而荒废学习的报道就觉得特别恨。

但愿悲剧莫重演！

4. 找到儿子

今天母亲打算走远一点。

走到第一家网吧，推门进去，见到一个蓬头垢面的人，在泡方便面，侧面看有点像，但不敢相信这个脏人就是自己的儿子。等他抬起头来，转身过来，母亲心里一酸，这就是我儿啊！可能他见到自己的妈妈也很突然，放下泡面就拉着母亲叫母亲走。母亲也不知道当时说了些什么，只是边流泪边问他这些天的事情，然后带他去理发、洗澡、换衣服。一路上，母亲怕儿子趁其不备又失踪了，一直拉着儿子的手。路人都用异样的眼光看着母子俩。

还是那间寝室，已经被王妈妈收拾过了，原本污渍斑斑的地板被拖得一尘不染，床上的被褥整齐地铺盖着，另一张空着的床铺和阳台上，则晾着很多刚洗过的衣服和袜子。

王林很安静地坐在床沿边，低着头，一言不发，一看就知道是个内向的人。

记者：你是什么时候迷恋网络游戏的？

王：具体也说不大清楚了，大概是大二吧。中学的时候，班上也有同学去玩，我没玩过，还对他们的热衷程度想不通。上大学后，跟着同学开始接触网络游戏，慢慢地就被吸引进去了。

记者：你延期毕业后，只剩下26个学分了，就没想过好好地读完，拿到毕业证吗？

王：开学的时候，总想着还早，先不管，等考试快来的时候再努力，就这样一天拖一天。

记者：你这几天不回寝室，难道就在网吧吗？你如何吃饭、睡觉呢？

王：现在也说不上迷恋了，就是觉得无聊，回来也是一个人，所以就在网吧。网吧里可以泡方便面，也可以叫外卖，或者出去随便吃点。睡觉就坐在椅子上，趴着睡。像我这样的人不少，大部分都是周边高校的大学生。

记者：你家里经济并不富裕，每学期给你的生活费并不宽余，你还有别的经济来源吗？

王：没有。我在的那个网吧每小时1元，花的钱不多。还有更便宜的，大概是每小时6角或8角钱。前两天有一家新开的网吧还免费开放了10天左右。

5. 今后打算

记者：你对今后有什么打算吗？

王：还是想把书读完。剩下没有修完的课大多是物理、化学基础课，是我以前的强项。

记者采访王林的时候，王妈妈一直坐在儿子身边，不时地插几句话，有点恨铁不成

（来源：百度图库）

钢，这个时候，王林会用手推推她，不想让她说太多。

王妈妈说，虽然孩子已经找到了，但是她还是希望报道一下。她希望以她儿子的故事告诫那些还沉迷于网络的孩子："大学时光是最黄金的时期，人有多少黄金时期啊。不要再让你们的父母伤心了。"她也希望借此告诉所有的家长，不要以为孩子上了大学就万事大吉，一定要与孩子常联络，尤其是自制力较差的孩子，家长一定要多关注。

二、网瘾的成因

大学生网瘾的成因很多。一是环境的变化。众所周知，大学生在跨入大学之后，生活环境和学习环境发生了重大变化，由父母的"重点保护"个体生活过渡到独立性较强的集体生活，由老师的"重点培养"对象转变为个人自主性学习，再加上年龄上还处于真正成为成年人的过渡阶段，心智并没有完全成熟，导致有时会缺乏自律，自控能力不够强。二是目标的缺失。部分学生只把考上大学作为中学学习奋斗的目标，对大学生活缺乏长远的打算，有的人认为大功告成，可以松口气了；有的人甚至是"混文凭"，满足现状，不思进取，加上互联网大量垃圾信息的影响，对一名还不是十分成熟的大学生来说，极易受到不良诱惑，容易迷失自我。三是逃避现实。部分学生因学习生活的压力、现实与理想之间的差距而变得不敢正视现实，缺乏远大目标理想，逃避学习中的困难，没有奋斗动力等。社会就业、生存的不易也使他们倍感艰辛，心理上常处于抑郁状态，非常需要通过各种娱乐方式去放松，寻求快乐，网络极易成为某些大学生躲避负担和压力的"防空洞"，使得当代大学生在网络的使用上出现了问题。

三、合理使用网络的对策

大学生作为21世纪的新型人才，应该关注自身的身心发展，合理使用网络，树立正确的世界观、人生观、价值观；应该利用网络来丰富自己，提高自身综合素质，而不是整天沉溺于网络，成为网络的奴隶。

（一）正确认识网络

对于网络的本质，有很多种说法，但究其根本都是沟通交流，整合信息的作用。因此，大学生要正确认识网络的这一本质，不能违背网络的本质而陷入到网络的弊端中去。

网络只是我们用来学习和交流的工具，在接触各种网络信息时，要学会去粗取精，去伪存真，辨别"网络世界"和"真实世界"。应积极发挥网络的积极影响，树立正确的价值观，利用广博的网络资源开阔视野，丰富知识。充分利用网络的优越性促进学习和交流，提高学习效率，提高素质。认识到网络不能代替教育，不能代替课堂教学，不能代替现实社会中的人际交往，树立文明使用网络意识，客观看待网络对自身成长的作用。

（二）提高自身信息素质

信息技术能力是大学生必备的能力之一。大学生们应该培养自己较高的信息素养，树立健康向上的上网理念，发挥网络的积极因素，正确认识网络，合理使用网络。加强自律和自控力，提高自我管理、自我约束、自我保护以及对信息的判断和处理能力。应意识到自身的责任与义务，端正生活的态度，提高品味，加强对美的鉴赏和反思，以及对时间的敬畏和珍惜，努力提高学习的自觉性。

（三）学会承受压力

大学生在网络中寻找自信、获取满足，这只是自我精神层面的安慰，在现实生活中毫无作用，应该努力提高自己的心理承受能力，科学对待学习生活中的压力；多与周围同学交流沟通，要勇于接受，乐观面对压力，保持乐观向上的心态。通过确立新的目标而努力实践，是我们在大学生活中最基本的态度。

（四）参加有益的校园文化活动

大学生应培养和发展多方面的兴趣，多参加校园团体和社会活动，避免与社会生活疏离，体会到现实交往的快乐，积极营造健康向上的良好氛围，减少对网络的痴迷和对虚拟世界的依赖。如利用课余时间参加有关网络主题的讨论、讲座、电脑网络知识的培训、选修电脑课程、网页制作比赛、网上写作比赛等，增加电脑方面的知识以及提高综合能力。

总之，高校学生既是网络新媒体的受众，也是改善网络生态的重要力量。全国高校思想政治工作会议要求要发挥高校学科优势和人才优势，正确使用网络，唱响网上好声音。这就要求每一个大学生都应当理性的对待网络问题，学会区分网络中的"营养"与"毒素"，"精华"与"糟粕"，处理好学习与上网的关系，为网络的健康发展尽一份力，使网络真正为大学生的学习和成长服务。

（来源：绘画素材网）

第四章

人际和谐　助力成长

　　人的生存和发展离不开社会，和谐的人际关系对一个人的学习成长、谋事创业至关重要。步入大学校园，既要把握人际交往的原则，坚持有所为、有所不为，培养高尚的品德、健全的人格，又要提升人际交往的能力，学会见贤思齐、择善而从，塑造良好的修养和积极的心态。从这里开始，在家庭、学校和集体中营造宽松和谐的人际氛围，开启美好的大学生活。

第一节　良好的人际关系成就精彩人生

　　社会是一个复杂的有机体，是由错综复杂的人际关系组成的网络，人在社会中生存就免不了要和各种各样的人打交道。人际关系是人与人之间信息与情感的传递过程，不论是组织还是个人，都需要和谐的人际关系与良好的人力技能环境，如何在纷繁复杂的社会中与人和谐相处，是所有人生活的必需技能。

一、人际关系的重要性

　　美国犹太裔心理学家亚伯拉罕·马斯洛1943年在《人类激励理论》一书中提出的需求层次理论，将人类需求像阶梯一样从低到高按层次分为五种，分别是：生理需求、安全需求、社交需求、尊重需求和自我实现需求。其中处于较高层次的社交需求、尊重需求和自我实现需求，都是和社会、群体、人际交往密不可分的。马斯洛的需要层次理论表明，当人满足了生理与安全的需要后，就会产生归属与爱的需要，而归属和爱的需要实质就是社会交往的需要，当这种需要不能得到满足的时候，人就会产生心理失调，甚至做出不理智的行为，影响个人的身心健康。因而，只有建立良好且广泛的人际关系，才能更大程度地实现人生价值，过上更加幸福的生活。

　　良好的人际关系可以促进事业的成功。卡耐基经过长期研究得出这样的结论："专业知识在一个人的成功因素中只占15%，而其余的85%则取决于人际关系。"无论我们将来从事什么职业，只有学会处理人际关系，才能离成功越来越近。而不良的人际关系则会带来许多不好的影响。一个不能与他人和睦相处、沉浸在自我的小世界中无法自拔、孤僻不合群的人，无法在人生这条路上走得更长更远。试想，一个不愿和他人好好相处的人，必然没有朋友，遇到困难时无法得到他人的援助之手，也不能得到友人的宽慰、获得内心的安慰，这样的人是很难成功的。实践证明，大部分成功者不仅仅因为技术熟练、头脑聪明、工作能力

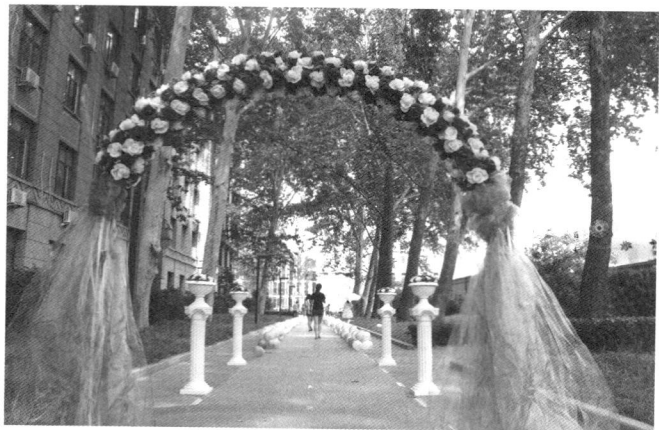

强，还有一个重要因素就是他们拥有良好的人际关系。

人际关系是人心理健康水平、社会适应能力的综合体现。现代社会是一个开放的社会，开放的社会需要开放的社会交往。良好的人际关系只能在交往中形成，人际交往的表现形式和必然结果便是人际关系，人际关系影响人际交往的结果，对人际交往有反作用。大学里，同学之间、师生之间、老乡之间、室友之间、个人与班级以及和学校之间等错综复杂的社会交往，构成了大学生人际交往的网络系统。培养良好的人际交往，不仅是大学生活的需要，更是将来适应社会的需要。良好的人际关系有助于大学生之间的信息交流和信息共享，可以从中汲取力量，促使人际交往向好的方向发展；有助于提高学习效率，保持愉悦的心情；有助于全面发展，促进社会化，提高适应社会、改造社会的能力；有助于心理健康，增强自信心和自豪感，减少心理疾病的发生，形成和发展健康的个性品质。

二、大学人际关系的特点

大学里，学生交往和相处的对象以及人际关系的特点与中学相比发生了根本的变化，主要包括以下几个方面。

（一）开放性

高校独特的生活环境和思想氛围，决定了大学生人际交往的开放性比中学时代大大增强。表现在：交往区域不仅局限于宿舍内、班内、校内、校际之间，而且加大了与社会各个层面的交往力度；交往内容除了专业知识以外，还涉及文学、艺术、体育、政治、外交、人生、理想、爱情和社会问题等各个方面；交往频率由偶尔的相聚、互访发展到较为经常的聊天、社团活动、聚会、体育活动、娱乐、结伴出游以及其他一些集体活动；交往方式有聊天、通信、参加文娱体育活动、郊游、联欢、吃喝、探亲访友、各种沙龙聚会、社团活动等。尤其是随着科技、通信技术、交通的发展，高校内手机、私人电脑基本普及，大学生们除了面对面的交流外，已经习惯通过短信、电话、网络等现代化的方式与他人互动。这种开放性的人际交往，一方面可以使大学生广交朋友、增长见识，丰富阅历，但另一方面过多、随意的交往很容易分散学习精力；"方便、快捷"的新媒体使大学生人际交往冷漠化、友谊表面化；缺乏防范意识的交往，造成轻信他人，甚至遭遇被欺诈等不良后果。

（二）独立性

大学生的独立意识普遍增强，不仅理性地思考、判断、处理自身问题，也关心社会、批判地接受知识和看待其他事物，有着强烈的体现个性的见解和疑问。大学生在自我意识和社会关系相互协调的基础上，开始塑造自我的个性，支持自己的主张，以独立的人格和态度处事，积极自主地开展人际交往活动。这个时期，大学生的抱负与志向鲜明，对于家庭往往已不再依赖，而是以成人的眼光参与和处理家庭事务，充分体现个人的意志和性格。独立性强的特点，使得大学生更容易接受新事物，但另一方面过多脱离家庭和学校的约束，容易受社会不良思潮的影响，尤其是网络信息泛滥，无时无刻不在冲击着一颗颗年轻的心，对学生的思想和心理产生一些消极影响。

（三）平等性

平等尊重是社会人际交往的基本前提，也是大学生进行人际交往的重要原则。随着自我意识的发展，大学生独立自尊的要求日益增强，对交往的平等性要求越来越高。人际交往中既对他人平等相待，又希望他人对自己一视同仁，即使是与老师之间，也期待平等相待。在与同学相处中，无论是学习成绩优劣还是家庭条件好坏，都能相互尊重、平等相处、相互容纳，不随意干涉他人私事，对同学的隐私保密。实践证明，平等交往的需求使得具有谦和、真诚、善解人意、通情达理、乐观向上品质的人成为大学生乐意交往的对象，那些傲慢无礼，不尊敬他人，操纵欲、支配欲、嫉妒、报复心强的人常常不受欢迎。这种人际交往的平等性，要求大学生自尊自爱，从而也获得他人的尊重和爱戴。

（四）不平衡性

大学生群体中存在着家庭、经济等各方面条件的差异，有家庭条件比较优越的，也有比较困难的。有调查显示，部分家庭条件优越的学生会产生极度的优越感，而经济上拮据的学生可能会在人际交往中表现为被动、性格内向等特点，个别学生还会由此产生自卑、孤僻等心理。另外，我们生活的社会是多元化的，人们相互之间的关系越来越复杂。社会的复杂性导致个性的丰富化，这容易引起个体之间冲突的加剧，人际交往在心理上总是以彼此满意或不满意、喜欢或厌恶等情绪反映为特征。一个人要与周围的人保持良好的人际关系，就必须学会求同存异、换位思考，最终使人际关系达到一种平衡状态。

（五）功利性

在社会主义市场经济环境中，竞争与合作的关系使当代大学生人际交往的观念和行为已由传统的重义轻利向现代的义利兼顾、义利统一转变。大学生在人际交往活动中需求其回报的不仅仅是心理满足，还有对物质的需求。这使得大学生不但重视人际关系中交际工具的应用，而且在一定程度上把人际关系本身也作为达到某种目的的工具，用成本概念来衡量人际交往的价值。有调查显示，就业压力的骤增使大学生把人际关系不再仅仅当作一种满足心理需求的手段，而是把它看作今后就业的一种资源来储备。

第二节　正确处理大学中的人际关系

大学里的人际关系主要包括：同学之间、朋友之间、师生之间以及个体与宿舍、班集体、学校之间等关系。人际关系的好坏，不仅影响着交往效果，而且还会明显地影响到个人学习的积极性和效率、生活质量和身心健康，因而学会处理人际关系是大学的必修课。作为大学生，要有一个健康的人际交往，需要不断地学习与他人相处的技巧和方法，不断提升与人交往的能力，使人际关系能够在通往成功的道路上助一臂之力，这是大学生今后在社会上发展乃至生存的必要条件。

一、大学人际交往中的七大原则

对于大学生而言，培养优秀的人际交往能力，需要遵循以下原则：

（一）以诚待人

以诚待人是指在人际交往过程中要真诚、诚信。常听到有同学讲："某同学性格好，为人好，所以喜欢和他交流"。的确，人人都喜欢真诚、热情、友好的人，讨厌虚伪、自私、冷酷的人。大学生选择朋友，首先考虑的是个性品质，对于个性品质最看重的是真诚，最反感的是虚伪。人人愿与成熟、热情、坦率、思想活跃、有责任感的人多交往。一个品质好、态度谦和的人更容易受到他人的赏识与喜爱，人们欣赏他的品格，因而愿意与之接近，成为朋友。反之，虚伪、自私、冷酷的人则很容易遭到他人的反感，使人际关系陷于被动，严重的处于被孤立状态。古人也说："精诚所至，金石为开"、"心诚则灵"。在与人交往过程中，我们怎样对待别人，别人也会用同样的方式对待我们。所以，大学生在处理人际关系时，应时刻抱着真诚的心与人交往，既要学会做自己，又要尽可能地为别人考虑，只要有一颗真诚的心，相处就会更加愉悦。

（二）低调做人

人际交往中需要为人谦逊、低调做人。低调的人更看重别人的独特之处、聪明之处，从来不小瞧任何人，善于"融方于圆"的与各种人打交道。表现在不传小道消息，不讲同学、老师、领导的坏话；对待其他人的评价，尽量保持一个友好中立的状态。低调者与人打交道时，难免会遇到他们不喜欢的人，但他们能够学会和不喜欢的人相处，用真诚的态度对待每一个人，因而，时间长了很容易得到他人的信任。总之，与人相处是一门艺术，不管有多高的文化、多大的本事，如果不懂得如何处事待人，也必定是一个失败的人。欲成事者必先要宽容于人，进而为人们所悦纳、所赞赏、所钦佩，这才是人能立世的根基。低调做人，是一种品格，一种风度，一种修养，一种胸襟，一种智慧，一种谋略，也是一种至高无上的境界，是宠辱不惊的情怀，是做人的最佳姿态。

（三）学会尊重

相互尊重是人际交往的重要法则。没有尊重的交往是不可能持续下去的。只有相互尊重才能相互信任，坦诚相待，缩短交往的心理距离。尊重他人，一方面表现在对他人有礼貌。礼貌是一个人的根本，倘若一个人没有礼貌，就很难得到别人的好感。我们生活在礼仪之邦，《孟子·离娄章句下》有一句典型的劝人互爱互敬的文字：爱人者，人恒爱之；敬人者，人恒敬之。另一方面还表现在平等交往，就是交往双方没有人格上的歧视，只有相互尊重，才能相互认可，让对方乐于接受，就好比一个人对着空旷的大山大声呼喊，我们对它友好，它友好回应。总而言之，尊重他人就是尊重自己；尊重他人的人格、尊严、生活方式和习惯也是一个人讲文明、有修养的表现。

（四）互助互利

人际交往中的互助互利是指交往双方的互惠互利。人际交往是一种双向行为，故有"来而不往，非礼也"之说，只有单方获得好处的人际交往是不能长久的。所以要双方都受益，不仅是物质的，还有精神的。这就要求交往双方都要讲付出和奉献，在做好自己事情的基础上，力所能及地帮助身边的同学，让自己内心快乐，也让别人感受到你所给的温暖。互助互利原则使交往的双方相互关心、相互帮助、相互支持，既满足了双方各自的需要，又促进了相互间的联系，深化了感情。但如果一方只是索取，而不付出，就会影响双方的关系。

（五）宽容大度

人与人交往需要求同存异，相互容纳，才能正常交往与相处。对于在交往过程中遇到的矛盾要持宽容忍让态度，对于非原则性的问题不要斤斤计较，应以豁达宽容的胸襟来容纳别人的缺点、个性。大学生过的是集体生活，如果我们与朝夕相处的同学发生了矛盾，受到别人误解的时候，不要过于计较对方的态度和言辞，要谅解他人的过失，包容他人的短处，做到善解人意，才能维持良好的人际关系。一个人在社会交往中学会宽容不是一件简单的事情。首先要学会倾听。这种对他人的尊重，会满足对方自尊心的需求，赢得对方的好感，加深彼此的感情。其次要学会忘记。人难免做错事，对他人无心的伤害应学会忘记。坚持宽容的原则，能表现智者的思维与练达，是创造良好人际关系的法宝。

（六）保持距离

人和人之间需要保持一定的空间距离。人人都需要在自己身边有一个能够把握的自我空间。人与人需要保持距离，从根本上说，就是互相尊重对方的独立人格。唯有亲密有间才能最大限度地感受美好的存在。心理学家总结得出，人与人之间其实就像是相互取暖的刺猬，只有适度的距离才能更加和谐地相处，以至于不被彼此刺伤。就像俗话说的"距离产生美"。保持距离感，设置的是物理距离或心理距离，而不是感情距离。交际中，如果我们能像刺猬一样寻找到一个合适的距离，不仅是爱的艺术，推而广之，它也是生存的艺术。

（七）克服偏见

大学生往往因阅历、经验的局限难以全面地看问题。尤其在对别人做出主观评价时，往往因为各种偏见影响和阻碍了人际关系的建立及其密切程度。偏见容易导致与他人心理不相容，而出现敌视、对抗他人的消极心态，有害于自己身心，也有害于人际环

境。因而，大学生在与他人相处时，要克服偏见，客观地分析与看待问题，接纳别人的行为，不以自己的标准进行评判。当然，对于错误言论与行为，也应及时制止与指出。在人际交往中，不要戴着有色眼镜曲解他人的态度，凡事要多从正面去理解。同时，也不要以自身的好恶取舍他人，要懂得人的兴趣、需要、性格是各不相同的。因此，一定要尊重他人，理解他人。只有这样，他人才能尊重自己，理解自己。

总之，大学生是否能够处理好人际交往问题取决于自身对"人际交往"认知的正确与否。在这个过程中，首先需要塑造良好的个人形象，培养优良的交往品质，克服并处理不正确的认知。每个人都是自己人生的舵手，只要向往真、善、美，只要拥有积极乐观的心态，只要愿意追求幸福，那么一定会过上快乐、美好、幸福的生活。

案例分享

温馨的蜡烛

有一位单身女子刚搬了家，她发现隔壁住了一户穷人家，一个寡妇与两个小孩子。有天晚上，那一带忽然停了电，那位女子只好自己点起了蜡烛。没一会儿，忽然听到有人敲门。原来是隔壁邻居的小孩子，只见他紧张地问："阿姨，请问你家有蜡烛吗？"

女子心想："他们家竟穷到连蜡烛都没有吗？千万别借他们，免得被他们依赖了！"于是，对孩子吼了一声说："没有！"正当她准备关上门时，那穷小孩展开关爱的笑容说："我就知道你家一定没有！"说完，竟从怀里拿出两根蜡烛，说："妈妈和我怕你一个人住又没有蜡烛，所以我带两根来送你。"此刻女子十分自责，感动得热泪盈眶，将那小孩子紧紧地抱在怀里。

文中的小孩一家细心又温暖地想到别人的困难，建立了和谐的邻里关系，值得我们学习。大学生应明白，人与人之间只要将心比心，多为他人着想，多站在别人的立场上看问题，很多矛盾就会迎刃而解。比如，如果你准备要熬夜，就提前洗漱好，免得在熄灯后手忙脚乱打扰室友休息；如果有人在休息，就降低说话的音量；如果有人在学习，就不要外放音乐……生活不需要英雄义举，这些小细节就足够打动人心。

二、大学生人际交往中的常见问题

人际交往如此重要，却总有同学头疼各种各样的社交问题："我几乎没有朋友"，"我不会说话，总是得罪人"，"我生性内向，不敢和别人交流"……这些人一边抱怨自己的人际关系不好，羡慕那些在人际交往中能够左右逢源的人，一边尝试改善自己的人际关系，但效果却不是很理想，因而为此苦恼不已。其实，出现这些情况大多是因为不懂得人际交往技巧的缘故。在广泛的人际交往中往往存在以下几点较为常见的问题。

（一）不敢交往

在人际交往中，不少人会存在不同程度的恐惧心理，只是每个人的反应程度不同。部分大学生由于害羞、自卑等心理作用，在与人交往时表现出紧张、心跳气喘、面红耳赤等，两眼不敢正视对方；在与人交谈时显得语无伦次、词不达意。尤其在人多的场合或者在集体活动中更感到恐惧，不敢和人打交道，不敢表现自己。严重的可导致社交恐惧症。

（二）不愿交往

有的大学生在经历了"千军万马过独木桥"之后，发现自己不如在中学时那么出类拔萃了，进而形成因嫉妒与自卑心理造成的人际障碍，认为自己不如别人，怕别人瞧不起自己，缺少人与人之间必要的信任与理解，人际交往平淡；有的缺乏与同学之间基本的合作精神，甚至与同学为敌手；有的自以为是，瞧不起别人；有的群体意识淡薄，以自我为中心，对周围的人与事漠不关心；有的人遇事总是回避退让，整日郁郁寡欢，缺乏交往的愿望和兴趣，他们自我封闭、孤芳自赏，但又特别敏感，心理承受力差，独来独往，不愿抛头露面，不愿与人交往。

（三）不善交往

有的大学生不了解和掌握交往中的知识和技巧，在交谈过程中显得过于生硬、书生气太足；有的是认知偏见产生的理解障碍；有的不注意交往中的"第一印象"，不注意沟通方式，在劝说他人、批评他人、拒绝他人时不讲究艺术；有的在与人交往的过程中，不注意交往的原则，开玩笑不注意场合，不懂得给人留面子，或出言粗鲁伤了对方的自尊心；有的不懂得尊重对方的风俗习惯；有的不懂装懂，夸夸其谈等。这些表现都有损于自身形象的树立，影响同学之间进一步的交往。

（四）不会交往

大学新生大都有强烈的人际交往欲望，但又常常感到人际交往很困难，究其原因是许多大学生对人际交往的追求往往带有较浓的理想色彩，以友谊的理想模式为标准来衡量生活中的人际关系，导致高期待与高挫折感并存。进而表现为部分大学生经常津津乐道于过去的事情，而对于现实生活中的人际交往却表现出强烈的不满，不懂得交往在于平时的交往积累。有的大学生总希望别人主动关心自己，主动与自己交往，而自己总是处于被动地位，或仅仅是有事求人才去"临时抱佛脚"，使对方感到无论在物质上还是在精神上都不能使自己受益，甚至感到是累赘，致使交往终止。

（五）缺乏技巧

大学生是同龄人中思维、认知能力比较强的群体，但是在心理发育方面还没有成熟，自我意识的增长与认知能力发展不太协调，情绪经常处于不稳定状态，当面对错综复杂的人际关系及各种各样的实际问题时难以把握，而自制力又不够，因此，在人际交往中呈现出了迫切性、理想性、不平衡性和不稳定性等特点。表现为羞怯、自卑、孤独、猜疑、嫉妒、恐惧等。他们一般都渴望交往，但由于交往方法欠妥、交往能力有限、个性缺陷或交往心理障碍等原因，在交往过程中既不了解自己，也不了解别人，导致交往失败。长期的交往失败，使得一些学生把交往看成是一种负担，渐渐地变得自我封闭。

三、如何处理好自己的感情

进入大学后，我们要面对很多人，如舍友、同学、恋人、朋友、老师等。与人相处有很多学问，应根据不同群体，学会如何处理好各种关系。

（一）共寝之情

寝室是大学生朝夕相处的地方，对于大学生来说，如何处理好寝室人际关系，关系到今后几年的学习生活。在处理寝室关系中应做到以下几点：

一是学会沟通。同在一个屋檐下，由于生活习惯等方面的不同，生活中的摩擦不可避免，这就需要我们平时多与室友沟通交流。二是学会独立。在寝室里，自己的事情要尽量自己来解决，培养并提升独立能力，收拾好自己独立的空间。三是学会付出。宿舍是一个小家庭，因此对待室友要像对待自己的兄弟姐妹那样热心。当别人需要关心和帮助的时候，主动送上温暖；在室友情绪低落时，主动安慰并鼓励。四是学会理解，要求我们要善于换位思考，不要总是以自我为中心，要多站在对方的角度去考虑事情。五是学会宽容。要承认差异，认识到寝室同学会存在生活习惯、思维方式、性格特点等方面的差异，需要抱有宽容的态度，这是维护寝室和谐最重要的因素。六是学会给他人留有私人空间。俗话说"距离产生美"，在交往中我们要保持适当距离，保持距离绝不是设置心灵上的屏障或戒备防线。

案例分享

不和谐的宿舍人际关系

小明同学性格内向寡言，在六人的宿舍里，刚开始大家还感情融洽，但没过多久，小明就被宿舍同学孤立了。这是什么原因呢？原来小明有一些不良的生活习惯，如不注意个人卫生，喜欢乱动别人东西，说话太直得罪人，喜欢计较，疑心重等。刚开始时，宿舍同学还用言语相劝，希望其能注意。但是他对别人的建议置若罔闻，依旧我行我素，渐渐的大家就不理他了。小明也讨厌宿舍的同学，有时故意跟他们作对，这样一来就激化了宿舍同学对他的孤立。后来在班干部竞选上，因宿舍不和谐的关系影响到班里同学对他的看法，他落选了。小明很难过，把落选归因于宿舍同学，自此只要心情不好便在宿舍发火，如此举动更加深他人的反感，人际关系开始走向恶性循环。为此，小明同学心中很苦恼，他开始认真反思问题的根源所在，究竟是别人的问题还是自己的问题。他很想申请更换宿舍，但转念一想，换了宿舍就会好吗，如果与新宿舍的同学再相处不好该怎么办？经过一番思考，他决定去请教班主任李老师。李老师得知情况后，帮他进行了分析，建议他首先从纠正自身的习惯开始，改变与人交往的方式方法，主动与他人不计前嫌，真诚沟通。与此同时，李老师还把宿舍的同学召集在一起，大家敞开心扉，谈了对彼此的看法，真诚地提出了和谐相处的建议。经过一段时间的尝试，小明同学慢慢被大家接受了，宿舍里又恢复了以前的和谐。

以上案例说明，寝室是大学生生活、学习、休闲的重要场所，与学生的成长关系密切。和谐的寝室关系，能促进学生健康成长；不和谐的寝室关系则给自己或他人带来不必要的烦恼甚至伤害。因此，大学寝室中的每个人都要认真维护好寝室关系。如果我们与朝夕相处的同学有了误会，或是受到别人不公正的对待，不被别人接纳，我们首先应该反思一下自己有无问题。特别是当情绪激动时，应该学会忍耐。古人说："喜时之言多失信，怒时之言多失体。"一个人在盛怒时所说的话，容易伤害到别人，也容易造成摩擦，一时的气话往往造成不堪设想的后果，因此千万不要在盛气之下轻易发言，这正是所谓的"忍一时风平浪静，退一步海阔天空"。

案例分享

生气的钉子

有一个男孩有着很坏的脾气，于是他的父亲就给了他一袋钉子，并且告诉他，每当他发脾气的时候就钉一根钉子在后院的围篱上。

第一天，这个男孩钉下了37根钉子。

慢慢地每天钉下的数量减少了。

他发现控制自己的脾气要比钉下那些钉子来得容易些。

终于有一天这个男孩再也不会失去耐性乱发脾气，他告诉他的父亲这件事，父亲告诉他，现在开始每当他能控制自己脾气的时候，就拔出一根钉子。

一天天地过去了，最后男孩告诉他的父亲，他终于把所有钉子都拔出来了。

父亲握着他的手来到后院说：你做得很好，我的好孩子。但是看看那些围篱上的洞，将永远不能恢复成从前。你生气的时候说的话将像这些钉子一样留下疤痕。如果你拿刀子捅别人一刀，不管你说了多少次对不起，那个伤口将永远存在。话语的伤痛就像真实的伤痛一样令人无法承受。

（二）师生之情

师生关系是指教师和学生在共同的教育教学过程中，因其各自的地位、任务及行为规范的不同，通过相互影响和作用而形成和建立起来的一种人际关系，是大学生人际交往的主要关系之一。师生关系是促进学生个性社会化发展的重要环境因素，师生关系的好坏会对学生的成长产生深刻地影响。

大学老师处在长者的地位，肩负"传道授业解惑"的责任。大学教师的修养一般都很高，在相处的过程中学生有了什么失误，只要不是严重的错误，都能得到教师的谅解。在某些时候，师生关系还会影响到大学生一些利益问题，勤奋、踏实的学生最容易得到老师的青睐，而懒散的学生却易被老师遗忘。在良好的师生关系中，师生间理解信任，相互尊重，交流频繁，班集体中民主气氛浓厚，班级风气正派，学生就会不断得到来自教师和同学的公正客观的评价。学生自尊自信，责任心强，能正确地认识自己，评判自己的言行，了解自己的角色地位，自我意识就能沿着健康的方向发展。反之，在不良师生关系中，师生间紧张对立，互不信任，班集体气氛压抑，学生就不能得到教师和同学公正的评价，容易产生自卑心理，不能正确地认识自己，摆不正自己与集体的关系，自我意识必然得不到健康发展。

那么如何处理大学的师生关系呢？一是师生间的相互尊重是构建和谐师生关系的先决条件；二是加强大学教师的职业修养，提高大学生的整体素质；三是加强生活、学习上的沟通交流，增进彼此之间的了解，尤其是学生应积极主动地与老师进行沟通；四是互相理解，积极配合双方的工作，从而使得师生关系更加和谐。总之，良好和谐的师生关系能够使学生增强自信，乐于学习，从中获得满足感和成就感，从而促进了校园乃至社会的和谐发展。

（三）同窗之谊

大学的同窗指同一个学校里就读的同学，不仅包括同班同学，也包括同专业、同年级的同学。少数学生在大学的四年之中，对同班同学了解甚少，而大部分的同学都会把自己局限于一个特定划分的圈子里面，比如按照兴趣爱好、学习成绩、经济条件、地理范围等所形成的小圈子，从人际关系的角度来讲，这是非常可惜的。

大学为学生提供了一个不可多得的建立持久和良好人际关系的场所。由于大学同学有着不同的背景，而大学生今后的人生也是需要不同背景的人来支撑的。大学毕业后，同班同学可能会走向全国，甚至是全世界不同的地方，这些同学彼此间会提供一张巨大的人际关系网络，有助于事业的发展；如果只将自己局限于一个狭窄的圈子里，就会失去这些助力成长的关系网。

同窗之谊是大学一段美好的回忆。大家从五湖四海汇集而来，形成一个团结向上的集体，一起走过四年的花样年华，所以处理同学间的人际关系显得尤为重要。如何处理好同学关系呢？第一，要努力提高自身各方面素质，让同学接纳自己；第二，要有清晰、准确的自我意识和自我定位，坚持自尊自爱自主，才能做到与同学交往时不卑不亢、有礼有节；第三，要学会宽容和随和，大事讲原则，小事讲谦让，从而建立良好的同学关系。

（四）大学情路

恋爱是人生交响曲中的组成部分，人生交响曲的完美少不了爱情的完美，只有爱情曲的美丽动听，人生交响曲才能和谐优美。拥有纯真的校园恋情，也是大学生们美好的愿望。为此，大学生应该正确对待人生，珍惜青春，认真恋爱。沈从文给恋人张兆和的信中这样写道："我一辈子走过许多地方的路，行过许多地方的桥，看过许多次的云，喝过许多次的酒，却只爱过一个正当最好年龄的人。"认真对待恋爱，要求大学生掌握恰当的接受爱和拒绝爱的方式，既要勇于真心实意地向对方表达自己的感情，也要敢于理智地拒绝不希望得到的感情。真挚的对待爱情，是对他人的尊重。

在大学情路上应当如何处理自己的感情问题呢？第一，摆正爱情与学习、事业的关系，看清主次；第二，要做到文明相亲相爱，切不可放纵自己的情感，卿卿我我，做出不文明、不雅观的举动；第三，忠贞专一地对待恋爱，不可三心二意，要对自己、对他人、对未来负责；第四，恋爱中自尊自爱，让自己的青春更加美丽；第五，正确处理爱情的波折，青年更应该做生活的强者，而不做爱情的奴隶，以坚韧不拔的毅力去摘取事业成功的桂冠，或许爱情就会悄悄地降临到我们的身边。

第三节　如何学会团队合作

团队，是为了实现共同的目标而集合起来的一个团体。在这个世界上，任何一个人的力量都是渺小的，只有融入团队，与团队一起奋斗，才能实现个人价值的最大化，才能成就个人的卓越！人们发现飞行的大雁队伍大多呈"V"字形，它们定时更换领导者，帮助两边的雁形成短暂的真空，减少飞行阻力。按这种队形飞翔的雁，与单独飞行相比，能多飞12%的距离。这就是团队合作的力量。

一、团队合作精神的内涵

团队合作是大局意识、协作精神和服务精神的集中体现。其涵义包括以下几个方面。一是"团队分工"：就是尊重个人的兴趣和成就，按照职责划分出不同角色进行协同合作，成员之间有明确的职责和任务、自主的协作意愿和明确的协作方式，这种明确的分工使团队形成有机的整体，提高运转效率。二是"团队思想"：它反映的是团队个体利益和整体利益的统一，是使全体成员有强大的向心力、凝聚力和行动力的源泉，只有每个队员为了团队和目标积极主动地提出创新的、建设性的意见，整个团队才有战斗力和创造力，进而保证高效率运转。三是"团队建设"：就是使团队中每个队员能够表现特长、挥洒个性、有效沟通，保证成员协作高效完成共同的任务和目标。四是"团队支持"：成员之间相互鼓励，互

相沟通快，相互信任多，彼此抱怨少；大家所想、所说、所做就能够保持高度的统一。五是"团队目标"：它是团队的前提，就是要让团队的每个人都认同团队的目标，并为达成目标而努力的工作。这是团队建设的首要任务，这个目标一定是切实可行的，在未来是有发展潜力的，更是长远的。

二、团队合作是大学生的必备素质

古人云："人心齐，泰山移"。这说明团队合作的重要性。随着新形势的发展，合作不仅仅是国家的必然选择，更是人类生存的方式和能力的体现。当今社会正发生着翻天覆地的变化，组织体系的全球化加剧了竞争，也强化了全球范围内的职业专业化和社会分工。分工细化不仅意味着人们应该掌握更专业的知识与技能，同时意味着不同知识、技能之间需要更广泛、更深入的交流与合作。

雷锋曾说："一滴水只有放进大海里才永远不会干涸，一个人只有当他把自己和集体事业融合在一起的时候才最有力量。"团队合作是社会经济发展的必然选择，团队合作精神也是个人在信息社会生存与发展应具备的必要素质，对于生活在大学校园中的新生来说更是如此。

（一）社会发展的需要

社会的发展与进步需要各类人才，不但要具备较高的专业知识和技能，同时还要求必须具备良好的沟通协调能力、良好的团队合作精神。社会分工的细化不是隔离，而是合作。随着国家之间的合作越来越频繁，大多数跨国公司在录用人才时最看重和必备的标准之一是团队合作精神。当代大学生，是全球化时代的弄潮儿，每个人的发展都与国际社会发展的大环境密切关联。大学毕业生将来无论在国家政府机关工作，还是进入公司或企业，都将面临着与人合作问题，可以说没有合作我们的事业寸步难行。因此培养在校大学生的团队合作精神是将来迅速适应社会的必要途径之一。

（二）国家发展的需要

当今正在建设美丽中国，无论是科技的进步、经济的发展、文化的交流，都需要各式各样人才的大团结、大合作，合作精神也已成为人才的重要特征之一。大学的素质教育要重视培养学生的团队协作能力，要培养学生的竞争意识和合作精神。因此，毕业后即将走向社会各个岗位的大学生，不再是象牙塔中的骄子，更不能成为与社会严重脱节的"书呆子"。要想融入社会，就必须自觉培养合作能力。很多企业在招聘新员工时，多了一个实习期或试用期，通过一定阶段的考察，来决定新人的去留。留下来的未必是能力最强的，但一定是团队合作意识最好的。

（三）个人发展的需要

　　真正优秀的人才，不仅自身素质条件好，更重要的是与团队伙伴合作的契合程度高，以及配合别人共同解决问题的能力较强。他们具有理解、辨别和感受不同情境的能力，在生活中更能理解他人、尊重他人，能够摆正个人与国家、个人与集体、个人与社会之间的关系，将个人的生存与发展与国家的富强、民族的兴旺、社会的稳定等紧密相连，从而不断提高自身能力，在实现社会理想的同时实现自己人生的最大价值。所以，团队合作精神的培养有利于大学生不断完善人格，成为全面发展的高素质人才。

三、大学生如何学会团队合作

（一）竞争与合作并非简单的对立

　　激烈的社会竞争强化着人们的竞争意识，但对社会竞争的片面理解也令众多大学生形成单一的"0"和"1"的博弈思维方式，导致无法正确认识竞争与合作之间深刻而复杂的联系，甚至将团队合作误解为对个人利益的损害。事实上，竞争与合作并非简单的对立。在经济领域，有一种"龟兔双赢理论"，龟兔赛了多次，互有输赢。后来，龟兔合作，兔子把乌龟驮在背上跑到河边，然后乌龟又把兔子驮在背上游过河去，最终两人以高出平时的速度同时到终点，实现了双赢。在现实生活中，类似的事例数不胜数，竞争与合作往往是彼此交错出现的。更为重要的是，在不同时间、不同空间、不同形式、不同层次，竞争与合作可以相互转化和促进。竞争可以超越自我，开发潜能；合作能够聚集力量，开阔视野。有这么一则小故事：

竞争与合作

有一年世界原油价格大涨，哈默的对手对东欧国家的石油输出量都略有增加，唯独哈默石油输出量明显减少，这让许多人非常不解。黑人记者杰西克·库思千方百计找到了哈默，就这个问题请教他。哈默说了一段让他终生难忘的话："关照别人就是关照自己。那些总想在竞争中出人头地的人如果知道，关照别人需要的只是一点点的理解和大度，却能赢来意想不到的收获，那他一定会后悔不迭。关照是一种最有力量的方式，也是一条最好的路。"

这是关于石油大王哈默的一个小故事。哈默没有和对手拼个你死我活，而是在竞争中关照别人，这样也等于关照自己。有竞争并不意味着摈弃合作，在竞争中合作，在合作中竞争，才能为竞争的各方营造一个良好的竞争环境，哈默关照别人而赢得了市场。这个故事也说明，竞争和合作是辩证统一的。竞争中有合作，合作中有竞争，在合作中竞争，在竞争中合作是相互依存的两个方面。没有合作的竞争，是孤单的竞争，孤单的竞争是无力的。同样，合作也离不开竞争，没有竞争的合作只是一潭死水。合作是为了更好的竞争，合作越好，力量越强。

（二）团队合作应遵循的原则

1. 真诚相待

团队内相处具有相近性、长期性、固定性，成员彼此都有较全面深刻的了解。要特别注意的是，只有每个人真诚相待，才可以赢得队友的信任。信任是联结队友间友谊的纽带，真诚是队友间相处共事的基础。

2. 善于交流

同在一个团队工作，队友之间会存在某些差异。不同的知识、能力、经历造成大家在对待和处理工作时，会产生不同的想法。交流是协调的开始，把自己的想法说出来，认真倾听对方的想法，往往可以顺利消除隔阂分歧和摩擦。如果时常试着说这样一句话："你看这事该怎么办，我想听听你的看法。"我们会有不一样的发现。

3. 谦虚谨慎

法国哲学家罗西法古曾说过："如果你要得到仇人，就表现得比你的仇人优越；如果你要得到朋友，就要让你的朋友表现得比你优越。"当我们让朋友表现得比我们还优越时，他们就会有一种被肯定的感觉；但是当我们表现得比他们还优越时，他们就会产生一种自卑感，甚至对我们产生敌视情绪。因为谁都在自觉不自觉地维护着自己的形象和尊严。所以，我们对自己要学会时刻注意低调，对他人要学会谦虚谨慎，只有这样，我们才会永远受到别人的欢迎。

4. 化解矛盾

一般而言，与队友有点小想法、小摩擦、小隔阂，是很正常的事。但千万不要把这种"小不快"演变成"大对立"，甚至成为敌对关系。当矛盾产生时，我们首先要反思自己，比较彼此间的差异，并及时进行交流，努力化解矛盾。另外的一个小窍门是，要对别人的行动和成就表示真正的关心。这不仅是表达尊重与欣赏的方式，也是我们能够化敌为友的纽带。

5. 接受批评

要善于从批评中寻找积极成分。如果队友对我们的错误大加抨击，即使带有强烈的感情色彩，也不要与之争论不休，而是要从积极方面来理解他的抨击。这样，不但对我们改正错误有帮助，而且避免了语言敌对场面的出现。

6. 创新能力

一加一等于二，但我们应该尝试探索如何让一加一大于二。培养自己的创造能力，不要安于现状，试着发掘自己的潜力。一个有不凡表现的人，除了能保持与人合作以外，还需要所有人乐意与之合作。

（三）信任是合作的基础

要建设一个具有凝聚力并且高效的团队，最为重要的起始步骤，就是建立信任。这意味着一个有凝聚力的、高效的团队成员必须学会自如地、迅速地、心平气和地承认自己的错误、弱点、失败、无助。我们还要乐于认可别人的长处，即使这些长处超过了我们自己。

（四）学会运用冲突

团队合作最大的阻碍就是对于冲突的畏惧。这来自于两种不同的担忧：一方面，很多管理者采取各种措施避免团队中的冲突，因为他们担心失去对团队的控制，以及有些人的自尊会在冲突过程中受到伤害；另一方面，一些人则是把冲突当作浪费时间，他们更愿意缩短会议和讨论时间，果断做出自己看来早晚会被采纳的决定，留出更多时间来实施决策，以及他们认为的"真正"工作。团队需要做的，是学会识别虚假的和谐，引导和鼓励适当的、建设性的冲突。

歌德说："不管努力的目标是什么，不管他干什么，他单枪匹马总是没有力量的。合群永远是一切善良思想的人的最高需要。"在一个几乎所有工作都需要团队合作意识的时代，大学生不仅仅要有扎实的教育背景、较高的知识水平，更需要有良好的团队合作精神。大学是人生成长一个重要的阶段，作为终将走向社会的大学生来说，只有注重培养与人共事的能力，才能有广阔的发展空间和施展才华的舞台。

总之，大学阶段是大学生由学校进入社会的重要过渡阶段，团队合作精神如何将直接关系到大学生的成长。大学生应当逐渐从独立学习的模式中走出来，积极主动地参与到团队合作中，培养与人合作的能力，在合作过程中与人交往，互相学习，提高学习、工作效率，分享团队成功的喜悦，感受团队合作的力量。

案例分享

大学生活中的团队合作

在大学生活中，团队协作是主要的学习方式之一，特别是在一些实验课和外业实习中，个人的力量往往不足以完成整个任务。有一个同学不久前进行了一次测量学外业实习，结束后分享他的心情："每天扛着仪器跑上跑下真的有点累，但是从来不是自己一个人在做事。画图的、跑尺的、读数的、记录的，大家明确分工，最终百川汇海，看过早晨五点半的朝阳，看过午夜十二点的灯光，终于得到一张完整的地形图。每一个角度，每一个线条，都是大家努力的成果，也是小组美好回忆的见证。"可见，团队合作不仅使得工作效率事半功倍，更使成员间的默契和感情不断提升。

第四节　如何与父母进行有效的沟通

家庭是一个人社会化的起点，家庭教育对孩子的影响是长久甚至是终身的。随着社会的发展，家庭功能的变化、家庭教育模式也在不断变化，不同的家庭教育模式下的孩子、家长与家庭外社会各自担任的角色对孩子社会化的影响，孩子、家长在转型期社会下面临的压力以及社会工作在家庭教育中的作用，都日益受到社会学、教育学等各界人士的关注。不同的家族教育模式存在着不同沟通交流方式。在父母传统观念中，子女永远是长不大的孩子。身为父母，总是愿意为子女牺牲奉献一切、省吃俭用，一定留给子女最好的，父母这种无微不至的照料，不断为孩子的学习、生活助力。但有些家庭长期对孩子过分的溺爱、大包大揽也限制了子女的活动和成长空间，养成孩子的依赖心理，缺乏责任感等。

作为大学生，随着年龄的增长和自我意识的增强，与父母意见不一致或产生矛盾已成为一种普遍现象。有些大学生在学校里和同学、老师的关系相处不错，在家里和父母却缺少共同语言。父母对孩子的言行看不惯，孩子对父母的管教也听不进去，有的甚至和父母顶撞，争得不欢而散，有的虽然不敢当面顶撞父母，但也是"话不投机半句多"，关系变得僵持。这种不和谐的家庭关系不仅带来很多精神上的苦恼，而且极大地影响了学习和生活。

应该认识到，父母也是一个平凡人，也有平凡人的缺点。大多数父母都是"望子成龙，望女成凤"，对儿女的期望值很高，也许会常常拿我们和其他更出色的同学比较，他们可能文化水平不是太高，并不是太懂得如何去表达自己的期望，但是出发点是好的。在理解了父母的用心良苦之后，我们再来选择合适的方法与他们进行沟通。

一、逐渐消除叛逆心理

有一位学生曾经这样对我说："父母总是让我多穿点衣服，我偏不穿。"我问她："那你不觉得冷吗？"她说："冷，本来我是打算穿的，但因为妈妈叫我穿，我就不想

穿了。"不知道大家是否有类似她这样的想法，其实这是一种很错误的想法，我们看她宁可挨冻，也不听父母的话多穿点衣服，这不是逆反心理作怪吗？这些同学做一件事只是为了与妈妈作对，毫无自己的主见，甚至不管对不对。部分同学一听到父母的话就顶嘴，假如能想一想父母说得对不对，或用解释说明或自嘲取代顶嘴，效果一定好得多。

二、完善自身个性行为

有很多同学总是说妈妈很啰嗦。但是他们知不知道，妈妈为什么总是讲来讲去呢？那是因为她觉得我们没有做好，她不放心。如果我们在父母啰嗦前尽可能做好所有会被啰嗦的事（如洗碗、做作业、整理自己房间、不乱丢垃圾，等等），让父母没有啰嗦的机会，那么父母就会觉得孩子已经长大了，不再需要他们操心，心里很高兴，自然就不会讲来讲去了。那我们就先问问自己：为什么父母看不惯自己的言行举止呢？自己是不是可以做得更好一点呢？找出自己的不足，尽可能尝试改变。并且尽可能在父母啰嗦之前做好。比如他们说我们"这么大了也不主动洗碗"，那么我们就在父母说这句话之前去洗好；他们说我们不复习，就尽量多些复习。总之，只要是对的，对自身有利的，为什么不做好一些呢？既可免去父母的唠叨又对自己也有益，何乐而不为呢！

三、学会换位思考

首先，学生应该用恰当的方式表达不同意见——如果认为父母确实做得不对，可以主动将想法表达出来，千万不要压抑心中的不满。例如：当父母偷看自己的日记或在偷听自己与他人的电话时，如果对父母大吵："为什么不尊重我？"容易造成与父母的正面冲突，可以用一种较为轻松的方式表达"我的不满是有道理的"。例如，父母偷看自己的日记，可以先装作不知，或者装着想看父母日记的样子，当他们责备的时候，便可以将自己的感受讲出来，这样他们就比较容易理解和接受了。又比如，当发生冲突或误会之后，在母亲节或父亲节时送上一张小卡片，在为他们祝福的时候同时说出自己的感受，或为他们点一首歌，并附带讲出自己的心里话，那么大部分家长都可以接受。

其次，多向父母了解他们的过去。多问问父母："你以前是怎样的？"了解他们的趣事，有利于双方沟通。虽然年代不同，但仍有许多感受是相同的，比如贪玩、顽皮、恶作剧、叛逆，等等。父母有时会忘了他们以前这些感受，而用一些他们自认为很对的方式要求子女，这样一谈，会使他们想起自己的过去，从而更好地理解子女的感受："原来我们当时不也是这样的吗？"很多时候，当父母讲起"想当年，我……"时，不少同学都会感到厌烦甚至反感，其实，他们并没有努力从中找出与父母相类似的感受，而是一下子就树立了对抗情绪，阻碍了继续更好地沟通。选择耐心地倾听和恰当地沟通方式，可以与父母产生共鸣，把彼此的心拉得更近。

同时，赞美父母并虚心请父母提意见。父母也是人，也喜欢赞美。并且人都有一点逆反心理，多些赞扬父母反而会使他们意识到自己的不足；同样多请父母对自己提出批评，并虚心接受正确的意见，也会使他们注意到自己的不足，也可以使双方更为了解。

总之，不能用一种非好即坏的眼光去评价父母，不能认为这样就是好爸爸、好妈妈，那样就是坏爸爸、坏妈妈。世界上有很多事情都不是绝对的，有好的方面，也有不够好的方面。爸爸妈妈也一样，我们要善于发现他们的优点，也要宽容他们的缺点，"人非圣贤，孰能无过？"但是再多缺点的父母也是爱自己儿女的。只要用心地去发现，就一定可以从父母啰嗦、严格、不近人情的表面发现他们爱子女的内心。理解、关爱父母就会在与父母愉悦的沟通中找到真正的自我。

父母是子女最早的人生导师，对子女的人生发展有着无可替代的关键作用和影响。大学生正处于向独立生活过渡的阶段，在这个过程中难免会产生想要摆脱父母管束的叛逆心理。作为子女，不应该一味的加深与父母之间的代沟，而应该主动尝试分析现阶段与父母相处面临的问题，找出根源所在，寻求解决之道。要尝试去理解自己的父母，理解他们无微不至的关怀和爱；尝试去与父母沟通，表达自己的思想和看法；尝试去关心他们，让他们感受到子女的感恩。

案例分享

错误的人际沟通方式

小丽是一个性格开朗、乐观的小姑娘，看待任何事情都有自己的视角。父母在她的眼里，就像"朋友"一样，早已跳出了严厉、害怕、反抗的框框。遇到任何在生活、学习和交友上的问题，她都会第一时间告诉父母，与他们分享喜忧（特别是母亲）。她自认为，与父母的沟通是没有问题的，因为大家都选择了把"爱"说出来的表达方式，为此，她为生活在这样一个家庭而感到幸福。

可是在选择工作还是高考这个问题上，她却用了最差的沟通方式。有一天，她不停地责难着一直深爱着她的父母，逼着他们给她做出一个选择。事情的原由是这样的：小丽一直认为她在正式考试的道路上不是那么顺，当初由于志愿填报和过度的自信，她与高中失之交臂，进了一所中专学校，当她得知还有三校生高考时，心底再一次激起对大学梦的渴望。当她正要准备考试时，班主任告诉她："现在银行来招人了，我想推荐你去，这是一个很不错的机会。"面对这样一个选择，她内心非常纠结，"到底是准备考试还是把握住这个就业机会呢？"毕竟银行是许多人梦寐以求的'铁'饭碗。在拿不定主意的情况下，她想到了求助父母。没想到，父母的答复是："这是你自己的将来，你自己要把握好，不管你选择哪一个，我们都支持你。"听父母这么一说，她感到六神无主了，她对父母说："考大学一直是我的梦想，如果我选择工作势必要放弃考大学，我会终生遗憾，但是这个工作也是一个很不错的机会，如果我将来考上了大学但出来还没有这个工作好，我也会很失望，那到底是工作呢，还是考大学呢？"针对她的担心，爸爸、妈妈根据自己的见识，从两方面给她做了分析与权衡，但也表示自身年岁已大，对银行工作的了解程度不深，还是得让小丽自己拿主意。小丽一看这些情况，便拿出了自己的武器——大哭，边哭边说："你们说了等于没说，什么事都由我来决定，你们都不要管啦！"说着，她哭着跑回了房间，不管父母怎么叫她，她都不理。虽然她知道父母是关心她的，但她害怕自己做错决定，只能用哭来逼着父母替她做决定，结果就出现了这次最无效的沟通。后来，在父母的劝说下，她还是经过认真思考，选择了读书这条路，最终圆了大学梦。

第五节　三人行，必有我师焉

大学不仅仅是学习知识的殿堂，更是锻炼能力、结交朋友的地方。在这里，我们不仅要为以后的工作储备充足的知识，更要为将来积累丰富的经验和人脉。要想提升自己的能力、积累经验，向别人学习就显得尤为重要了。

唐代著名诗人李白小时候贪玩不好好学习，有一天他跑出去玩，看见一个老婆婆在磨铁棒子，他就问婆婆在做什么，婆婆说她在做针。李白很惊讶："这么粗的棒子怎么能变成针啊！"老婆婆语重心长地说："只要工夫深，铁杵磨成针"。李白听了很惭愧，开始回家发奋用功，后来成了大诗人。

那么李白为什么会成为大诗人呢？如果他贪玩成性不知悔改，那么今天还会有伟大的诗人李白吗？正是因为他善于向别人学习，从磨针的老婆婆那里学到了坚持与韧性，才成就了伟大的唐代诗人。由此可见，向他人学习是十分重要且必要的。

一、每个人都是我们的良师

孔子曾说："三人行，必有我师焉。"身边的每个人都可以成为我们的良师，他们都有值得学习的地方。

寻找良师益友应尽量结交不同类型的朋友。俗话说得好："结交须胜己，似我不如无。"因为每个人都有所长，也各有所短。与更多不同类型的人交往，有助于优势互补，共同进步。他山之石，可以攻玉。广泛地结交那些不同专业、不同爱好、不同身份的朋友，有时可以相得益彰。"兼听则明，偏听则暗。"结交各式各样的朋友，对于取长补短、开阔视野、活跃思维等都是有益的。

伟大领袖毛泽东主席历经千难万险，他胸怀博大，善于结交有志之友、亲密战友和平民朋友。在青少年时期，他发出了一张《二十八划生征友启事》，和蔡和森、陈潭秋等人组织了新民学会，结交了一大批有志之友。投身革命后，在他身边，有朱德、周恩来等一批亲密战友。同时，毛泽东同志也有许多平民朋友，民主党派的朋友，如李淑一、周世钊、柳亚子等，都和他结下了深厚的情谊。通过这些朋友，他广泛地了解社会各阶层党派情况，为正确制定党的方针政策，为发展统一战线，奠定了良好的群众基础。

（一）结交朋友从大处着眼

正如鲁迅先生所说："我还有不少几十年的老朋友，要点就在彼此略小节而取其大。"略小节，取其大，就是不斤斤计较，从大处着眼。我们看人首先看大节，不是盯住对方的缺点错误不放，而是用发展、变化的观点看待别人。如果不是略其小，取其大，就不能与人为善，就不能全面客观地评价一个人，就可能一叶障目，不识泰山，就可能把朋友推开，从而得不到真正的友谊。

（二）结交优势互补朋友的技巧

1. 看重一点，不及其余

所谓"看重一点，不及其余"是指，对方可能不如我们，在很多方面也很普通，但却有一点非常突出，也正是我们所欣赏的，那我们就可以做朋友。比如说，对方做事效率不高，反应也不够灵敏，但他非常有毅力，做事从来不虎头蛇尾，善始善终，而这一点正是我们所缺乏的。和这样的人交朋友，我们就会从毅力方面受到鼓舞和鞭策，相互之间互相监督，就能弥补我们这方面的缺陷。而对于朋友其他方面的缺点，我们要警惕，不要让他传染给我们。如果我们主动帮助他摆脱缺点，那么就算是优势互补了。甚至，我们还可以结交一些所谓后进的朋友，或者性格和我们不一样的朋友。不仅只限于与自己同一文化层次、同一专业行当的人交际，还应发展与不同文化层次、行业的人交际。

2. 珍贵的忘年交

年轻和年长是一个人永远也无法同时拥有的东西。如果能把这两点结合起来，那真是最完美不过了。但是对于大学生来讲，很难做到这一点。大学生接触最多的年长者就是老师，却往往由于害羞而很少与老师交流。年轻人和年长者在思想、感情、思维方法和心理品质上有较大差异，但是这些差异都有彼此的独特之处，有优点也有不足，需要取长补短、优势互补。年轻人的性格如一匹野马，藐视既往，头脑灵活，容易接受新事物，勇于改革和实践，但在做事的时候往往缺乏理性，不去估量实际的条件和可能性，结果常常因浮躁而失败。而年长者思考成熟，逻辑缜密，经验丰富，对待事物有比较客观冷静的态度，但是有时候会瞻前顾后，缺乏勇气，议论多于果断，为了事后不后悔，宁愿事前不冒险。忘年交正好把两者的优点结合起来，缺点相互中和，这样年轻人就可以从年长者身上学到坚定的志向、丰富的经验、深远的谋略和深沉的感情，年长者也可以从年轻人那里找到自己的勇气和果断。

3. 博采众长

在这个世界上，没有一无是处的人，任何一个人身上，一定会有自己所不具有的东西。交朋友的目的，就是在共同进步的同时为自己谋求更大的进步。如果自己某方面有缺陷，而另外一个人在这方面表现得很优秀，就应该去主动和他成为朋友。其实，决定交往对象范围的主要因素，就是"需要的互补性"，所谓"缺什么就补什么"。

学习别人的经验和自己亲自积累同等重要。所以，要多在朋友中发掘值得学习的品质，如热心、幽默、机智、博学、正直、沟通、礼貌、尊重他人等。在班级、学生会、社团中，多观察周围的人，特别是那些人际交往能力特别强的人，看他们是如何与人相处的。比如，观察他们如何处理交往中的冲突、如何说服和影响他人、如何发挥自己的合作和协调能力、如何表达对他人的尊重和真诚、如何表示赞许或反对、如何在不冒犯他人的情况下充分展示个性等等。有的方法可以直接借鉴，有的方法可以间接模仿，有的地方可以比他们做得更好。通过观察和模仿，我们会逐渐发现，自己的人际交往能力有了意想不到的进步。通过向优秀的人学习弥补我们的缺陷，给我们打破了各种无形的界限，让我们自己的能力进一步拓展。可以想象，如果两个人在各自的领域，老死不相往来，那么两个人的能力，永远也得不到交换，两个人的能力永远只是两个人能力之和。而如果两个人之间成了朋友，并彼此交流和互换能力，那么两个人的能力就变成了两个人能力之积，它将呈几何倍数增长。

二、善于发现他人的优点

　　每一个人都有自己的良师，但是我们未必会发现这一点。要想充分汲取身边每一个人的长处，就要善于发现他人身上的优点。

　　世界上没有完全相同的两个人，每个人都会有优点与缺点。"天生我材必有用"，从某方面说，每个人都是人才。西方有这样一个经典，"每个人都

是上帝咬过一口的苹果，如果我们只能发现别人的缺口，而忽略了缺口之后的果实，那我们就永远无法提高自己，在嘲笑别人中慢慢堕落。有些人，善于发现别人的优点，然后激励自己，完善自己，最终走向成功。"刘邦在楚汉争霸时，势力较弱。此时在项羽那里不得志的韩信来投靠，有很多人都瞧不起他，嘲笑他的胯下之辱。而刘邦，却以欣赏的眼光，珍惜他的军事才能，亲自拜他为大将军。也正是因为他那欣赏的眼光，才成就了大汉王朝。而只看到韩信不足的项羽，因不重视人才，最终被韩信逼得走投无路，只得自刎江边。善于发现别人优点的还有齐桓公。当初他和兄弟争夺王位之时，被管仲暗射一箭。但最终他继承王位后，不计前嫌放了管仲，并任他为相。别的大臣十分不解，齐桓公却说："当初他射我一箭，只不过是各司其主而已，可见其对主忠心，况且他有非凡的治国之才，我为何不用他？"管仲因此十分感激，尽心辅助齐桓公，让其成为春秋一霸，名流千古。

　　一位作家曾说过："写作其实和厨师做菜一样，当一个作家总是找别人缺点，或一个厨师总说别人菜不行时，肯定写不出好作品或烧出好菜。一个伟大的厨师和作家，总

能发现别人的优点来提高自己，所以他们伟大。"所以，善于发现别人的优点，能在享受交友的同时成就非凡的自己。

三、择其善者而从之

"三人行，必有我师焉"后还有一句话，那就是"择其善者而从之，其不善者而改之。"一方面，"择其善者而从之"，见人之善就学，是虚心好学的精神；另一方面，"其不善者而改之"，见人之不善就引以为戒，反省我们自己，是自觉修养的精神。这样，无论同行相处的人善与不善，都是可以为师。同样的，孔子也说过："见贤思齐焉，见不贤而内自省也。"从他人身上学习长处，不仅要多交朋友、善于发现他人的优点，更要有一双"火眼金睛"，对别人的长处进行筛选。"取其精华，去其糟粕"，要辨别哪些东西是我们可以学习的，哪些东西是不适合我们学习的。随时发现他人的长处并主动学习，随时看到他人缺点并引以为戒。这种要求可以应用在学习、生活、工作的各个方面。用好这一方法，首先要谦虚，其次要好学，再次要无偏见，最后要善于沟通，这不仅是修养、提高自己的最好途径，也是促进人际关系和谐的重要条件。

总之，大学生处于一种渴求交往、渴求理解的心理发展时期，良好的人际关系，是大学生心理正常发展、保持个性健康和具有安全感、归属感、幸福感的必然要求。每个人生命的主宰就是自己，关键是要有所改变，要有强烈成功的愿望，针对自己人际交往中存在的问题，结合自己的个性特点，以积极的态度和行为对待人际交往，只要能努力朝这些方向前进，我们就会发现，一切正在悄然改变：朋友之间的不快荡然无存，能够畅所欲言的知音越来越多，亲友间深挚互爱，人际交往会变成一件自然与轻松的事，我们也会对学习生活持以乐观的态度，对塑造一段完美的大学生活以及以后的精彩人生充满信心。

相信大学生们一定会找到合适的方法培养自己的人际交往能力，建立和谐的人际关系。

第五章

多彩校园　绽放青春

大学是个人综合素质全面提升的重要时期。只要你是个有心人，你就会在这个五彩缤纷的大舞台上，寻找到个人成长与发展的机会。作为一名大学新生，你可以在丰富多彩的校园生活中丰富人生阅历，逐渐走向成熟与自立；作为一名渴望成才的有志青年，适当的社会工作、丰富的社会实践可使你多角度地了解他人、了解社会、了解生活，在此过程中收获的多种能力将使你受益终生，为今后的人生道路奠定良好的基础。

第一节　魅力社团

近年来，随着高校办学规模的扩大，大学生社团迅速发展，大学生参与社团的热情也越发高涨，社团已经成为高校大学生二课堂素质教育的重要平台。它促进了学生德、智、体、美全面发展，为大学生个体成长和发展奠定了重要基础；有力地引导了学生适应社会，促进了大学生的社会化程度的提高。2016年12月召开的全校高校思想政治工作会议进一步提出，要更加注重以文化人以文育人，要注重发挥共青团、学校社团、学生自治组织的作用，调动学生参与的积极性，开展形式多样、健康向上、格调高雅的校园文化活动。由此可见，高校生活因为有了社团而多姿多彩，社团在高素质人才培养方面占据着重要的位置。

一、社团对大学生成长的重要意义

（一）社团文化的导向作用

每个社团都有独特的文化，这种文化对于大学生的成长具有明显的导向作用，概括起来主要有三方面：一是宗旨导向。社团所具有的独特的奋斗目标，规定着社团的性质、任务、目标和发展方向。这个目标对大学生的价值观教育具有重要的影响。社团通过学习、研究、教育引导学生思想上进，使学生逐渐向积极进取的目标发展；二是自主导向。社团是具有共同志趣、爱好和追求的大学生自发成立、自愿参加的群众性组织，

它的参与对象是本身具备较高文化素养的大学生。这些大学生既是社团活动的组织者、策划者和参与者，同时也是社团文化的创造者、反映者和传承者。他们能够通过观察、分析、评价参加过的社团文化活动，受到非强迫性的启发、引导和影响，自主地受到感染、熏陶，在潜移默化中达到自我教育和相互教育的目的；三是政策导向。社团文化是在党组织的领导和团组织的指导下形成的，对大学生的思想道德建设具有重要作用。通过党团组织对社团文化的引导，能够把大学生的思想和行为统一到立德树人的目标上来，从而引导学生树立正确的世界观、人生观、价值观。

（二）社团有利于促进大学生的社会化

社团作为自发组织、自愿参加、自主活动的学生团体，为大学生发展特长、开阔视野、锻炼能力提供了场所和空间。社团所创建的文化与素质教育对大学生素质的影响有着一致性。学生参加社团活动的过程就是自我管理、自我教育、自我发展的过程。社团活动为大学生今后顺利步入社会奠定了基础，是大学生适应社会的桥梁。大学生通过加入社团，学习与社会相适应的各种规范、知识、技能和生活方式，使自己在各方面得到发展并与社会达成一种动态平衡与协调，为体验社会、适应社会提供了机会，从而促进自身的社会化。

（三）社团活动有助于大学生全面发展

社团活动中融入了世界观、人生观、价值观，以及爱国主义、集体主义教育，在潜移默化中被学生所接受，很好地弥补了课堂教学手段单一的不足。不同类型的社团活动内容不同。学术类社团多以讲座、辩论、讨论、学术沙龙的形式开展活动，这类社团鼓励学生表达自己想法与观点，对语言表达和思维敏捷度的锻炼是在课堂上无法实现的。文学类社团对学理工科却对文学有着特殊爱好的学生来说，也算是一片乐园，多开展诗词大会、征文演讲等活动，有助于提高大学生的人文素养。

案例分享

明明的转变

明明是某文学社团的社长。这个腼腆内向、不善交际的女生，因为一次校园文学活动，喜欢文字的她加入了学校的文学社团。刚进入社团时，她有些害羞拘谨，可是一年后却变得自信成熟。从曾经的胆怯到后来的落落大方，明明感慨道："感谢老师们的信任与栽培，在社团的这些日子，我不仅帮着社团成员解决问题、组织活动，自己也成长很多。从策划活动到具体地实施计划，每一步都是激励与磨练。我也要感谢社团的成员

们，能够一起坚持走到今天，共同成长，彼此鼓励。我从他们身上也看到了自己当时的影子，从不善言辞到意气风发，从最开始我给他们讲，逐渐变成让他们站在台上自己讲，不断完善自己，变成一个优秀的文学爱好者。加入社团，让我成长、成熟，也结识了很多好朋友，通过文字的力量将我们聚集起来，使我们每一个人变得更加自信。"

以上案例说明，社团为大学生成长成才搭建了良好的学习、交流平台，它对学生引导性的地位是无可替代的。每一个社团都是由学生自发组织，并配备相应的指导教师。在社团开展活动的过程中，策划、协商、沟通、筹备、组织开展这些行为过程都凝聚着每一位成员的聪明才智，同时每一位成员又通过社团组织增强了自信心，锻炼了语言表达和组织协调等多方面的能力。

二、大学生参与社团活动应注意的问题

（一）合理选择

大学里的社团种类很多，有理论研究型社团、专业知识类社团、文艺类社团、体育类社团、科技创新类社团、志愿活动类社团等。大学生加入社团的热情高涨，面对各种各样的社团，不少人一时很难做出选择，觉得哪个都适合自己，但时间精力又不允许。这个时候自己就要考虑几个方面的因素。首先要根据自己的兴趣爱好做出选择，要清楚并不是所有的社团都适合自己，需要考虑自己擅长什么，是否感兴趣，尽量选择有助于自身发展的社团。此外，社团的管理情况对个人发展也很重要，要选择管理规范的社团。社团的主要管理部门是校院两级团委，具体由学生社团联合会负责，具体运行是靠大学生自己，社团骨干一年一换届，有的社团因各种原因管理不够规范，甚至存在自由散漫的现象，或不正之风，不利于个人的成长与发展，在选择时就要注意。

（二）提前了解

每个人的时间和精力都是有限的，参与社团活动关键不在于数量的多少，而在于质量的高低，新生应该提前了解每个社团的宗旨和内容，确认是否适合自己。可通过辅导员或师兄师姐了解社团的基本情况，综合别人的建议，再做出选择。部分新生在不了解的情况下，抱着尝试的心理参加多种社团或者学生组织的面试和活动，结果忙得焦头烂额，以至于占用了上课时间，影响了正常的学习。有些学生不清楚自己的需求，只以面试成功为导向，认为选择越多机会越多，白白增加工作负担，造成时间和精力的浪费，甚至半途而废。

（三）端正动机

加入社团的目的是为了提高自身素质，并为社团发展做出贡献。大多数学生加入社团目的纯正，而部分学生存在功利主义思想，如有的抱着加入社团获得综合测评量化加分，或是为了获得"优秀学生干部"等荣誉，或是为了丰富毕业简历，这些学生并不是真正对社团感兴趣，而是受功利心的驱使，在这种心理的影响下，参加社团活动时往往会盲目被动，降低愉悦感和成就感。还有部分学生参加社团是随大流或者一时心血来潮，时间久了，也会逐渐对社团失去当初的热情……此外，任何事都不会一帆风顺，社团工作也是如此。社团在运行过程中需要开展大量活动，组织工作非常繁重，需要每个会员投入时间和精力，而随着时间的推移，社团活动会出现参与人数少、开展困难等情况。这时候，如果不坚持，半途而废，就会前功尽弃，这样对社团和个人的发展均不利。

（四）主次分明

事实告诉我们，"鱼"与"熊掌"不可兼得。每个人的大学生活都好似一台天平，一侧是学习，一侧是参加学生活动，这两者之间是一个不断调节、不断平衡的过程。如果只学习专业知识，不参加任何课外活动，显然不利于自身综合素质的提高；如果过多参加学生活动则会导致成绩下滑。因而正确处理好二者关系十分重要。首先，大学生应该合理分配时间，避免出现顾此失彼，找到适合自己的方法——科学合理的学习工作方法，能够保证课业和任务的完成质量；其次，要专心致志，不管做什么，都应该集中精力，这样才能提高效率，在最科学的时间内完成任务。学生进入大学始终是以学习为主，如果学习方面出现问题，建议暂时停下社团活动，在这段时间弥补学习上出现的漏洞，待问题解决，重新开始社团工作也不迟。

案例分享

大学伊始

大学报到第一天，226寝室里格外热闹，来自不同省份的6位同学先后入住这里。初来乍到，每个人的心情都有些兴奋。大家翻阅着学生手册和社团介绍材料，心里都想着不同的事儿。

小李对几个学生社团均非常感兴趣，就决定选取两个进行报名；小刘则希望把更多的时间放在学习上，就只报了一个社团。尽管想家的滋味有些难受，但时间也过得很快，中秋节国庆节没过多久，半个学期就过去了。刚进12月份，老师就开始屡屡提醒要准备期末考试了。可这时候也是各个社团正忙于开展各种活动的时候。这可急坏了小李，工作太忙分身无术，就只好把学习往后拖；而活动较少的小刘在参加社团的同时，抓紧时间复习，提前准备可能随时到来的各科考试。学期末成绩出来了，小李同学高等数学挂科了，小刘同学则顺利地通过了各科考试，且成绩均在优良以上。此时小李有些后悔当初选择了两个社团，没有协调好社团活动与学习的关系，导致学习受到了影响。小李暗下决心，从下学期开始一定把精力多用于学习，两个社团先退出一个，等成绩提高了再做考虑。

案例分享

王君的选择

王君与马强是同班同学，也是同一宿舍的舍友。大一初期，一起经历了"百团大绽"。王君根据自己的兴趣爱好加入了学校某个志愿者协会，而马强则被一些自认为很有意思的社团吸引，最后选择了吉他社、话剧社、学生会等学生组织，他认为这些组织的活动都很有趣，都想体验。但是，进入了这些社团之后，马强发现自己的时间逐渐被形式多样的活动所占用。重要活动来临时，还不得不向任课老师请假。临近期末，各个社团又开始筹备内部联欢，而期末考试也悄然而至，马强感到苦恼，他对每个社团都很有兴趣，可是又不能因为社团活动而耽误了学业。作为同寝室成员的王君，加入了志愿者协会之后，积极参加志愿活动，逐渐成为社团骨干，参与每一次活动的策划与筹备工作，他合理地协调自己的学业与工作，尽量补上因社团活动而占用的学习时间，将自己的大一生活规划得充实圆满。

在此建议，大学生在选择社团时不要贪多，应先把学习安排好，保持好学习热情和劲头，在学有余力的情况下可以从事一些社团活动，千万不要出现主业、副业本末倒置的情况。

合理地参加学生社团，不仅可以锻炼自己，展现自己的才华，还可以结识更多的朋友，因此参加学生社团对大学生是很有帮助的。适当的参加学生社团不仅可以缓解学习压力，丰富课外生活，还可以学到很多知识，对提高自身综合素质有很大的促进作用。

第二节　精彩实践

　　21世纪是高科技时代，而高科技的竞争核心是人才，"两耳不闻窗外事，一心只读圣贤书"不是现代社会需要的人才。大学教育的根本任务是培养人才。这就需要大学生在校期间，不仅要学会专业知识、掌握相关专业技能，还要培养创新的思维，在学习书本知识的同时，通过实践环节锻炼提高动手能力。全国高校思想政治工作会议指出，要重视和加强第二课堂建设，重视实践育人，坚持教育同生产劳动和社会实践相结合，广泛开展各类社会实践，让学生在亲身参与中认识国情、了解社会，受教育、长才干。因此，大学生应积极参加社会实践、志愿服务、科技创新等活动，运用自身所学解决实际问题，避免理论脱离实际，促进自身更好地成长。

一、社会实践的重要性

　　大学生的社会实践活动是指按照高等教育的目标要求，在团组织的指导下，利用课余时间（寒暑假、周末等）进行的有组织、有计划、有目的地深入实际、深入社会的活动。社会实践作为大学生从校园跨入社会的桥梁，有力地促进了大学生了解社会、了解国情，在实践中增长了才干、锻炼了毅力，培养了品格，通过服务社会，增强了社会责任感，提高了适应社会的能力。大学生通过社会实践培养了独立思考、独立工作和独立解决问题的能力，巩固了所学的理论知识，在实践中增长才干、练就本领。

（一）社会实践有助于促进大学生的自身发展

　　大学生年龄一般在17～22岁左右，正处于个体生长发育的"第二生长高峰期"的后期，生理趋于成熟而又尚未完全成熟，心理正处于迅速发展的阶段。一方面具备了从事复杂抽象思想活动的生理、心理基础，学习能力亦处于人生发展阶段的最佳时期；另一方面，与20世纪七八十年代初期的大学生相比，绝大多数是独生子女，年龄偏低，生长在改革开放时期，基本上是从中学直接考入大学的，是"未受磨难的一代"，这种"线性成长"的经历，使大学生对生活缺乏实际经验，社会实践能力较差。针对这些特点，参加社会实践能够帮助大学生更好地学会认知、学会思考、学会生活、学会生存，促进他们的自身发展。社会实践为大学生提供了解自身职业兴趣、爱好、优势等个人特点的平台，更好地确定将来的职业选择方向和目标。大学生在开展社会实践时，个人优势特长得到发挥，有利于在职业生涯中实现人生价值的最大化。

（二）社会实践有助于促进大学生的思想成熟

由于大学生的思想和行为还不够完全成熟，在面对形形色色的思想和价值观时往往难以做出正确的抉择，虽然有投身社会服务的热情，但也存在着缺乏相应的政治素养，思想意识还不够坚定，目的不够明确，参与意识强烈但主动性不强等问题。通过社会实践，能够帮助学生了解社会对毕业生的需要并结合自身实际树立正确的择业观。尤其是在就业阶段，通过参加多样化的社会实践活动，对不同职业发展方向和就业市场有相应的了解，对自身有一个客观评价，这对将来顺利择业、成功就业十分重要。同时，社会实践活动给学生提供了与学校外界接触的机会，亲身体会社会环境，在与不同人的交流中真切地感受社会、体验社会，使自己的思想得到启发和升华，增强社会责任感和使命感。

（三）社会实践有助于提高大学生的综合素质

我国正处于经济转型期，对人才整体素质有了更高的要求。大学生实践能力的培养贯穿于学习、生活、实践等整个成长过程。一名优秀的大学生不仅要具有出众的思想政治觉悟，而且要有丰富的知识和超强的实践能力。学生参加社会实践，一方面，可以将自己所学到的业务知识和掌握的专业技能运用到各个行业领域，为社会发展提供服务；另一方面，在为社会提供服务的同时，可以直接在社会实践中积累经验，吸收新的知识和技能，不断完善自我。因此，加强社会实践能力的培养，是加速大学生社会化的重要一环。在面对困难时，能及时反应、冷静思考、解决问题，这是每一位大学生走向社会的基本能力要求。通过在实践活动中锻炼获得的能力将成为大学生适应社会、服务社会的重要基础。

（四）社会实践有助于强化大学生的协同能力

社会实践中的任务通常需要多个人一起参与完成，这就要求个体具备与人合作的意识，能够和别人团结合作才能顺利完成目标任务。在此过程中，大学生的团队意识和合作意识得到增强。因此，学生投身于社会实践，不仅是一个提升自我的过程，也是培养团队协作能力的宝贵机会。

一个在校大学生的社会实践感想

　　作为一名在校学生，我在大二暑期参加了学院的社会实践活动，跟随"小水滴"社会实践团赴北京郊区进行水资源调查。这是我第一次参与此类活动。活动中，我与师兄师姐深入社区，开展科普及生态文明志愿宣讲服务活动，普及生态文明知识、传播生态文明理念，增强民众生态保护意识。调查结束后，与团队一起撰写了社会实践报告，获得了学院优秀社会实践论文奖。这次活动对我来说收获很大，给我留下了深刻的印象。能在大一期间参加社会实践，是一次难得的机会。实践能检验我们掌握基本理论知识是否牢固，通过应用，巩固了课堂学习成果。更为可贵的是，在实践中接触社会，与各种类型的人打交道，拓宽了视野，教会了我们如何适应社会、融入社会。

　　作为一名还未走出校园的学生，我深知自己要学的东西很多，尤其是在学校所学的理论知识和现实还有很大的差距。通过实践，我还了解了当前的就业形势，并为自己不久后的就业计划做了一次提前策划。通过实践发现，其实学习不只停留在书本上、课堂上，社会可以给你提供的学习机会也很多，只不过，有些学习资源需要你的筛选。学习的机会时刻存在生活中，希望每个人都能把握住它们。

二、当前大学生社会实践存在的问题

许多高校为提高大学生的动手实践能力，对大学生参与社会实践有一定的学时要求，学生参与面也比较广，但部分学生中存在对社会实践不够重视，对实践活动准备不充分，存在盲目参与、被动参与的现象，影响了实践的效果。有的学生耽误了时间甚至对学业造成不良影响，打击了自己的自信心和参与热情。

（一）大学生对社会实践活动的认识不足

当代大学生多为"95"后、"00"后，在家里享受着父母的宠爱，在父母无微不至的关怀下养成了一定的惰性。在对社会实践的认识上，有的大学生觉得这些活动与他们的生活及今后的工作没有多大关系，不愿意参与其中；有的则不愿意面对活动中的困难，选择了逃避。而参加社会实践的大学生通常有以下的几类想法：学以致用，排解无聊，锻炼社会谋生能力，为进入社会参加工作热身，赚取兼职外快等。大部分人只为了完成这门"必修课"，但很少有人能从中理解社会实践真正的意义，这与学校倡导开展社会实践活动的初衷不相符。如果大学生不主动参与社会实践，与当地群众紧密结合，就不了解当地群众的生产生活，也就无法深入了解社会，谈不上服务与回报社会，也谈不上提高自身素质与能力。

（二）大学生对参与社会实践活动的热情不足

大学生参与社会实践的目的是接受锻炼、服务社会、提高自身综合素质。目前，高校学生绝大多数是经历小学、中学而直接升入高校的，很少有接触社会的机会，导致对社会现实缺乏理性的认识，对我国国情了解不透彻，从而不清楚社会实践的目的、途径及意义，进而缺乏积极参与社会实践的主动性。一些社会实践活动中还存在形式主义、走过场等现象，这些都违背了社会实践活动的要求，偏离了社会实践活动的宗旨。长此以往，不但质量不高，而且会流于形式，失去开展的意义。

（三）大学生对社会实践活动的投入不足

许多大学生虽然参与了社会实践，但缺乏投入和认真钻研的精神，实践成果仅限于浅层次的调查报告，没有用理论与实践相结合去发现问题、分析问题和解决问题，实践结束后不能及时整理总结，形成有价值的研究成果；有的学生不能深入了解当地的情况，不能虚心向群众学习，甚至产生了不良影响。

三、大学生提高社会实践能力的途径

当代大学生应该端正态度，认真思考，做好规划，从以下几方面提高社会实践能力。

（一）学以致用，端正态度

处于人生社会化关键时期的大学生，想要在社会的坐标系中寻找到属于自己的方位，就要牢牢把握住社会实践的关键性作用。只有通过社会实践，才能达到运用知识，奉献社会，改造社会，提高自身的目的。应当把握好"为什么要实践，怎么去实践"的问题，把社会实践当作人生历练的检阅和就业的前奏，带着问题去实践，带着目的去实践，有意识地培养自己的科学态度、批判意识、质疑精神和创新能力。在社会实践的过程中不能随大流、走马观花、敷衍了事，而是要善于利用各种政策，培养与时俱进的精神，提高社会实践效果。

（二）敢于创新，提高质量

大学生通过社会实践把自己所学的知识应用到社会服务中，同时在实践中增长见识和才干。在此过程中，开拓精神和创新能力非常重要，大学生不应该只局限于完成任务，而要创新性地开展工作，在实践中不断探索，求得真知，这样才能提高实践质量，达到实践目的。同时，在实践过程中应认真履行职责，避免造成资源和时间的浪费。

（三）合理规划，全面发展

社会实践不仅是提升个人实践能力的过程，同时也是培养学生组织协调、语言表达等多方面能力的途径。要使社会实践发挥作用，就要合理规划社会实践的内容，并且付诸实施。学生通过亲身体验生活，从活生生的典型事例中得到深刻的教育和启发，看到自己与社会需求之间的差距，客观地去重新认识和评价自我，逐渐摆正个人与社会、个人与人民群众的位置，与此同时产生一种紧迫感和危机感，使自己能够潜心思考自身的发展问题，以激励自己不断地去提高素质和能力。

综上所述，社会实践是大学生成长成才的重要途径。大学生应该认清本质、把握过程、拓展领域、提高内涵，借助社会实践的有效平台完善健全社会责任感，树立正确的世界观、人生观、价值观。

第三节 **学会自我管理**

一、自我管理的重要性

大学是大学生社会角色的重要转型期。在这个时期，传统的以学校教育管理模式为主被以大学生自我管理模式为主取代。大学生要从依靠父母、教师转化到独立自主地在社会上生活，由学生角色向成人角色、工作者角色转变。大学生在这一时期具有明显的转型期特征，如表现出不安定、行为复杂、变化迅速等特点，特别容易脱离社会，甚至误入歧途。因此，大学生自我管理很必要，这既是大学生转型期这一特殊时期的要求，也是将来适应社会、工作需要的要求。自我管理具有提高大学生的自我约束力、适应社会主义市场经济发展、适应高等教育改革、实现终身教育等方面的重要意义，也是大学生成长成才所必须具备的能力之一。

（一）自我管理能力是成熟的重要特征

自我管理能力表现在：在任何时间、场合能够做到自我约束，能够把握做事的尺度，善于与其他人共处等；社交能力较强；能够有意识、有目的地将自己的思想行为进行转化、控制，从而得到自我发展。

（二）自我管理能力越强，成功的可能性越大

自我管理能力是人才的重要特征。一个衣来伸手饭来张口，生活不能独立的大学生很难受到用人单位的欢迎。只有具备较强的自我约束、自我管理能力，才能独立地处理自己的学习、工作和生活，才能很好地融入集体和社会之中，赢得他人的尊重和信赖，从而实现提高自我、发展自我的目标，才能获得成功。

（三）自我管理能力关系到身心健康

现代管理大师彼得·德鲁克在他1999年出版的《21世纪的管理挑战》中认为：自我管理是个人为取得良好的适应，积极寻求发展而能动地对自己进行管理。自我管理水平的高低是影响个体社会适应效果和活动绩效及心理健康状况的重要因素。由此可见，自我管理不仅是心理健康的重要指标，而且是促进心理健康的重要手段。现实生活中有许多独生子女，由于在家庭中的特殊地位，养成了一些不良的生活习惯，这非常不利于他们身心健康成长。因此大学生要提高自我管理能力，有效地促进身心健康。

（四）自我管理能力决定综合素质

业余运动员王石先生大约只用了5年多时间，就把七大洲最高峰、南极点、北极点（"7+2"）都爬完了。对于当时已经47岁的人来说，做到这样很不简单。而他与别人最大的区别在于他能管理自己。比如他说几点进帐篷就绝不随意更改。为保持能量，食物再难吃他都往下咽。如王石先生一样，在解决问题的过程中，大学生自身的潜能会不断地被激发出来，在一次次的成功体验中，自信心会逐渐增强。从而以更加积极的态度认识自我、肯定自我，经常给自己一些积极的心理暗示，如"我相信自己能行！"、"我一定会做得更好"等，在这种心理作用的支配下，会更加激发大学生的潜能，从而提高解决问题的能力，增强应对问题的心理素质。

二、大学生适应未来必备的十种技能

（一）学习能力

学习能力是大学生必备的基本能力。只有学会了学习才会进步。随着学习型社会的不断发展，我们需要的不再是简单的书本知识，更多的是需要创新与创造，只有具备了综合素质、创新创造精神，才能获得资源、智慧和成功。我们所处的年代是一个互联网+、大数据、云计算等多个特征的时代，只有不断地学习，才会做到将信息从获取到加工处理再到消化吸收并创造新信息。此外，随着慕课革命等教育形态的出现，学习不再是被动的方式方法，而是自主学习和创新学习，只有既谨慎又大胆的学习一切知识，才能跟上时代的步伐。

（二）组织管理能力

组织管理能力是一个人的知识、素质等基础条件的外在综合表现，是指为了有效地实现目标，灵活地运用各种方法，把各种力量合理地组织和有效地协调起来的能力，包括协调关系的能力和善于用人的能力。很多在校的大学生由于没有步入社会或者对社会的了解不透彻，所以不能认识到组织管理能力的重要性，进入社会以后才发现在团队协调、处理关系、统筹资源等方面存在困难。所以，大学生在校期间就应该有意识地锻炼这种能力，参与一些社会工作，如学生会、社团组织、班级管理等，通过担任学生干部，在服务他人的过程中提高组织管理能力。

（三）口语表达能力

人际关系大师、《人性的弱点》的作者戴尔·卡耐基曾说过，一个人成功，15%靠专业知识，85%靠人际关系。口语表达是协调人际关系、顺利开展工作、提高工作效率的必备能力之一，也是教育教学中素质培养的一个重要方面。俗话说，言为心声。在现

实生活中，善于运用口语表达思想和情感，实现交际目的的人，不管在什么场合都能审时度势，博得受众的理解，赢得对方的信赖。拥有较强的口语表达能力，对于大学生适应就业竞争，以强者的姿态步入社会大有裨益。

（四）创新能力

当今社会需要的是创新型人才。试想一个项目没有新颖的创意引导必然"泯然众人矣"，没有吸引人的地方必然得不到重用。人才也是如此，只有拥有不同于他人，让人眼前一亮的创意才会吸引大家的目光，从而能够发挥所长。国家十分注重培养创新型人才，每个高校都为学生提供了创新创业能力训练，如大学生科研训练、创新创业项目等，以此培养适应创新型国家建设需要的高水平创新型人才。实践表明，通过承担大学生创新项目，学生综合素质会得到显著提高，这为大学毕业后的进一步深造或走上工作岗位打下了坚实的基础。所以，大学生要注意利用机会提高自己的科研能力、创新能力。

（五）团结协作能力

高尔基说过"一个人如果单靠自己，如果置身于集体的关系之外，置身于任何团结民众的伟大思想的范围之外，就会变成怠惰的、保守的、与生活发展相敌对的人。"在实践中，团队精神不可或缺，我们必须要有团队协作的意识与技能，正所谓"团结就是力量"，团结协作在以后的发展道路中非常重要。

（六）时间管理能力

时间是组成生命的要素，浪费时间就是浪费生命。可是许多大学生不懂得如何珍惜时间，如何高效利用时间。人生的意义在于最大限度的实现自己的价值，为社会贡献自己最大的力量。我们把时间管理做好了，就会为整个社会创造更多的财富和价值，从而实现自己的人生价值。

（七）形象礼仪

我们看一本书是不是先看它的封面？我们看一个人首先是看他的外表，人的第一印象非常重要，它会在短短的七秒钟内形成。不管去面试、聚会，还是见客户，在任何场合都要注重自己的形象，同时又要懂得一些最基本的礼节。许多大学生在面试过程中，进办公室的时候连门都忘了敲，这是不注重礼节、也是不尊重他人的表现。再比如说，有的学生去面试的时候上身穿西服，下身穿牛仔裤外加一双球鞋，这些都是不懂礼节的表现。如果我们不注重形象和不懂一些基本的礼节，也许我们会失去别人良好的评价，错失一次机会。

（八）职业规划

好的人生规划是获得成功的前提。有目标的人生叫航程，没有目标的人生叫流浪。许多大学生从不考虑，或是不够明确自己的规划。职业规划就是根据自己的个人情况，比如兴趣、特长、家庭环境、性格特点等各方面的因素，为自己选择一个比较适合的行业与职业。中国有句话叫"男怕入错行，女怕嫁错郎"，选择不对，努力白费。当前，越来越多的大学生注重自己的职业规划，因为只有树立了明确的目标才会使整个人生变得充实而快乐。

（九）理财能力

大学时期是学习理财的黄金时期，尽管大学生收入来源有限，但只要合理理财，就能起到事半功倍的效果。学会理财有很多好处，对来自农村或工薪家庭的学生来说，可以减轻家庭经济负担；对于大学校园中的"月光族"来说，坚持理财既可以节省许多不该花的钱，又可以提高自己的规划能力和管理能力；同时，大学期间学会理财还有利于适应社会生存法则。因此在大学阶段获得理财知识，将使大学生受用终生，大学生应培养主动理财的意识，形成良好的理财习惯，掌握必需的理财常识。虽然说钱不是万能的，可是，我们不能完全地不在乎金钱，作为大学生消费时切忌大手大脚，切忌盲目攀比，作为已经成年的我们，需要学习三种基本的赢配方：学习赢配方、职业赢配方和财务赢配方。

附：理财小贴士

1. 有意识地控制自己的消费。每月合理分配支出。花钱有度，合理消费，即所谓的"节流"。学会记账和编制预算，可以有效地控制消费。坚持良好的记录会让你避免银行透支或超出你的信用额度。这种习惯还会让你发现自己的消费模式。

2. 做一个预算。预算不必过于复杂，在月初估计收到多少钱，然后决定哪些方面需要花钱。记住：不要把钱花光。

3. 保管好重要的数据。除了熟悉和信任的人以外，绝不要把你的社保号和信用卡信息泄露给任何人。

4. 多了解一些在校园内省钱的攻略。充分利用校园活动，免费参加电影节，免费观看校内乐队的表演，支持运动队，参加一系列讲座，充分利用你的学生证！

5. 去上课，你上大学是来学习的。每个人都会偶尔逃课，但是不要让它成为一个习惯。学习是需要成本的，你现在所学的和所做的对你一生都将会有很深远的影响。

6. 健康饮食。花很少的钱同时吃得好，是可能的。

（来源：百度图片）

7. 做出明智选择。你可以做任何你想做的事情，但是你不能做一切你想要的事情。决定什么对你很重要，然后去实现它。记住：给自己留一些时间。

8. 当你想买东西的时候，问自己："我需要它吗？"如果你认为你需要，然后等待，不要心血来潮。在一张纸上写下你想要的东西，把它固定在墙上，然后每天都看着它，持续一个星期。如果在周末你仍然认为你需要它，然后再考虑购买它。

9. 不要把挣的钱花光。如果你的支出和收入大致均匀，你有两个选择：多挣或少花。

10. 适当的兼职。在学有余力的情况下可以做一些兼职，兼职所换取的收入不仅仅是那几十元、几百元的报酬，而是尝试到了赚钱的艰辛，体会到父母血汗钱的来之不易。兼职不仅是为了赚钱，更是为了赚经验。

（十）心理健康

对于已经迈入了大学校门的大学生，无论面对现在生活中的挫折，还是以后生活的艰难考验，都要以平和的心态去面对。心理健康也就是指大家所表现出来的态度，希望身体要健康，心理更要健康，心里所想的将会是我们生活的方向：一定要经得起风霜、受得了严寒，这样才会立于不败之地。人生就是一场心理学游戏。作为面试者，你要了解面试主管的心理；作为员工，你要了解老板的心理；作为领导者，你要了解下属的心理；作为业务代表，你要了解顾客的心理；作为合作伙伴，你也要了解你合作伙伴的心理。心理学无时不在，无处不在。销售是心理学，管理也是心理学，买东西是心理学，卖东西也是心理学，哪怕是谈恋爱你也要懂心理学。

锻炼这十种技能，最终会形成就业力——大学生步入职场的必备能力。无论是就业或创业，都需要这些技能的结合，将这十项技能牢牢地掌握，并能很好的运用于生活中才会为未来做充足的准备。

三、大学生自我管理能力缺失的主要表现

大多数大学生是有自我管理能力的，能够自行处理学习和生活中的问题。但部分大学生自我管理能力缺乏，主要表现在心理心智不成熟、经济支配盲目随意和高度依赖教育管理等方面。

（一）心理问题难以调适

大学生出现的心理问题，主要是由于认知力、心理承受力、应变能力和与人交际能力等综合能力低下造成的。表现为：不能对自我进行认知、控制和调节，不能转移、调适消极情绪，诸如忧虑、紧张、偏激、灰心、自卑等，难以驾驭和调节自身的情绪，这些基本技能的缺失使学生深陷情感和心理危机中。

（二）经济支配盲目随意

在校大学生虽然生活上主要由家长供给，但是由于绝大多数学生远离家庭，住在学校，在经济上有着相对独立性，掌握着支配生活费用的权力。除了学费之外，当代大学生的消费名目繁多，学习、娱乐、交往等都需要金钱支撑。缺乏自我管理能力的学生，

在支配金钱上有着很大的盲目性和随意性，不仅造成了盲目消费，而且导致了物品闲置和不必要的浪费。

（三）高度依赖教育管理

大学教学过程完全不同于中学，对学生的自觉性要求很高，更多地依靠学生的自我教育和管理。缺乏自我管理能力的学生高度依赖学校的教育管理，习惯于中学阶段的保姆式的教育方式。据调查显示，60%的学生每周上网时间在8至20小时之间，12.5%的学生每周上网在30小时以上，有极少数学生每周在100小时以上。上网经常浏览的网站：娱乐网站46%，音乐网站44%，购物网站43.5%，文学网站39%，电影网站33.5%。由于学生缺乏对时间的管理，只会浪费充足的课余时间，没有合理用于学习上，也没有用于锻炼自己的综合能力上，形成高度依赖保姆式的教育管理。

四、提高自我管理能力的途径

自我管理能力对大学生的成长和今后的发展起决定性的作用。自我管理能力强的学生，能够充分利用大学期间的良好条件，广泛学习，吸收各方面的知识，接受各方面的锻炼，从而使自己全面发展。作为一名大学生，应该从以下几方面加强自我管理。

（一）正确认识自我

正确认识自己就是客观地评价自己，了解自己的价值，树立容易实现的目标，不断获得成就感，主动创造条件挖掘自我管理潜能，积极参与，促进自我教育、自我管理、自我发展。

（二）建立健全自我管理体系

日常生活与学习是加强自我管理的主阵地。由于大学生绝大部分时间和精力都花在自己的学习与生活管理上，因此，从学习、生活、工作到人际关系以及感情的建立，均要实行全方位、全天候的自我管理。学会在自己的日常生活与学习管理中，充分利用甚至创造自我管理的情境，以建立健全自我管理体系。

（三）管理好自己的时间

不少大学生存在浪费时间的现象，缺乏对时间的有效管理。其实人的一生时间是既定的、有限的，我们要利用有限的时间，做更多有意义的事情。一是要明确目标，增强时间观念，对想做的事情早计划、早安排，在最短的时间内要把效率最大化，保证时间的有效利用。二是在平时学习生活中应该注重培养一些好的习惯，如做事不拖延，做

到今日事今日毕、提高计划的执行力等。三是要把握事情的主与次，主先次后，学会取舍，合理分配时间。

（四）承担责任

责任心不仅是事业成功的宝贵品质，而且也是保障人们健康和幸福的重要品质。美国著名作家奥里森·马登早在19世纪末20世纪初就从自己的经历中深刻地认识到这一点。他说："责任是最足以激发我们力量的东西。从来没有担当过责任职位的人，决不会激发他那真正的力量。"所以，作为一个当代大学生必须学会管理自己的责任心，对自己的言行负责，也就是说，要明确自己的责任，在此基础上要制定切实可行的方案，然后监督自己去完成责任所确定的任务，并对完成的结果进行及时反馈。

综上所述，大学生自我管理能力的培养需要整合社会、高校和家庭的资源。培养大学生自我管理的能力，并不是忽视或放弃对学生的严格教育和管理，而是"以学治学"，运用更好的管理技巧，让学生自己管理自己，培养学生的自我服务意识，由此学生的能力和特点才能得以自由、充分地发展。

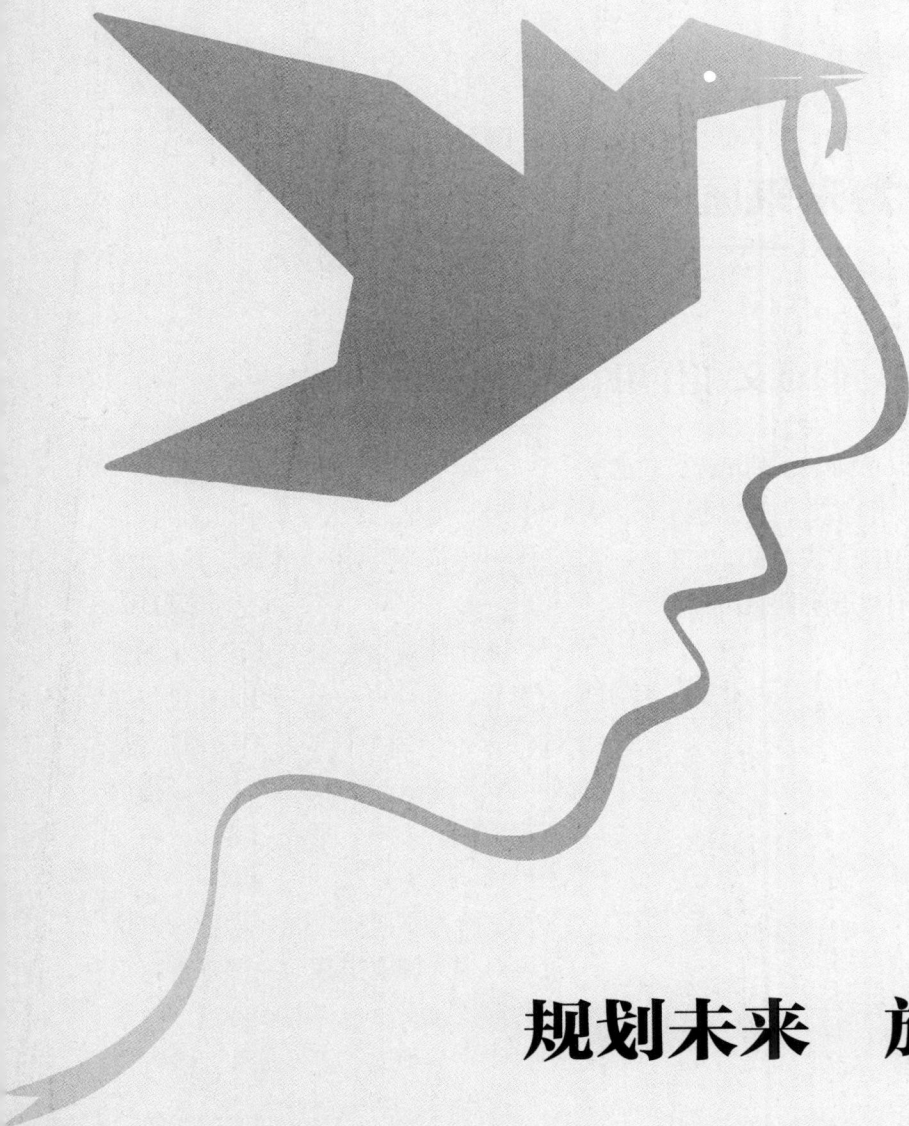

第六章

规划未来　放飞梦想

大学阶段是职业生涯探索的关键期，对于大学生将来的职业发展有着超乎寻常的重要意义。一份行之有效的大学生职业生涯规划能够帮助同学们缕清发展思路，明确大学生涯目标，详细规划大学生活，拟定可行的实施方案，不断培养自己的核心竞争力，为就业做好充分的准备。同时，大学生应该逐渐明确自己的就业方向，学会制作简历的方法，掌握一些求职的常识，了解一名优秀职业人应该具备的素质和能力，不断增强求职能力和职业竞争力，最终获得事业上的成功，实现自己的职业梦想。

第一节　为未来画一幅蓝图
——做好职业生涯规划

一、职业生涯规划的意义和作用

　　职业生涯就是一个人职业发展的历程，它是指一个人一生中所有与职业相联系的行为与活动，以及相关的态度、价值观、愿望等连续性经历的过程，也是一个人一生中职业、职位的变迁及工作、理想的实现过程。职业生涯是一个动态的过程，它并不包含在职业上成功与否，每个工作着的人都有自己的职业生涯。

　　职业生涯规划是对未来职业生涯发展的思考，是对将来个人与职业进行匹配的过程，作为个人职业发展的蓝图，就如同大海中航行的航海图一样，指引着我们前进的方向，是我们走向成功的第一步。

　　大学阶段是职业生涯探索阶段，这一阶段对个人职业生涯的发展有着超乎寻常的重要意义。很多同学到了大学毕业的时候会感慨地说："如果可以再重新上一次大学，我会选择另外一种方式度过"。还有毕业生说："回首大学四年生活，我感觉浪费了太多时间，好像什么也没有学到"。在大学中，有很多同学一进校就开始茫然，不知道自己要追求什么，自己要干什么，只能跟着感觉走，走到哪算哪，到头来觉得没什么收获。出现这些情况与缺乏生涯规划有很大关系。

　　对职业生涯规划的思考绝不是应时应景之策，而是要在科学发展观的指导下，在科学就业观的基础上，用科学的

（姚亚琦　绘）

方法思考和明确人生的未来，从而形成一个科学的人生发展愿景。一份行之有效的大学生职业生涯规划往往能够开辟一个全新的生涯世界，引导同学们树立明确的职业发展目标和职业理想，帮助同学们对自己的价值观进行定位并使其持续增值，教会同学们如何运用科学的方法采取可行的步骤与措施，不断增强职业竞争力，实现自己的生涯愿景。

二、影响职业生涯规划的职业因素

影响职业生涯规划的职业因素有很多，但主要有四大因素，即：职业理想、职业兴趣、职业能力和职业经历。职业理想是个人职业生涯发展的前提，职业兴趣是个人职业生涯发展的基础，职业能力是实现职业理想的保障，职业经历是个人职业选择的导向（李家华，2012；姚裕群，2004；钟谷兰等，2011）。

（一）职业理想

职业理想是人们在职业上依据社会要求和个人条件所确立的奋斗目标，即个人渴望达到的职业境界。它是人们实现个人生活理想、道德理想和社会理想的方式和途径，并受社会理想的制约。很多同学还没有明确的职业理想，只有一些生活理想、社会理想。职业理想直接影响一个具体职业的选择。

（二）职业兴趣

职业兴趣决定的是这个职业你是否喜欢。兴趣是影响人择业最主观的因素，也是判别一个职业是否适合自己的关键因素，所以择业时一定要充分考虑自己的兴趣。职业兴趣往往是一个人转换工作的重要影响因素，很多人会因为不喜欢某份工作而跳槽。职业兴趣倾向可以通过一定的职业测评方式来认知。

（三）职业能力

职业能力影响的是这个职业你是否能够做好，指影响一个人做好一份职业及在职业上发展的能力，它是由具体的一个个职业所客观要求的，就是说如果你要做好一项工作，必须要具备这项工作所要求的最起码的职业能力，如团队协作能力、写作能力等。

（四）职业经历

职业经历是指大学期间做过哪些职业，有从事哪些职业的经验，是大学生了解体验职业、验证职业选择的一个很好途径。一个人很可能因做对过的工作喜欢或不喜欢而决定选择与否。

三、做好职业生涯规划的基本方法

（一）认识自我，准确职业定位

做好职业生涯规划的前提就是客观认知自己，充分了解自己的职业兴趣、能力结构、职业价值观、行为风格、自己的优势与劣势等。认识自我可以通过素质测评软件、自我剖析、父母朋友等他人评价等多种方式和途径来实现。只有正确地认识自己，才能进行准确的职业定位并对自己的职业发展目标做出正确地选择。在客观认识自我方面，

（来源：千图网）

至少需要了解五个方面的问题：一是喜欢干什么——职业兴趣；二是能够干什么——职业技能；三是适合干什么——个人特质；四是最看重什么——职业价值观；五是人职匹配如何——胜任力特征（大学生就业指导编写组，2008）。

（二）了解社会，评估职业机会

每个人都处在一定的社会环境中，离开了这个环境，便无法生存与成长。社会在进步、在变革，作为即将步入社会的大学生，应该善于把握社会发展的脉搏，顺势而为。这就需要做社会大环境的分析，包括当前社会、政治、经济发展趋势，社会热点职业门类分布及需求状况，所学专业在社会上的需求形势，自己所选择的职业在目前与未来社会中的地位情况，社会发展对自身发展的影响，自己所选择的单位在未来行业发展中的变化情况，在本行业中的地位、市场占有及发展趋势等等。对这些社会发展大趋势问题的认识，有助于把握职业的社会需求，使自己的职业选择紧跟时代脚步。同时要更多地了解各种职业机会，尤其是一些热门行业、热门职位对人才素质与能力的要求，深入了解这些行业与职位的需求状况，才能选择可以终生从事的理想职业。

（三）制定职业目标，选择发展路径

职业生涯规划的核心是制定职业目标和选择职业发展路径。职业目标的选择正确与否将直接关系到人生事业的成功与失败。据统计，在选错职业目标的人中，超过80%的人在事业上是失败的，可见合适的职业目标对人的事业发展是至关重要的。制定职业目标时要考虑以下几点：一是兴趣与职业的匹配；二是性格与职业的匹配；三是能力与职业的匹配；四是价值观与职业的匹配；五是内外环境与职业相适应。职业目标确定后，

向哪一条路线发展，要做出选择。是向行政管理路线发展？还是向专业技术路线发展？还是先走技术路线，再转向行政主管路线？此外，在具体的岗位方面也需要做出选择。由于发展路线不同，对职业发展的要求也不相同。因此，在职业生涯规划中，必须做出最适合自己的选择，使自己的学习、工作以及各种行动措施沿着你的职业生涯路线或预定的方向前进。

（来源：360图库）

（四）高效行动，实现职业目标

确定职业生涯目标后，行动便成了关键的环节。没有达成目标的行动，目标就难以实现，也就谈不上事业的成功。这里所指的行动，是指落实目标的具体措施，主要包括学习、工作、实习等方面的措施。例如，为达成职业目标，在学习方面，计划采取哪些措施，才能提高学习能力，取得良好学习效果；在工作方面，计划采取什么措施，才能提高工作能力；在业务素质方面，计划学习哪些知识、掌握哪些技能，才能提高业务能力等等，这些都要有具体的计划和明确的措施，最好能够量化，以便于定时检查。

（五）灵活调整，适时修正

俗话说："计划赶不上变化快"。影响职业生涯规划与发展的因素诸多，有的变化因素是可以预测的，而有的变化因素是难以预测的。在此情况下，要使职业生涯规划行之有效，就需要不断地对职业生涯规划进行评估与调整。调整的内容包括：职业的重新选择、职业生涯路线的选择、人生目标的修正、实施措施与计划的变更等。

王晓的大学

大学一年级的某个晚上，王晓听说本专业一位大四的师姐在宿舍楼内哭泣，据说后来还整整哭了一个晚上。经了解，原来是这位师姐面临毕业离校，看到别的同学都有了去向，而自己却两手空空，感觉前途迷茫、压力剧增。因而，一时间无法控制情绪，只好用哭来渲泄。那么，是什么原因导致这样的结果呢？经分析是大学期间她没有进行职业生涯规划，也没有预料到毕业时会面临这样的境地。得知这种情况，王晓深受触动，于是她在进入大学后的第二年，便认真选修了《职业生涯规划》这门课，开始学习系统的职业规划的理论知识，尝试规划自己的学业和未来的职业。为了更全面地认识自己，她积极与辅导员、身边同学进行交流，请他们从不同角度帮助分析自己的优缺点，并到学校就业服务中心网站上进行自我测评。她经常与毕业工作的师兄、师姐联系，从他们那里寻找适合自己的工作类型，还积极主动地向党组织递交了入党申请书，在党组织的帮助下，进一步弥补不足，完善提高自己。

王晓非常重视就业实践活动。大三期间，她先后进入政府机关和企业实习。实习的好处显而易见——她确定了大致的就业方向。在林业局实习3个月后，她感到自己不适合政府机关工作，于是就结合自己的实际情况主动向学校寻求帮助，学校安排她参加了校就业服务中心举办的培训，帮助其进行职业指导。在培训班里，她通过咨询大企业人力资源讲师，了解了企业用人需求、面试技巧、简历制作等基础知识，学习了企业里各种岗位的职能。通过培训，她对自己适合的岗位有了清楚的认识。

临近毕业时，王晓当时兼职的公司推出实习生计划，她便向公司投递了简历。很快，公司根据其现实表现，决定予以录用。实习期间，她出色的表现打动了公司，三个月后，她成为了公司正式一员。如今，她在那里已经工作一年多了，回想大学经历，她说：机会是留给有准备的人的，大学生未雨绸缪、早做规划是非常重要的。

第二节　我的未来我做主——做好就业准备

为什么同一所大学、同一个年级、同一个专业的学生在毕业时结局不同？他们中有的人可以同时拿到几个著名公司的offer，有的人却连面试的机会都没有；有的人拿到了双学位，还能保研或考上研究生，有的人却连一个毕业证都拿不到。这就是说，起点相同，终点却差异很大，这是为什么呢？答案是：原因可以很多，但有一点是共同的，那就是，凡是毕业时取得丰硕成果的学生，其在大学阶段都有明确目标和充分的准备。只有按照详细的职业规划蓝图一步一步耕耘，才会有满意的收获。所以，大学期间应及时进行职业生涯规划，理清发展思路并付诸行动，为将来就业做好充分的准备。

下面以四年本科大学为例，介绍一下处于大学各年级的学生应该如何进行职业规划，如何执行自己的规划。

一、大学一年级：职业生涯规划探索期

【阶段目标】

适应大学生活，进行自我探索，树立规划意识。

【实施策略】

1．完成角色转变，尽快适应大学生活。积极参加集体活动，多与高年级同学交流，尽快找到新朋友。熟读学校管理规定，养成良好的学习习惯，力争取得优异的学习成绩。

2．了解就业形势，确立大学的奋斗目标。与学院负责就业的老师多沟通，了解本专业的就业领域和毕业去向，初步确定大学四年后的毕业方向，明确奋斗目标。

3．开始自我探索，树立职业规划意识。通过职业测评工具、自我分析、与父母朋友征求意见等方式，明晰自己的职业兴趣、职业性格、职业技能等，思考自己所学专业涉及的职业领域哪些适合自己。

【具体方法】

1．了解专业情况。认真上好《专业概论》这门课，课上老师会介绍本专业的课程体系、学习研究方法、专业前景以及需求、就业率情况，以及近年来用人单位对学院毕业生的反映、毕业生就业去向、优秀校友发展等具体情况。学生要做到对自己的专业有一个宏观的了解，并开始思考探索就业方向。

2．关注学籍政策。熟读《本科生学籍管理规定》。一般负责教学的管理者会向新生介绍学籍和学生培养方面的内容，新生一定要认真学习，充分了解选课、退学、学位、毕业等学籍管理问题，避免因为学业问题而拿不

（来源：千图网）

到学位证，而对将来就业产生不良影响。

3．树立诚信意识。诚信是一个人在社会的安身立命之本，是每个人必须具备的道德品质，是大学生全面发展的前提，是大学生进入社会的"通行证"。只有树立诚信为本、操守为重的信用意识和道德观念，才能得到社会的认可，才能作为高素质人才，承担起社会责任和历史使命。所以，大学生应继承中华民族自古以来的这个美德，坚守底线，坚决杜绝考试作弊、学术造假等现象。

4．善于学习他人的经验。积极参加高年级优秀学生经验交流活动。一般学校都会组织优秀的高年级学生结合专业开展经验交流会，以便大一新生进一步了解大学生活，合理规划自己的大学学习生活。活动中，学长们会给出很多好的意见和建议，帮助新生尽快适应大学生活，对指导今后的学习、工作、就业等方面有较好的参考价值。

二、大学二年级：职业生涯规划准备期

【阶段目标】

开展职业探索，明确发展方向，培养综合素质。

【实施策略】

1．探索工作领域。在自我探索的基础上，结合所学专业，虚心向老师和学长请教就业的工作领域，还可以联系校友开展职业访谈，了解相关的职业及岗位的要求，从而初步确定自己的职业发展方向。

2．培养专业能力。根据自己的职业目标，建立合理的知识结构，注重专业能力的培养，掌握岗位所要求的专业技能，有条件的话还可以辅修相关课程和专业，参加英语、计算机等证书的考试。

（来源：千图网）

3．培养综合素质。积极参加学生会、社团等各类学生组织，培养自己的组织协调能力、口头表达能力、沟通能力和团队合作精神，提升综合素质。

【具体方法】

1．认真总结反思。要对大一这一年进行全面的总结反思，既要总结取得的成绩，又要找出存在的问题，找出解决这些问题的方法和措施，为进一步适应大学生活和快速成长打下坚实的基础。

2．增强学习意识。要将学习作为大学的首要任务，认真对待专业课的学习，养成良好的学习习惯，在学有余力的情况下，积极参加科研实践活动，可以尝试申报大学生科技创新计划项目，培养科学素养。

3．提高综合素质。要在学好专业课的基础上，着力提升自身综合素质。积极参加各类社会工作和校园文化活动，充分用好大学搭建的平台，去锻炼和展示自己，实现德、智、体、美全面发展。

4．上好职业生涯规划课。很多学校大二就开设职业生涯规划课。要认真学习职业生涯规划的方法，特别是要了解所学专业就业的行业、岗位、职业发展路径等，以科学指导自己的职业发展方向。

5．培养核心竞争力。通过对就业形势、市场经济发展及企业自身需求的分析，了解时代的要求，尽早加强专业知识、专业技能的学习，全面提升自身素质和创新能力，为提高今后在就业市场中的竞争力做好准备。

三、大学三年级：职业生涯规划完善期

【阶段目标】

提升职业技能，积累职业经验，提高综合能力。

【实施策略】

1．学好专业课程。大部分专业核心课程都是在大三开设，这个时期是提升专业能力的关键期，如果想在专业相关领域就业，就必须认真对待开设的每一门专业课，掌握专业技能，为将来就业做好专业知识储备。

2．考取相关证书。在学习专业知识的同时，可以尝试考取与职业目标相关的职业资格证书。

3．学习求职技巧。多数学校会在大三开设就业指导课，教授学生制作简历、撰写求职信、面试技巧、职场礼仪等方面的知识，要认真学习并加以训练，为就业求职做好准备。

4．积累实习经验。要针对自己的求职目标，有选择性的到相关单位进行实习，增加面试和职场工作的实践经验，同时也可以检验求职目标是否合适，如果通过体验感觉不是自己喜欢的职业方向，还可以进行及时地修正。

5．继续深造要提前做准备。如果决定考研，要尽早明确考研的学校和专业，做好复习准备；如果想出国，要注意留学资讯和动向，准备托福、雅思等考试。

【具体方法】

1. 积极参加大学生科技创新竞赛。大学生在学有余力的情况下，应积极参加各类科技竞赛活动，养成务实严谨的科学研究态度，掌握有效的科学研究方法，为将来继续深造做好准备。

2. 认真上好就业指导课。了解近几年的国家宏观经济形势，了解就业形势、就业市场和企业需求，并结合专业特点分析专业市场的人才需求情况，掌握求职技巧，对比自身的优势、劣势，明确择业目标并为之努力。

3. 扩大校内外交际圈，加强与校友、职场人士的交往，参加校园就业实习双选会，与用人单位招聘人员进行沟通。

4. 做好读研与就业抉择。认清读研究生与就业在专业知识学习方面的一致性和能力培养方面的侧重点，想清楚自己为什么要读研，既不能随大流读研，也不能因为逃避就业而读研，一定要明确目标，摆正心态，做出正确的选择。

5. 掌握求职技巧。准备好求职的相关基础材料，有针对性地参与求职训练活动，直观地体会不同行业、不同形式的招聘，做好求职应聘的心理准备。

（姚亚琦　绘）

四、大学四年级：职业生涯规划实施期

【阶段目标】

充分掌握求职资讯，做好就业选择，实现毕业目标。

【实施策略】

1. 掌握获取就业信息渠道。首先要关注学校和学院就业服务中心网站上的招聘信息，同时要时刻关注学校、学院发布的招聘信息，这些招聘信息更具有针对性，求职成功率会更高。校友、学长、父母、亲戚、朋友也是重要的信息源，不要遗漏关键的招聘信息。

2．为面试获取相关信息。在面试之前，可登陆招聘单位网站或通过咨询、访谈等方式，了解招聘单位的相关信息，为面试做好充分准备。

3．选择实用性高的毕业设计题目，验证自己的应用研究能力。

4．学会就业心理调节，始终保持自信和主动。

5．了解劳动法规和政策，学会保障自己的劳动权益。

【具体方法】

1．参加就业指导培训。要积极参加各类就业指导培训，掌握求职技巧，了解如何获取就业信息，了解就业、签约的基本程序以及相关的义务和权利，调整好就业心态，树立正确的就业观。

2．树立正确的择业观。要始终坚持从自身专业发展和个人事业发展的角度，将人生追求和事业的发展紧密结合起来，以开阔的视野和长远的眼光选择自己的就业方向。

3．认真备考研究生。选择考研的同学，要耐得住寂寞，学会坚持，始终如一的坚持学习，不为外部环境所动摇，按照自己的计划认真复习备考，不要过多地在就业和考研之间徘徊。

4．适时调整就业心态。要具备良好的心理素质以应对求职煎熬的过程，要有正确的就业心态，认识到求职并不是一件轻松、一蹴而就的事情，要做好打持久战的准备，不断调整就业心态，及早克服心理上的问题和障碍，避免进入就业心理误区。

案例分享

大学期间为就业早准备

2013年被称为"史上最难就业年"，如同当年高考"千军万马过独木桥"一般，大学四年之后，毕业生们又踏上了艰辛的就业之路。千千万万毕业生组成的就业大军中，仍有这么一些人，早早地做好了未来的职业规划，找到了满意的工作，在这样的就业背景下，他们甚至收到了来自很多公司的邀请。近日，记者见到了在"职场亮剑"风采展示大赛中崭露头角的选手张超辉。谦虚又自信、忙碌而充实，为就业早做准备是他顺利就业的主要原因。

即将大学毕业的张超辉在大学期间从事过各种各样的工作，用他自己的话说就是，"大学生做的兼职，我几乎没有啥没做过的"。专科三年，本科两年，在五年时间里，张超辉摆过地摊、卖过电脑，但就读于播音主持专业的他做得更多的兼职工作是与自己特长和专业相关的商演、婚庆主持、培训老师等等。

直到现在，张超辉仍对自己最开始做兼职的时候记忆犹新。"第一份兼职是师兄介绍的，当时，他因为有别的事情，让我替他做婚礼的主持。"五年前，张超辉上大一，第一份兼职让这位初出茅庐的"主持人"紧张万分,"现在还记得当时的心情,虽然早就在下面把台词背得特别熟了,上台之后,还是很胆怯,很生涩。"像这样,做过几次主持的工作之后,张超辉有了一定的经验,他的表现也得到了他人的认可,"从那以后,我没少做这样的兼职,商演、婚庆,后来还在培训学校讲课,我对这类的工作也越来越喜欢。"

张超辉做的工作也不局限于自己的专业。专科毕业后的暑假,两个来月的时间里,他在数码城从事电脑维修和销售,"这份兼职让我学到了不少技能,现在谁的电脑出了问题,我基本上都能独立维修了,不仅让自己的生活多了很多便利,也能帮助身边同学和朋友。"

张超辉相信,每一份付出都有回报,"不同的工作让我接触不同的人,不同的人给我不同的人生阅历和经验。"因此,他觉得在大学里只要不虚度光阴,不论做些什么,都是对自己的成长有益的。"万事开头难,克服了自己内心的胆怯,利用大学的空闲时间,积累一些社会经验,在求职的过程中就会占很大优势。""职场亮剑"风采展示大赛结束后,已经有四五家企业与张超辉取得联系,希望请他到自己的公司工作,经过考虑之后,他还是选择了留在自己做兼职的学校,一年多来,他已经踏踏实实地积累了不少经验,"我考虑到现在做的艺考培训跟我的专业对口,也是自己的兴趣所在,虽然要经常出差,但我并不会觉得累。"(应届毕业生网)

第三节　为未来买单——做好求职准备

一、寻找正确的就业方向

大学毕业生在选择工作时,首先一定要清楚自己要什么,例如所从事的行业与专业、目标企业的性质、工作地点、待遇、发展空间、工作性质、工作环境等,并把自己想要的工作排一个序。然后,对自身的长处和不足做一个分析,再分析自己想去的目标行业或企业的需求。把以上几方面结合在一起进行比较,就会发现自己的目标可能定得过于理想,此时就需要对求职方向和目标做出一定的调整,以确保自己想去的单位和对方可能会有的要求匹配起来。这就是在确定求职方向的过程中要进行的两个重要步骤:知己,且知彼。这里的彼,既包括了求职意向行业、单位,也包括了竞争对手。

(一)自身竞争实力分析

1. 明确希望从事的工作或职业

人对职业的选择,实际上是在自身理想与现实情况之间的一种平衡性选择。当就业环境宽松、机会众多、自身竞争实力很强时,我们每个人会更倾向于按照自己的理想来选择职业。但当就业环境严峻、工作难觅时，基于生存的压力，我们可能最后会选择一个离自己的理想很远，但却能养家糊口的工作。对于应届毕业生来说，由于缺乏工作积累，在求职道路上，更多地会牺牲自身的理想而服从于现实。但这种屈从，不应该成为我们在选择职业时被动思考的借口。从人的职业发展角度来说，未来充满了不确定性，但有准备的人更容易抓住机会实现职业的提升。然而准备什么，则与每个人对自己的职业设计有很大的关系。因此，在求职时，想清楚自己未来希望从事什么职业是非常重要的。这种思考，可以帮助我们更早进入对未来职业发展的选择过程，也能促使我们提前做好准备，在机会到来时，不会错失好的机遇。

2. 分析自身的优势

对于应届毕业生来说，在分析自身优势时，一定要从职位的要求、自身特点出发，去挖掘应聘的优势。归纳起来，主要从以下几个方面进行分析与思考：

（1）性格特点。如外向还是内向，逻辑性强还是思维很跳跃等等。性格特点无所谓好坏，只有与自己所要从事的职业结合起来，优劣的判断才有价值；

（2）专业擅长。如所学专业、辅修专业、自学所掌握的知识等等；

（3）与同龄人相比的生活阅历和人生体验。例如在求学生活中形成的对社会、对人生的认知和看法，而这些看法会使得面试官认为自己相对于同龄人更成熟；

（4）技能。如计算机技能、语言能力以及其他与职位要求相关的能力等；

（5）自己认为与职位相关，而且与同龄人相比有明显优势的地方。例如对于应聘体育用品行业销售职位的大学生来说，自己恰好在相应的体育项目上有着浓厚的兴趣爱好和特长，就会是一个相对突出的优势。

3. 寻找自己的不足

（来源：千图网）

"请谈一下你的不足之处。"基本上每一位面试者在面试过程中都会遇到这样的情况。所以，要认真分析自身存在的不足，考虑这些不足和职位是否冲突。例如，一个自己都觉得自己比较粗心的人，就不要去应聘出纳这类要求任职者非常细致的职位，否则即使被录用，在工作中也会干得很痛苦。然而，对于我们每一个人来说，最难的事情就是客观地认识自己。在求职这个人生重要的环节上，大学生可以主动征询父母、老师、朋友以及同学对自己不足的看法与建议。这其中，由于中国人的文化背景，朋友和同学可能不太会直接给自己指出问题，所以，通常来说，父母给出的看法和建议是最具有参考价值的。

（二）外部就业环境分析

对外部就业环境进行分析，会影响到大学生求职时的决策。例如，多年以前，大学教育属于精英教育，大学生毕业后寻找工作和今天相比要相对容易得多。大学生到热点城市就业，成功率也远远高于今天。但大学的扩招，使得大学教育已经不再小众化，每年大量应届毕业的大学生，以及前些年积累下来尚未充分就业的往届生，都使得大学生就业压力越来越大。

就业环境的变化，意味着毕业生对于求职的预期也必须相应作出调整。当大学生就业市场是卖方市场时，我们可以挑选工作、挑选城市、挑选待遇等等，但当就业市场变成买方市场时，我们在职业的选择上必须要舍弃一些已经不再现实的条件。例如，希望在北京就业的外地生源应届毕业生，当无法同时满足找到好工作以及解决户口这两个条件时，就必须要在一份不解决户口但相对不错的工作，和一份解决户口但与我们的目标相去甚远的工作之间作出取舍。

（三）可能面临的竞争对手分析

1. 同专业、同档次学校

这种情况的竞争是最普遍发生的一种，特别是在用人单位在一个或几个学校中做校园招聘时，学校的档次相当，专业要求非常相似。此时，一定要认识到，除非自己在专业上确有过人之处，否则，必须考虑自己在其他方面的优势，例如自己在专业之外的知识和技能、语言技能、自己在求学期间积累的社会经验等。此时，简历描述的重点，也必须围绕上述几个方面来展开，而不应该在所学专业上着太多的笔墨。

2. 同专业、不同档次学校

这种情况，往往发生在用人单位有专业要求，但对于生源学校没有明确规定时。当自己所毕业的学校处于较高的档次，例如全国重点高校时，学校本身的声望会增强毕业生的竞争力；而如果自己所在的高校没有那么大的名气，求职时也要像前面说的那样，特别仔细地分析自己的差异化优势，并把这种优势在简历和面试中充分地展现出来。

3. 同档次学校、不同专业

这种竞争，主要存在两种情况：一是所申请的职位有专业要求，二是所申请的职位没有专业要求。对第一种情况，又可以分为两类，一是自己符合专业要求，而与自己竞争的同学专业不对口。此时，自己的竞争优势会相对明显；二是别人的专业对口，而自己的专业不对口，而用人单位又有明确的专业要求，这就需要应聘者在其他方面有非常突出的优势，这些优势必须与职位要求相关，也能有很好的事实来证明，这样才有可能通过简历筛选、获得笔试和面试的机会。对第二种情况，专业没有要求时，用人单位显然认为专业不是决定所招聘的人能否胜任未来岗位的主要因素，他们会更看重人的基本素质、能力与潜质。应聘这类公司，一定要通过各种渠道，例如网站、朋友、熟人等，了解企业的背景和用人要求，分析自己哪些地方吻合，哪些地方欠缺，然后在简历和面试中充分展现出自己的优势。

（来源：千图网）

4. 不同档次、不同专业

当用人单位对于求职大学生的学校和专业都没有限定的时候，就要认真思考一下：用人单位这么做的原因是什么？不同高校毕业生之间的差别是训练程度的不同；不同专业毕业生之间的差别是训练方向上的差异。当用人单位对这两个差别都不在意的时候，如果他们依然是严肃的用工单位，那说明对于他们所提供的职位，大学期间的专业训练并不重要，对训练得好坏也不重要，他们更看重的是个人的可塑性以及在单位所提供的条件下，个人自我发挥的可能性。这时就需要考虑是否符合自己的职业发展目标，然后再思考自己的竞争优势在哪里，并想办法有效地展现出来。

二、绘制一份自己的简历

简历的撰写，是应届毕业生在求职时非常重要的一步，但恰恰是很多毕业生功课做得非常不够的一个环节。无论什么样的用人单位，在正常的招聘过程中，首先都是要通过简历完成初步的筛选。有很多毕业生，仅仅因为简历质量较差（未必是自身能力不足）就直接被筛掉了。同时，应届毕业生求职与有工作经验的人求职的一个很大不同，就是应届毕业生求职的时间比较集中，这就意味着企业会在短时间内收到大量来自同类学校、相同或相似专业的简历，从用人单位的角度来看，学生之间的差异化并不明显。如何在简历中充分体现自己与职位的良好匹配性，展示出自身的优势是需要认真思考的问题。换句话说，就是能否在简历中展现出自己的亮点，顺利获得进入招聘下一个环节的机会。

（一）简历制作的基本技巧

1. 真实

简历最基本的要求就是真实地描述自己，使阅读者首先对你产生信任感。企业阅历丰富的人力资源招聘专员，对简历有敏锐的分析能力，遮遮掩掩或夸大其词终究会漏出破绽，何况还有面试一关的考验。

一些不甚明智的做法通常包括：故意遗漏某一段经历，造成履历不连贯；在工作学习业绩上弄虚作假；夸大所任职务的责权和经验；隐瞒错误的真实原因等。其实任何一个有经验的招聘人员只要仔细阅读、分析，鉴别履历的真实性并不难，过分渲染、天花乱坠的描述更令人反感。所以与其费尽心机，不如老老实实，只要有真才实学，总会有属于自己的机会。

2. 全面

简历的作用在于使一个陌生人在很短的时间内了解求职者的基本情况，就好像是一个故事梗概，吸引他（他们）继续看下去。因此要特别注意内容的完整和全面，尽可能给对方留下较全面的印象。

简历通常应当包括以下基本内容：个人基本信息、教育背景及学历、专业、工作经历、社会工作、所获奖励、外语、计算机水平、特长、业余爱好以及其他重要或特殊的需注明的经历、事项等。当然，千万不能忘记在明显的位置写明你的有效联系方法。简历中应切实表明对应聘岗位的期望，并附上有关证明材料的复印件。

3. 简练

招聘人员每天要面对大量的求职简历，一般在粗略地进行第一次阅读和筛选时，每份简历所用时间可能不超过1分钟。经常有求职者觉得简历越长越好，其实是适得其反。内容过长的简历往往不会使阅读者耐心、完整、细致地读完，且很容易淡化对主要内容的印象，还会给人留下求职者做事不干练的印象。所以，简历应言简意赅，流畅简练，内容完整。

4. 重点突出

对于不同的企业、不同的职位，求职者应事先进行必要的分析，有针对性地准备简历。盲目地将一份标准版本大量拷贝，效果会大打折扣。前面所讲的全面不是面面俱到，不分主次，而是要根据企业和职位的要求，巧妙地突出自己的优势，给人留下鲜明深刻的印象。但注意不能简单重复，应当深思熟虑，不落俗套，有说服力而又合乎情理。

（来源：千图网）

5. 语言准确

简历撰写不要使用拗口的语句和生僻的字词，更不能有病句、错别字。如果是外文要特别注意不要出现拼写和语法错误，一般招聘人员考察应聘者的外语能力是从一份简历开始的。同时行文也要注意准确、规范。大多数情况下，作为实用型文体，句式以简明的短句为好，文风要平实、沉稳、严肃，以叙述、说明为主。有的人写简历喜欢使用许多文学性的修饰语，例如，"大学毕业，我毅然走上工作岗位"，"几年来勇挑重担，为了企业发展大计披星戴月，周末的深夜，常常还能看到办公室明亮的灯光。功夫不负有心人……"，"虽然说有则改之，无则加勉，但领导无中生有的指责日甚一日，令我愤懑不已，心灰意冷，终挂印而去"，结尾还忘不了加上一句"我热切期待着一个大展宏图、共创辉煌未来的良机！"之类的口号。这样的简历，只能是画蛇添足、适得其反。

6. 版面美观

一份好的履历，除了对内容方面的要求之外，版面设计也很重要，是留给他人的"第一印象"。版面设计要条理清楚，标识明显，段落不要过长，字体大小适中，排版端庄美观，疏密得当。既不要为了节省纸张，密集而局促，令阅读者感到吃力；也不要出现某一页纸只有上面几行字，留下大片的空白；还要注意版面不要太花哨，要有类似公函的风格，这也能体现出求职者的基本职业素养。

通常建议使用电脑打印的文稿，如果你的字写得不错，不妨再附上一篇工整漂亮、简短的手书求职信，效果会更好。

（二）简历制作的基本内容（周耀明等，2011）

1. 基本信息

基本信息通常包括应聘者的姓名、年龄、联系方式、生源地、政治面貌、照片等。用人单位在快速筛选第一遍时，除了与职业要求相关的"硬性"条件：如性别、年龄、政治面貌外，基本信息通常会一扫而过。

2. 求职意向

在毕业生求职过程中，常常会遇到一家公司开放多个职位，而且其中不少职位看起来都可以去应聘的情况。通常来说，求职意向表明了应聘者个人兴趣的先后顺序，特别是在同一个应聘者同时申请了一个单位两个职位的时候，这个顺序是比较重要的。作为求职者来说，不是看哪个职位更有吸引力，而是根据自身的竞争优势以及与所应聘职位的匹配程度来决定意向的顺序。

3. 教育和培训背景

教育背景对于简历筛选来说是一个比较重要的部分，应按倒叙的时间安排进行描述。需要注意的是，在教育背景中，如果有时间空白，最好能作出说明。例如，本科毕业考研究生没有考上，复习了一年，则这段时间就会在教育背景中体现一年的空白。这时最好在工作经历或其他合适的地方，注明自己边复习、边工作。这不仅会给招聘官一个完整的印象，也能让对方感受到自己的坦诚。当然，如果自己觉得这段空白的经历不太适合在简历上公开，也可以不写。但要做好准备，在面试过程中有可能被问到。

4. 工作经历

这里的工作经历不仅指人们常说的以往参加工作的情况，还包括学生工作以外的社会实践经历，例如打工、实习等。对于工作经历的筛选，用人单位主要是看以往的工作经历与所应聘职位之间的相关性，以及专业转换或行业转换的合理性。同时，也会看在简历中是否提到了工作业绩，这些业绩能够反映出求职者能否适应未来的职位；对于社会实践经历的筛选，用人单位主要看学生的兴趣，也可以看出应聘者是否在读期间对于未来的工作已经开始有所准备，一份描述自己曾经在与应聘岗位相关的岗位上实习过的应届毕业生的简历，很容易吸引招聘者的关注。

（来源：千图网）

5. 社会工作

这里的社会工作是指担任学生职务、参加各种学生社团等，如担任团委、学生会、各种社团等学生组织的干部。从事这些学生工作，可以锻炼沟通、组织、计划、协调等能力，这对于学生将来迅速适应工作是有很大帮助的，也是用人单位比较看重的一部分内容。

6. 所获奖项

对于应届毕业生来说，是否仔细浏览简历中的这部分内容，与公司的招聘策略有关。如公司要求招聘的是一流的学生，那么这些学生在校期间应获得一定的奖励。一般而言，大的奖励会更能反映应聘者的素质和水平。所以，当用人单位希望应聘者是一个优秀的毕业生时，会比较关注这部分的信息。

7. 专业课程

简历中会附有学习期间的主要课程。对于有经验的招聘官来说，在筛选简历时，这些信息基本不看。因为相同的专业，学习的课程大同小异，做过一段时间的招聘后，招聘官对经常遇到的专业要学哪些课程基本心里都有数了。如应聘单位对求职者的专业比较陌生，则可以附上专业课程，以便招聘者了解你的专业是否与岗位匹配。

8. 资质和证书

用人单位在这部分一般会关注关键的词，如英语过级情况、计算机所获证书、其他专业证书情况等。如果职位对某项能力有特殊要求（如语言、行业证书），则这部分会被作为一项"硬性"的条件进行筛选。

9. 自我评价

简历中的自我评价部分主观色彩很强，在筛选简历的时候，用人单位一般不做重点关注。因此，从简历撰写的角度，这种自我评价的意义不是太大。

10. 特长、爱好

这块内容原则上用人单位在筛选简历时不关注。但如果职位有相关要求，用人单位可能会适当浏览。例如，在做运动器材的销售时，一个喜欢运动的销售人员可能会对产品有更好的理解，也可能通过描述自己的感受更好地打动顾客。

11. 科研成果

对这一部分有三种情况：第一种是用人单位一般不做特别关注；第二种是职位专业性要求较强时，会关注一下；第三种是如根据招聘策略有要求，例如要求一流的学生，则会比较关注。

（三）简历制作的基本步骤

1. 选择目标

先决定你要找一份什么样的工作，然后写在一张白纸上。这个目标没必要一定要出现在简历上。有时候，写在自荐信上会更好。如果你清楚自己想要什么样的工作，在简历上写清楚是不会有害的。例如，"从事水土保持规划设计岗位"就比"适合我工作能力的职位"这类措辞要好得多。

2．列写教育程度

在目标下面，列举出所受过的相关教育和训练。持续的学习和训练说明一个人有上进心，所以求职者阐明基本教育后所受的相关教育是有利的。

3．列写工作经历

从现在实习的工作开始倒推，把所做过的工作都列出来。包括公司名、地址（城市）、年份（如2016年至今）和职位。同时在每个以前做的工作下面写上当时职位和职责。

4．列写社会工作

从现在开始倒推，把在各种学生组织中曾经担任的职务都列出来，并写下你担任职务时所完成的一些具体工作。

5．列写奖励

从现在开始倒推，把在大学期间所获过的各种奖励和荣誉都列出来，同时将一些重要奖励的获奖级别和比例写出来。

6．列写科研工作

从现在开始倒推，把在大学期间所从事的专业领域相关的科研工作都列出来，同时写出科研项目的具体内容。

7．做适当的筛选

理顺纸面上所列出来的内容，把与目标无关的部分删掉，只保留与目标相关的内容。记住，简历是一张跨进单位大门的名片，不是大学生活的回忆，所以列的每一项内容都是与求职目标相关的事情。

8．运用清晰合理的句子

把前面所记录的工作经历等组织成段，把有关联的东西组织在一起并使它们更吸引人。在句子中多用动词以加强说服力，不时地用一些关键字，多用数据说话，不要用空洞无用的话。如果你自己写不好，可以查阅一下资料或请教朋友，使简历变得完美。

9．重新组织

简历快完成前，重新检查内容。按照事项重要程度进行标注，如在所做的最成功的事前写上"1"，在次重要的事前写上"2"……直到所有的句子写完，这样可保持内容的逻辑性，使人不至于跳来跳去地看。

10.　加上相关的条件

将与该项工作有关的优势加到简历末尾。如执照、证书、协会等，有这些相关兴趣可有利于应聘。

三、掌握求职常识

（一）选择渠道

根据就业市场的特点，毕业生可以从自己的实际出发，有选择地参加不同的招聘会。市场是变化的，就业策略也应该是变化的。当市场需求大时，可以提高期望值，好中选优；当市场需求小时，应该降低期望值，低中选高。当然，劣与优，低与高都是相对的，毕业生可以酌情而定。另外，由于就业市场的作用还没有充分发挥，市场的功能还有待扩展，还存在一些暂时的困难和问题。社会上也有一些单位和个人在举办各种形式的"招聘会"、"供需见面会"等，其中有的以赢利为目的，要辨析真伪，谨防上当。

（来源：千图网）

（二）自我推荐

在众多用人单位中选定几个备选目标，通过各种渠道对备选目标进行了解，如单位的地理环境、性质、规模、人员结构、经济效益、发展前景以及对人才的需求等等。然后根据自己业务能力、专业水平、志趣、性格等加以分析比较，从中选出最能发挥自己专长，且成功可能性比较大的单位进行自荐。在向用人单位自荐之前，对自荐内容要有准备，最好打个腹稿，做到胸有成竹，从容自信。自我介绍环节，可以先准备一份自荐表，同时将可证明自己能力、知识水准的证书、奖状列出，这样会引起用人单位重视，取得好的效果。自荐谈话内容主要是自己的专业特长和表明自己为什么愿意到这个单位来，询问用人单位需进一步了解的情况，但对福利待遇问题不要过多提出，应该谈如何发挥作用，多做贡献。自荐结束时简单介绍一下自己不足之处，使对方感到你是一个有抱负而非狂妄自大之人。

（三）仪容仪表

第一，着装整齐，仪表大方，仪容是给人留下的第一印象，这个直观印象的好坏，有可能影响"双向"的成功率。所以，仪容打扮得既要美观又要庄重。第二，谈吐文雅，举止得体，言谈之中要反映出学识水平，受过良好的教育。第三，谈话的主题要以择业和工作为主，最好不要东拉西扯，特别是人还未去单位就提出待遇要多高，什么时候可以流动这些话题。第四，避免与用人单位发生争论，特别是在话不投机时，不要争执，要虚心听取用人单位的意见，即使有不同意见，说话也要入情入理，有理有节。第五，要实事求是地介绍自己，不要过分抬高自己，但也要把自己的专长、特点介绍给用人单位，以给人留下较为深刻的印象。第六、各种材料准备齐全，以备用人单位进一步考察。

案例分享

一个在"路上"就被淘汰的应聘者

某公司前台文员暂时空缺，招聘信息发布后，应征电话络绎不绝。印象最深的是一位姑娘，倒不是因为她的卓越，而是一系列的"不愉悦"。

1. 面试前的电话沟通

从接到电话开始，她就试图占据着主动权。

她接通电话时，气势如虹："你们公司在招聘吧？"

我静静地说："是的，请问您想咨询哪个岗位？"

"前台。"

"好啊，相信您已经详细阅读了这个职位的任职要求了，也知道我们需要先投递简历，而后我们再行约见。"

"呵呵，我已经看过了，我很合适，没什么问题的。"

由于我还是对她的自信抱着很大的希望，便说："哦！？"

"那下午，我直接过去吧。"

"好吧，14：30……"

"你能不能声音大点？"她打断了我。

我耐着性子说："抱歉，现在能听清楚了吧？请问您还有什么问题吗？"

"没了。""了"字甚至没太听清，电话已经挂断。但从电话礼仪来讲，她这一项显得不是那么符合。

2. 应聘路上的沟通

"你们这里挺难找，我现在在**地方，能告诉我接下来怎么走吗？"

我耐心跟她讲了大致方向，她匆匆挂断，没有半点谢意。

她又第三次打来电话："你们公司叫什么名字，我已经到这个**路*号了。"

如果不是看她已经到公司门前，我就直接让她回去了。我又忍耐了一下。

3. 面试过程

见面时，我很确信已经将她淘汰了。初春，她穿着黑色的短裤，黑色的丝袜，黑色的丝袜上还有一个小洞。

我略去了结构化面试的套路，直接问她：请你简单描述一下对前台文员的任职要求好吗？

"没怎么看，我是有经验的。"

我笑了笑：你做过文员，肯定做过公文的简单校对吧？

"是的。"

"那麻烦你看一下你简历中有什么问题没有？"

她拿过自己的简历，看了1分钟，自信地说：没什么问题。

我笑了笑："你的工作年月错误了，2009年你写成了20009年，我不相信你能穿越时空。"

……

下面的过程简单而明了……我仍然做了回唐僧，但不是太啰嗦。这样的面试者，我仍然给出了建议，只希望她能提高一点，生活顺利点儿。

很多时候，我们何尝不是因为准备不充分，而输在人生考试的路上呢？（转自象山招聘网）

第四节　我的未来不是梦
——做一个合格的职业人

从某种意义上来说，上大学的一个重要目的就是为今后能够成为一个合格的"职业人"打下基础。所谓"职业"就是指社会赋予每个人的使命和责任。所谓"职业人"就是参与社会分工、自身具备一定的专业知识、技能和素质，能够通过为社会创造物质财富和精神财富而获得其合理报酬，在满足自我精神需求和物质需求的同时，实现自我价值最大化的这样一类群体。作为一名准备参加工作的大学生，了解如何做一名优秀的职业人，是进入职场前的基本要求。

一、要有良好的职业心态

心态是人的心理态度的简称，是人的各种心理品质的修养和能力。具体地讲：心态就是人的意识、观念、动机、情感、气质、兴趣等心理素质的某种体现。它是人的心理对各种信息刺激做出反应的趋向，而这种趋向对人的思维、选择、言谈和行动具有导向和支配作用，正是这种导向和支配作用决定了人们事业的成败。

（来源：千图网）

大学生作为一个准职业人要保持良好的心态，有了良好的心态就能决定我们的思维，有了健全的思维就会付出行动。具体要做到：

（1）要有积极、乐观、诚实、正直的职业化品质。一个人的才能来自于对事业的热爱，要想成为一名优秀的职业人，一定要热爱自己的工作。

（2）要有沉着冷静的情绪管理。要善于适应不同的环境，有及时处理突发事件的能力。随着环境的改变，能够迅速调整好自己以适应新的岗位，以新的思维方式和心态面对新的环境。

二、树立良好的职业意识

职业意识是指作为职业人所具有的意识，以前叫做主人翁精神。具体表现为：工作积极认真，有责任感，具有基本的职业道德。职业意识既影响个人的就业和择业方向，又影响整个社会的就业状况。职业意识由就业意识和择业意识构成。就业意识指人们对自己从事的工作和任职角色的看法；择业意识指人们自己希望从事的职业。

（一）学习意识

一个优秀的职业人，要不断地学习、提高。工作的过程就是学习的过程，职业人不是一直燃烧的蜡烛，而是蓄电池，不断地自我充电，不断地释放能量。职业人的自我学习是提高自身综合素质的基础。更重要的是要学会思考，思考可以产生力量，只有客观的分析才能有准确的判断力。还要在平时工作中努力学习，不断总结经验与教训，不怕苦，不怕累，刻苦钻研，攻克难关，善于思考、分析和解决问题。

（二）目标意识

一定要明确两个问题：①我的目标是什么？②我们有多少时间为目标奋斗？在工作中一定要明确自己的职业目标，学会把上级的任务转换成目标，并且为自己制定的职业目标做好计划，从小事做起，从一点一滴做起，不断努力。

（三）责任意识

要勇于承担责任，对自己做错的事情不给自己找理由。工作中不要抱怨，要学会不断地调整自己，明白责任是积极、主动、热情之源，唯有一个有责任心的人，才会有勇气面对自己的错误和过失，才不会为一己之利而损害单位的利益。而对错误的积极主动的做法，应该立刻承认错误，改正错误并从中吸取教训。还有，一定要学会作出承诺和信守承诺。

（四）团队协作精神

团队协作其实就是把自己融入所在的团体，服从团体负责人的指挥，配合团体中的其他人做好相关的工作，在团队取得发展和进步的同时，个人也得到相应的历练和提升。而团队协作精神，就是一个人所具备的自觉服从团队领导，自觉与团队其他成员共同协作完成工作，使自己也取得发展和进步的意识、习惯和品质。团队协作精神具有以下几个特点：有效沟通、大度包容、相互配合、积极进取。

（五）创新意识

一个优秀的职业人，要有很强的创新意识。只有具备了创新意识，才能充分适应变化多端的工作岗位和快速发展的社会，才能够在自主创业的过程中具备解决各种棘手难题的能力，才能够在激烈的就业竞争中脱颖而出。创新意识是创新能力培养的重要基石，只有具备了创新能力，才能够让"准职业人"在毕业后比他人多一个选择，才能够让就业之路顺利向前。

（六）客户服务意识

职业人与普通生产参与者一个重要的区别在于职业人做出了高于客户期望值的服务。职业人的信念就是要在公司将自己的价值最大化。职业人总是准备提供超过客户期望值的服务，这是职业人的核心。因此，应学会从专业角度看顾客，真实地了解顾客并服务于顾客，满足顾客的需求。

三、要有良好的职业素养

职业素养是指职业内在的规范和要求，是在职业过程中表现出来的综合品质，包含职业道德、职业技能、职业行为、职业作风和职业意识等方面（GCDF中国培训中心，2006）。它是一个人职业生涯成败的关键因素。职业素养量化而成"职商"，英文career quotient，简称CQ。也可以说一生成败看职商。良好的职业素养体现在以下几个方面：

（一）职业道德

职业道德是指从事一种职业的人应该遵守的道德规范。一个职业中的人要有诚实守信、尊重他人、追求卓越的职业操守和良好的职业道德，成为值得别人信赖的人，成为能够坚守原则的人，成为经得起现实考验的人。

（二）职业意识

职业意识是人们对职业劳动的认识、评价、情感和态度等心理成分的综合反映，是支配和调控全部职业行为和职业活动的调节器。对高校大学生来说，职业意识是其在职业问题上的心理活动，是自我意识在职业选择领域的表现，是在职业定向与选择过程中对自己现状的认识和对未来职业的期待和愿望，包括两个不可分割的方面：一是对自己现状的认识，二是自己对职业的期望。说到底，就是把对前途和未来的美好追求，寄托在具体的职业上，并以此作为接受教育的主要目的，并按照相应的标准去学习和要求自己。因此，职业意识决定着大学生的进取精神和学习状态，既影响大学生择业态度和择业方式，也影响大学生就业竞争力和职业竞争力（李香菊，2012）。

（来源：千图网）

（三）职业形象

职业形象是指在职场公众面前树立的印象。具体包括：外在形象、品德修养、专业能力和知识结构四个方面。它是通过一个人的衣着打扮、言谈举止反映出他（她）的专业态度、技术和技能等。不同文化背景的公司对个人的职业形象有不同的要求，不能我行我素破坏规则，否则受损的永远是自己。此外，不同行业、不同企业，因为集体倾向性的存在而审美不同、价值观不同。一个人只有在职业形象符合企业、行业的主流趋势时，才能促进自己职业的发展。

（四）职业行为习惯

职业行为习惯即职业能力，具体表现在：清楚掌握公司的各种行为规范与办公流程；及时主动反馈工作当中遇到的瓶颈与问题；做定期的工作计划、工作笔录与工作总结；仔细倾听上级的工作布置与安排，不懂就问；服从工作布置与安排，勇于承担责任与风险；工作期间对自己的工作定期向上级汇报；回复上级命令或指示，不能等上级来过问等。

（五）职业礼仪

孔子说："不学礼，无以立。"荀子言："故人无礼则不生，事无礼则不成，国无礼则不宁。"自古以来，中国人就有崇尚礼仪的风俗，尤其如今在多元文化背景下，在经济快速发展的社会中，作为一位现代职业人，不知礼，则必失礼；不守礼，则必被视为无礼。职业人若缺少相关从业礼仪知识和能力，必定会经常感到尴尬、困惑、难堪与失落，进而会无缘成功。

在职场中，必须要懂得一定的职业礼仪。职业礼仪与职业形象在一些方面有重合的地方，但是具体的职业礼仪涉及的范围更广，我们除了要注重自己的着装是否得体，说话方式是否恰当，行为方式是否得当之外，妆容、表情、手势、措辞等细节上的礼仪也要做到面面俱到，这些就需要我们从现在开始学习和掌握。

四、要有一定的职业技能

职业技能是指在职业分类基础上，根据职业的活动内容，对从业人员工作能力水平的规范性要求。它是从业人员从事职业活动、接受职业教育培训和职业技能鉴定的主要依据，也是衡量劳动者从业资格和能力的重要尺度。除包括知识要求和技能要求外，还包括职业环境与条件、教育水平、职业道德等内容。国家职业标准包括职业概况、基本要求、工作要求和鉴定比重分四个部分（GCDF中国培训中心，2006）。

（一）要掌握本职工作的专业技能

在通往职业化的道路上，学历是不可或缺的通行证。但是三百六十行，行行出状元，要熟练地掌握本职工作的专业技能。此外，还要懂得提升工作效能与效率的方法，一定要在指定的期限内完成工作。

（二）要有快速学习的能力

当今社会飞速发展，靠"吃老本"的方式已经不能满足职场需求。国外有专家预测，在未来人类的职业生涯中，一辈子从事同一种工作的可能性不大，每个人都有可能换多种工作。所以，提高自身学习能力，掌握快速学习本领是一项重要的技能。

（来源：千图网）

（三）要有良好的沟通技能

沟通是"职业人"必须掌握的一项职业技能，学会与人真诚沟通是一门学问、一门艺术。良好的沟通技巧能与对方产生很好的共情，得到自己想要的信息，增进双方的了解，让双方在心情舒畅中达成共识。当然，沟通中有很多小技巧包括微笑、用心记录、保持目光交流等等。

总之，永远怀着一颗真诚的心去工作学习，保持乐观积极的心态，要有绝对准确的眼光，扮演好自己在工作中的角色，让自己的内在与外在都一样漂亮优雅的同时，不会忘记沉淀自己的职业素养，才可以真正地去面对社会，走向职场，做好一个合格的职业人。

案例分享

职场新人九宗罪

当大学生质问为什么企业总是以"经验"二字把他们拒之门外时，很多HR经理也是无可奈何。"不是没有招聘过刚毕业的大学生，正因为招过，才知道不好用。用人部门牢骚满腹，还怎么再招？"这职场"新生"到底哪里把用人方得罪了呢？《职场指南》专门采访了众多HR和用人方，给初入职场和将入职场的大学生们提个醒。

第1宗罪 自由散漫，不拘小节过了头

进了生平第一家公司，小陆心态不错。对一些制作PPT、打印之类的基础性工作，他毫无怨言。很快也开始慢慢跟着主管，上手公司里一些具体的咨询项目。尽管工作表现不错，不过，小陆却经常因为一些他自认为"小节"的问题被主管批评，主管对他的评价是"大病没有，小病不断"——每天上班总是险些迟到，开会最后一个来，第一个走，办公室里他的桌子总是最乱最脏，不管是给客户还是给主管打电话，第一声总是"喂"……尽管小陆自己觉得，男生大大咧咧点是很正常的事情，主管却对这些"小节"很较真，不仅因为开会迟到扣了他当月的奖金，一次竟然还叫清洁阿姨把小陆桌上的杂物统统当作垃圾扔掉……

第2宗罪 推卸责任，错了总有借口

小余的市场部主管是个"放羊"型的上司，什么工作只跟她说个大概，具体怎么做从来不交代清楚。叫她起草调查问卷，只讲这个调查的目的。等到交项目的时候才开始"挑刺"。既然主管不教，小余索性耍起了脾气。"做不好反正不是我的错，你没教好才是。"，"这又不是我的责任，我不会做有什么办法？又没人教我。"结果，公司只好把她换到行政部门。行政部每到月底那几天都要加班做绩效，小余手快，不到下班就把事情都做完，但眼看着同事还没收工，只能继续加班帮忙。吃了几次"亏"后，小余留了个"心眼"，反正都加班，宁可慢慢做也不做"冤大头"，结果工作进度一下慢了许多，行政主管察觉后质问小余，她理直气壮地把责任往同事头上一推，"他们也是一样的慢，你为什么不说他们！"气得行政主管半天说不出话来。

第3宗罪 依赖性强，总是"断不了奶"

小颜在学校的一位关系不错的师姐现在又成为了她的同事，比她早两年进她现在就职的广告公司。小颜在心里早把师姐当作公司里的"亲人"了，和师姐在一个部门，做的是广告网络传播。因为考虑到她们出自于"同门"，主管自然而然地把她们分在一个组，希望小颜在工作上能够尽快上手。师姐也非常愿意带小颜，因为了解她，觉得带一个熟悉的人会比较省心。

可是后来小颜的工作状态渐渐让师姐有些吃不消了。小颜目前的工作还谈不上独立的策划和设计，只是按照师姐给她布置的任务做一些小的Flash或者文字。让师姐头痛的便是小颜甚至每选一种颜色或者字体都要她事先做好安排，否则小颜就没信心做下去。因为刚开始一两次的失败，使本来就有很强依赖心的小颜觉得，师姐决定的就一定是好的，而自己的选择肯定会被主管打回来重做，干脆，一切就都让师姐安排好了再做吧。

第4宗罪　公司当"课堂"，培训只认脱产听课

"上哪儿能够找到这么好的能学到东西还倒给你钱的地方啊？上学还得交学费呢！"

在某房地产咨询公司工作不到一年的Kirk俨然把公司当成了他的"第二大学"，而且是一个不用花钱就可以学习的地方。

当初，Kirk正是凭着自身良好的学习能力和永不消退的学习动力打动了公司的HR吴经理。可是慢慢地，吴经理发现，Kirk的学习激情好像高得有点过头了，整天要求培训机会。

"Kirk老是跟同事抱怨我们公司的培训机会不多，体系也不完善，还跟我说起过他某某同学所在的公司经常给员工外派学习的机会。还总是说最近流行哪个课程啦，什么内训课程效果很好啦……"

吴经理不明白，难道一定要像在学校那样上课，全脱产坐在教室里听老师在讲才叫培训？

第5宗罪　老实过头，碰到钉子就打退堂鼓

"Daniel，你去财务跑一趟，总经理需要上个季度市场活动支出的数据和报表。"市场部的主管向新人Daniel交代工作。Daniel领命而去。半个小时后，他空手回来。主管问为什么没要到数据。

Daniel很委屈地回答，"财务部的人不肯给。他们说财务部出报表和数据只有每周一和周二，今天是周三，不是出数据的日子。"听了他的回答，主管一声叹息，问道："那你有没有告诉财务部，这是总经理特别交代的吗？"Daniel恍然大悟，"哦，没有说。我只是告诉他们要数据。"主管摇摇头说道，"我自己去好了。"最后主管自己跑了一趟财务，告诉对方这些数据是总经理特别要求的，很着急，财务部门很快就把数据和报表整理好交给了主管。

第6宗罪　丢三落四，做事情毛手毛脚

Pink一脸惊恐地告诉她的项目拍档Apple，"我把我们住宿的发票弄丢了。"看着才进会所的新人，Apple也不好意思责怪她，先安慰她别着急，"什么时候发现发票没的？""今天早上。""以前放在什么地方呢？""想不起来了。"听了这话，Apple倒吸一口凉气。"你先别急，回忆一下之前你都把发票放在哪里了？包、抽屉、口袋都好好找找，一定在的。"话虽这么说，可Apple心里清楚：肯定没了。

会计师事务所派员工做外地的项目，通常都是费用先自理，然后回来结算报销。当Apple把没发票报销的事向经理汇报时，得到了经理真心的安慰："你还算好呢，上次我把合伙人签过的一份文件交给一个刚毕业的Junior，3天后她就给我弄丢了，我只好厚着脸皮再打一份请Partner重新签字。"

第7宗罪　问这问那，不懂自己观察学习

提到公司新进的应届大学毕业生，HR主管Mike一个头就变成两个大："我看到新进来的大学生就怕呀。"怕什么呢？怕他们问问题。有的新人特别"好问"，一遇到不明白或者不知道的事就问。"文件在哪里了？""我们部门都有多少人？"……各种简单的复杂的，能回答的不能回答的问题一箩筐。"因为经过招聘和入职培训，刚进来的大学生和我们HR部门的人比较熟悉，所以逮着机会他就问。"

第8宗罪　自以为是，对别人指手画脚

"你给我的都是些什么人？"生产线的产品经理对着HR招聘主管Ann一肚子的火。3个新进公司的大学生要进行入职培训，他负责带着他们去车间参观、体验，希望通过参观和体验让大学生对公司的产品和产品线有感性的认识。谁知，3个人来了之后，一脸不情愿不说，边看边议论。"这套设备怎么看上去很旧的样子？经理，公司为什么不从德国进口设备呢？德国的机械可是很出名的。""我觉得公司应该舍得在设备上花钱，可以节约人力成本！""经理，我觉得工人这样分组轮班的体制有问题，应该……"对人员安排，公司设备管理、资金分配等大问题高谈阔论一番。到了操作体验阶段更是敷衍了事，差错百出。

听了产品经理的抱怨，Ann也是满肚子牢骚。让这些"小皇帝"下车间参观体验，她已经是费尽口舌。"我们又不是工人，参观就行了，何必要体验？""与其让我们把时间浪费在操作体验上，不如换成流程管理等培训更有价值。"

第9宗罪　算盘珠子，你不拨他就不动

Moon最近招了个新助手，是某大学英语系的应届毕业生。招聘时，Moon对她还挺满意；可真开始工作，Moon发现，怎么办事这么不牢靠呢？Moon把公司和某咨询公司的一个合作计划交给她，让她和对方联系，确认计划的内容，然后拟订合约，双方签字后就开始实施计划。可是，一个星期后，Moon发现助手没有任何情况汇报给她。"合作计划的事办得怎么样了？""哦，我打过一次电话，对方没人接。""你没再打？""没有。""那你这两天赶紧打，直到打通为止，让他们确认计划，然后拟一份合约，先给我看。""好的。"又一个星期过去了，Moon也忙得忘了追问助手事情的进展，等她想起来问，助手告诉她，对方已经确认计划了，但是合约她还没拟出来，因为Moon也没再提这事。（转自新浪教育）

第七章

温馨港湾　陪伴成长

　　班级是大学生学习、生活、工作及各种活动的基本组织，是大学生自我管理、自我服务、自我教育的重要平台。大学生通过班集体能够培养团体合作精神，提高人际交往能力，树立自信心，获得归属感和心理上的安全感。班级营造的积极向上的学习氛围，是大学生置身其间学习和生活的环境，也是大学生健康成长的摇篮，让我们都来热爱并建设一个和谐、正能量的"小家"吧！

第一节　　团队建设需趁"早"

　　每位新生在被大学校园开放的环境所吸引的同时，也会强烈地感受到对大学生活的各种不适应，如自我管理能力的考验，学习方式的变化，新型人际关系的磨合等。新生班级的建设有利于新生之间尽快熟悉，帮助新生解决大学初期的不适问题。俗话说："万事宜早不宜迟"，一个优秀班集体的建设要从新生团队建设抓起，做到"早搭平台，早作安排"。

　　班级对于大学生具有"家"的概念。对于每一个人而言，"家"经常被比喻为温馨的港湾和温暖的守候；对于一个班级而言，"家"是班级成员发自内心的情感认同和相拥陪伴的守望鼓励。想必每一名大学生都渴望在远离家乡的陌生环境里，有一个温馨和谐、阳光向上的班集体守候着陪伴着自己，实现个人的健康成长。

一、早搭平台——建立虚拟班级

　　以往的新生班级团队建设是从入校后开始的，但是随着"互联网+"时代的到来，班级团队建设已经提前至新生入校前的暑期。据不完全统计，超过六成的大一新生在暑假期间，依托各类网络社交平台与本校本专业本班级的同学取得联系。以北京林业大学为例，每个新生班级的班主任都会建立班级QQ群，学生通过登陆"迎新网"查询相关信息，在暑假期间就能够轻而易举地与素未谋面的新同学和班主任实现网络互动交流，组建虚拟班级。

　　"虚拟班级"是大学生通过网络建立起的一种新型的虚拟社区。它不仅是一种简单的现实班级的延伸，而且是在学校、教师和学生三方的互动作用下，以信息传递和情感交流为驱动，为每个成员提供自主学习和展现自我价值的虚拟环境。据了解，虚拟班级沟通频次的多少，能够间接反映出一个班级凝聚力是否强大、人际关系是否和谐、班级建设是否良好。一般而言，优秀班集体成员在虚拟班级沟通频次要远远超过普通班级。

　　一名准大学生，既可以在虚拟班级中分享自己暑假生活，也可以与即将见面的新同学交流互动，让未来的同学舍友知道自己的长相，与他们分享自己的兴趣爱好，在班级内找到自己趣味相投的伙伴；亦可以就困扰自己的问题向辅导员、班主任或学业辅导员提问，寻求他们的指导和帮助，为即将开始的大学生活做好准备。

　　在虚拟班级的交流过程中，班主任可以精准地捕捉到学生关心什么、迷茫什么、困惑什么，从而有针对性地为他们提供指导与帮助。这就有助于拉近师生距离，帮助新生树立"有困难找班级，有迷茫找班主任"的意识，从而提升"班级"在学生心目中的位置。此外，为了加强线上线下的联系，班主任可以在虚拟班级中与学生进行约定，例如：开展"你在求学路上，我在大学等你"主题迎新活动，与每一名来报到的班级成员合影，尽早与学生建立情感联系，为开展校园班级建设做好铺垫。

在这里，特别需要提醒"准大学生"们的是：据不完全统计，接近四成左右的大一新生还没正式入学，就被灌输了很多负面的求学信息，例如：大学里可以逃课；大学里及格就行；大学里没有人管，可以随便玩游戏，等等。究其原因，是他们遇到了一些并不负责任的学长，将自己在大学里"混过来"的经验提供给新生们，给了新生不恰当的建议和引导，这很容易使他们的发展方向出现偏离。所以特别提醒新生同学们，在咨询相关问题的时候，一定要选择"官方的渠道"，例如辅导员、班主任或每个班级配备的生活辅导员和学业辅导员等，他们会提供正确的政策解读和切实可行的求学指南，帮助新生尽快适应大学生活。

鲁迅先生曾说"能做事的做事，能发声的发声。有一分热，发一分光。就像萤火一般，也可以在黑暗里发一点光，不必等候炬火。"这句话用在虚拟班级建设中同样适用。暑假期间，虚拟班级需要全体班级成员用心经营和维护，共同为以后班集体的建设打下坚实的基础。

二、早作安排——抓住关键时间

班级建设要抓住关键时机。通过对首都15所高校的调查了解，综合首都各高校班级建设工作的经验得知：在大学班级建设初期，要格外注重三个"第一"，即第一次班会、第一个节日、第一次集体活动。精心设计好三个"第一"，有助于班级建设步入正轨。

"班会"是班级最主要的活动形式。入大学以后第一次班会是非常重要的，这次班会奠定了新生对学校、所学专业以及大学新生活的认识，对于新生来讲也是印象最为深刻的一次班会。据不完全统计，六成以上的大学毕业生对"第一次班会"印象深刻。因为第一次班会是班级成员真正意义上第一次坐在一个教室里，第一次走下网络感知大学集体的存在，也是班级成员面对面相互认识和彼此了解的开始。那么如何开好第一次班会呢？

第一次班会的组织者是班主任。在班会上，班主任会对班级建设目标、班级文化、班级管理制度等进行规划与建议，对学校学院迎新及入学教育相关安排进行说明，同时带领大家学习各项规章制度，明确大学生的行为规范。有的班主任还会介绍如何进行选课，如何选择社团，如何协调好学习和活动的关系等。班会上还会确定班级临时负责人，负责开学初一、两个月的班级管理工作。

对于新生而言，第一次班会是同学间的破冰活动。在这次班会上，新生首先要认识即将陪伴自己四年成长的"家长"班主任，留下班主任的联系方式。班会上有自我介绍环节，使大家相互认识，加深印象。班主任会提醒大家关注常用的校园网站、相关办事部门及联系人，明确办事流程，指导新生填写大学生登记表等材料。特别需要注意的是，登记表的填写要认真、工整，如实填写。

总之，第一次班会的组织要有一定的仪式感，既保持有序、规范又要轻松、温馨，有利于打破师生之间、新生之间的陌生感，营造出"进了一扇门，就是一家人"的情感共鸣。

案例分享

第一次班会

班会前，班主任从学校、班级和个人层面，为班级成员准备了三个礼物，即：一片银杏叶、一枚钥匙扣和一封欢迎信。

银杏叶的故事：银杏是北京林业大学标志性的树木，北林的银杏道也是校园标志性的风景。一片银杏叶寓意祝贺每名学生从此步入北林校园，开启智慧之门。

钥匙扣的象征：一枚特殊定制的钥匙扣，选用房屋造型的钥匙扣，每个钥匙扣上刻着班级名称、学生姓名和学号。一枚钥匙扣寓意着班级从此刻建立，从此"这里是家，困难不怕"。

欢迎信的告白：作为班主任，如何第一时间获得学

（姚亚琦　绘）

生认可，莫过于让学生了解自己的用心和初衷，了解学生的感受。具体内容全文如下：

致艺66班"亲爱的"们的第一封信

这是一个美丽的季节，因为你们真正步入了梦寐以求的大学校园。然而，每个人的心情并不一样，有的很欣喜，有的很庆幸，有的很焦虑，有的很沮丧，各有各的不同。但是，我想说不同的心情并不影响同样的壮丽，更不会影响四年后，我们会带着同样的留恋和不舍，回首此刻的青葱岁月和青春面庞。

站在大学的门槛，我想跟我的"亲爱的"们聊聊天。

/祝贺&祝福/

想必当你拿到录取通知书的那一刻，已经接受了无数亲人朋友的祝贺，但是作为你们的"网友"，还是要送上迟到的祝贺。

从此一扇大门怦然大开，独立之路从今启程。

说来也奇怪，作为一个对"琴棋书画、诗词歌赋"样样不通的我，竟然成了你们这些"才华横溢"少男少女们的班主任，不得不说是造化弄人。尽管我们有着太多的不同，但是我想，我是懂你们的，理解你们一路走来所翻越的荆棘坎坷和经历的风霜雨雪。仿佛看到你们拿起画笔，集训写生；收拾行囊，奔赴校考；"五年高考三年模拟"陪伴到7月；甚至到了开学季，别人家的孩子都兴冲冲地来到学校报到，而你们还在准备最后的入校复测。

想问：辛苦么？值得么？

当然辛苦，当然值得。

昨天的辛苦让你取得了"千军万马独木桥"之后的暂时胜利，让你获得了家长脸上的光，亲朋好友的赞、同学室友的美。回首想想，之前的付出和辛苦，与今天收获的幸福比起来，我想是值得的。

祝贺过往是为了更好的祝福未来，让我们唠唠未来。祝福未来的四年，你将在这个不大的校园里往返穿梭，将站在广阔的舞台上展示才华，将结识志趣相同的好朋友，甚至寻觅到一生的伴侣。太多的期冀将会发生、太多的梦想期待实现，但是再多梦想都要经历看起来微不足道却随时随处的挫折和阵痛才能实现。

所以你们需要先定一个能达到的"小目标"，比方说先拿个国家奖学金。九九归一，祝福你们在大学争取该争取的，取得该取得的，实现该实现的梦想。

/感恩&感谢/

你们常说"少一些套路，多一些真诚。"但是在这个特殊的日子，我还是要提一下"感恩"和"感谢"。

感恩是拥抱着妈妈亲手缝制的被褥酣然入梦，感恩那些考场外默默守候的背影，感

恩那些一起集训、一起写生、一起吃、一起睡、一起疯玩的战友们的陪伴。感恩生命的给予和命运的守护。

感恩的同时，我想道一声感谢，感谢这个夏天我们相遇，感谢命运让我们在此刻实现生命的交织，感谢你们绽放出的幸福的笑脸，感谢你们即将在未来四年的陪伴和守护。

/青年&青春/

我这个"网友"最大的爱好就是想早一些了解你们，早一些，再早一些，多一些，再多一些。7月25日，我被拉入一个"五道口种树第六大队"的微信群，这个群的特点是段子没停过，红包满天飞，好像瞬间拉近了彼此的距离，我翻阅着你的、他的朋友圈，分享着你们的青春故事。

在你们的文字里，我读懂了青春的意义，

你们说"青春就是绝对自信"，早早就立下"九月，北京见"的豪言；你们说"青春就是体会寂寞"，独自感受着第一次校考前夜失眠带来的孤独；你们说"青春就是追逐梦想"，与闺蜜许下"四年后我们会在同一个教室见"的心愿。

是的，谁的青春不迷茫，谁的青春不奋斗。我也在问自己，青春是什么？青春是拼了命，努了力，尽了兴。青春是努力到无能为力，拼搏到感动自己！让我们一起感受青春，拥抱青春，奋斗青春！

说一千道一万，说这么多也足够了。

一个独立而自由的灵魂，注定会拥有更多的光彩。

北林欢迎你，精彩属于你！

一个用尽洪荒之力呵护你们的人

（部分来源于《今天，我们究竟该怎样读大学？》南航徐川）

第二节　班级角色扮演"好"

班级的管理者包括班主任、辅导员和班级干部等，他们的态度与能力决定了班级这个组织运行的效率。通过对15所北京市高校优秀班集体的调研中发现，32.3%的学生认为班长、团支书对班级建设的贡献最大；35.8%的学生认为全体班委对班级建设的贡献最大，两者的比例合计超过了半数。比较研究显示，不同类型的班级学生对班级管理者的评价有所不同。超过九成的优秀班集体学生非常同意或比较同意班干部认真负责，而普通班级的学生认可这一观点的人数还不足三成。在优秀班集体中，有90%的学生非常同意或比较同意班主任在班级建设中起到重要作用，比普通班集体学生的认同比例高11%。超过半数的学生认为，班主任能够在"班级工作指导"、"学业辅导"、"成长陪伴"、

"班级氛围营造"等方面起到明显作用。

由此可见，一个优秀班集体离不开班主任和辅导员的具体指导，离不开班干部的以身作则，更离不开班级全体成员的共同参与。每个"角色"各司其职，通力协作，共同参与到班级建设中，才能实现班级的正常运转，为优秀班级建设打下坚实的基础。

一、发挥班主任的独特作用

目前，高校班主任是一项兼职工作，担任班主任工作的主要是在校的专业教师、管理人员和辅导员。部分高校选聘了高年级本科生和优秀研究生担任本科生班级班主任。班主任的工作岗位决定了他们所能提供给班级的资源和指导。优秀的班级要充分挖掘班主任独特优势，为班级发展提供指导和帮助。

专业教师具有深厚的专业知识背景，熟练掌握专业技能，具备扎实的学术功底，对专业前沿进展和行业发展有着较为清晰的认识。专业教师担任班主任可以从学业辅导、科技创新、职业规划入手，尽早帮助学生厚植专业发展优势，为学生提供直接而具体的指导。

管理人员是指从事高校行政管理工作人员。他们在学校的各种职能部门工作，了解高等教育的发展现状，掌握管理学、组织行为学等相关知识，熟悉高校运行机制，能够在大学生活、生涯规划等方面提供资源和指导。

辅导员是具体负责学生日常教育、管理和服务工作，负责制定学院学生工作的总体安排和相关任务进度。他们可以通过谈心谈话、学生活动等方式，与学生保持较高的沟通频次，了解学生学习、心理、生活和工作等方面状态，并能够及时发现问题，为学生提供科学具体的解决方案。

高年级本科生和优秀研究生的优势在于，作为大学生活的"亲历者"和"过来人"的朋辈角色，更容易被学生接受，可以经常深入班级了解班级同学的意见和想法，对于专业学习、科技创新、社会实践提供经验性的辅导和帮助。

二、激发班干部的工作热情

随着时代的发展，当今大学生不惧挑战，敢于表达自己内心真实的想法。据不完全统计，五成以上的大一新生渴望在班级中承担工作。大学的班级与高中相比活动更加丰富，为学生提供了更多的锻炼平台。以北京林业大学为例，班级一般设有9个班委职位，接近班级总人数的三分之一。班委会成员包括：班长、学习委员、生活委员、文艺委员、体育委员、心理委员；团支部成员包括：团支部书记、组织委员和宣传委员。

如何最大限度地激发班干部的工作热情？首先，要用科学的方法实现"人职匹配"，使适合的人在合适的岗位上，这样既能满足其个人的成才目标和发展要求，又能促进班级建设和发展。其次，班级每一位成员都要支持班干部开展工作，积极响应班委团支部的号召，在班级建设中发挥主人翁责任感，不能认为班级工作是班干部的事情，跟自己没多大关系。大家齐心协力，互相支持，班干部更会有工作动力，能够更好地为班级服务。

案例分享

游戏当中选班委

——艺66班团体辅导纪实

活动背景：作为新生班主任，被困扰的一个问题是如何在第一次班会上，选认临时班级负责人，帮助班主任开展第一个月的班级建设工作。如在班会上，仅凭寥寥数语来评估学生的组织、协调和沟通能力，实在勉为其难。所以，在艺66班第一次班会前，班主任采用团体辅导的方式了解学生，并在活动中观察学生的组织沟通能力。

游戏名称：盲人方阵

具体规则：班级成员分成A、B两组，每组15人。活动过程中，以小组为单位围成一个圆形，每人佩戴眼罩，且过程中不得打开眼罩。在各组围成的圆形区域内，随机放若干条绳子，要求团队成员在规定时间内，利用这些绳子组合成一个最大的正方形，每个人要均分在正方形的四个定点和四个边上，限定时间为30分钟。

活动结果：A组在规定时间内完成要求，过程中一名男生和一名女生表现出了较强的领导能力，B组未在规定时间内完成相关要求。最终在班会上，班主任正式任命获胜一组中表现出突出领导力的两名学生担任班级临时负责人。

反馈观察：经过观察，两名临时负责人在责任意识、服务意识和领导能力等方面均得到同学们的一致认可，但是由于缺乏工作经验，在工作方式方法上尚存在一些缺陷，也属于正常范畴。

领导力发掘团辅游戏及具体介绍：

缺失的一角

【游戏目的】

1. 消除组员之间的隔阂，增进组员之间的了解。

2. 让组员在游戏中体会担负起领导职责的重要性，培养组员的领导意识，体会到如何正确实施领导，掌握领导的艺术。

【人员与场地】

30～50人，活动中不分组；室内进行。

游戏道具

彩色画片（也可以是图片或明信片）、剪刀。

【规则与程序】

1. 由班主任将所有事先准备好的彩色图片用剪刀一一剪裁开来，每张图片均匀分成4块，所有剪裁好的图片混杂在一起。

2. 将混好的图片随机分发给每个同学，分发好后，播放轻快、节奏感比较强的音乐，班主任下令让所有同学开始寻找班内拿着另外3块图片的3个同学，然后组成一个小组。

3. 班主任记录重新拼组的时间，选出其中最快的几组进行奖励和游戏引申。

【解说要点】

1. 学会承担责任。游戏让所有的组员意识到，如果自己不承担起找到其他组员的责任，很有可能导致别人找不到自己，自己就没法完成这个游戏，其他组员即使完成了他们自己的部分也没法完成完整的图片。这种对自己和他人负责的态度，可以引申到现实生活中，我们要肩负起自己的责任，也要学会考虑别人的处境、感受和需要。

2. 领导才能需要被重视，更需被发掘和培养。这个游戏进行到最后，完成游戏用时较短的小组中必然具备高超领导才能的组员。这种组员将自己的责任感付诸行动，为自己的团队和小组奔走呼号，寻找同伴，游戏中积极主动，用心专注，肯于承担责任，乐于为别人付出。这种意识和做法极其可贵，应加以发掘、鼓励和培养，我们需要具有承担与服务的责任感。

案例分享

班委招募宣传

活动背景：开学近一个月，大一新生参加了各类学生组织的面试筛选，有的顺利晋级，有的遗憾落选。大部分学生将大部分课余时间投入到各类学生组织当中，注意力和专注度已经由入校初期聚焦班级的状态转向其他领域。

宣传目的：通过轻松活泼的宣传方式，吸引学生注意力，鼓励更多学生参与到班级建设之中。

最终结果：通过班级成员踊跃报名，最终选出了首任班委会和团支委成员。

《艺66班骨干招募宣传单》具体内容如下：

艺66班骨干招募宣传单

感受过社团招新，经历了组织面试，"大风大浪"见识过的艺66总感觉少点儿什么。

艺66要招募"当家人"啦～～～如果你有热情，有温度，有能量，有爱心，最关键的

是如果你足够爱【艺66】那么请你看过来~~

虚位以待，只等你来~~~

【艺66当家人】（班长1名、团支书1名）负责家里的大事小情，帮助家里人解决各种问题，配合沙老师、艺林老师、莉莉姐、宇旋姐看好家，护好家，管好家。（辛苦指数★★★★★）

【艺66大管家】（生活委员1名）算得好银子，花得好钱，取得了信件、订得了票，管得了卫生，记得了生日，你就是操心的马大姐，家里的大管家。（辛苦指数★★★★）

【学习小霸王】（学习委员1名）不仅对自己的专业学习严格要求，而且要使出浑身解数，帮助"家里人"共同提高学习成绩，营造"你学，我学，艺66一起学"的氛围。（辛苦指数★★★★）

【形象设计师】（宣传委员1名）建立维护家庭微信公众号，艺66很霸气，很有才，很酷，很赞。既然我们这么厉害，作为形象设计师的你就需要让别人知道我们有多精彩。（辛苦指数★★★★）

【活动策划师】（组织委员1名）把有意义的事情做得有意思。你不仅有创意，有天马行空的想法，还有超强的执行力，将想法落实落地。每月一次的展览信息发布，家里人儿的活动就交给你了。（辛苦指数★★★★）

【贴心小棉袄】（心理委员2名）家里人儿身体难免有个头疼脑热，心理状态也是如此。失恋了、挂科了、各种突发的事情，都可能引起我们的心理波动，这就需要小棉袄温暖我们，聊聊天，谈谈心，难过的困惑的事情说出来，宣泄心中的不快。（辛苦指数★★★★）

【文艺小天后】（文艺委员1名）你可以是麦霸，也可是舞娘，你要用你的热情，带着家里人排节目，组织艺66登上学院和学校

（姚亚琦 绘）

展示的舞台。（辛苦指数★★★★）

【运动小达人】（体育委员1名）只要你热爱运动，要千方百计、想方设法、用尽洪荒之力把家里人拉出宿舍，走向操场，走向自然。游泳趴、篮球趴、长跑趴，各种运动趴，让每个家里人都享受运动带来的健康和快乐。（辛苦指数★★★★）

艺66：沙老师，为啥除了"当家的"，其他每个角色辛苦指数都是四颗星？

沙老师：因为当家的需要接收学校和学院的各项任务，将任务合理分配给家里人，他们付出的时间和精力会更多。其他的角色更多需要主动地承担完成各项任务，如果人人都献出一点爱，艺66将变成美好的明天，如果人人都尽一份力，艺66将变成我们的港湾。

三、吸引班级成员广泛参与

按照前案例所示，班级若能够发挥班主任的独特优势，激发班干部的工作热情，那么班级建设已经奠定了坚实的基础，接下来就是需要得到班级成员的参与和支持。如何引导班级成员参与到班级建设之中？作为班主任、班干部，需要搭建沟通和交流的平台，让更多的同学参与到班级事务的管理和运行过程中，实现人人都能表达个人想法，事事都得到积极反馈的效果。作为班级的普通一员，需要换位思考，尊重班干部的前期付出，杜绝"事不关己，高高挂起"的行事作风。

第三节　班级活动设计"巧"

班级活动能够激发班集体的活力和凝聚力，是班级建设的重要载体。好的班级活动需要经过精心策划，符合时代主题和学生需求，学生参与度高，能够从中受益，收到良好的教育效果。

作为班级干部可能会经常思考这样一些问题："到底应该如何设计开展班级活动？如何让同学们积极参与到班级活动中呢？为什么我们投入大量时间、精力组织的活动，同学们却不感兴趣？……"与中学阶段相比，大学阶段学生拥有更多的自主支配的时间，参与的活动在时间和组织上可选择范围更宽了。除班级以外，不少学生选择加入各种类型的社团，寻求志同道合的玩伴学友；有些学生选择加入学生会等学生组织，提升管理能力。这种符合个人兴趣的、灵活多样的选择在某种程度上降低了同学们对"班级"这个集体的依赖程度。所以班级活动能否有意义、出新意，是吸引同学们能否积极参加班级活动的重要因素。一次高质量的班级活动需要全方位的设计，要经过民意测验、前期筹备、过程执行、事后回馈四个环节。

一、民意测验找线索

确定班级开展活动的类型，不应该是几个班干部临时起意，率性而为的结果，而是应该经过充分的前期调研，在了解班级成员想法的基础上，做出正确决定。调研形式可以多种多样，如开会商议、问卷调查、单独交流等方式。其中一种便捷的调查形式就是使用"金数据"、"易道云"等数据收集统计系统。此类软件的特点在于能够让班主任或班干部了解每一名同学的真实想法，直接关注到每一个同学的情感表达，让所有成员都意识到自己的意见会被看到、被关注，进而增强班级凝聚力和向心力。此外这些软件界面简洁，操作简单，查阅方便。填写问卷只需要用手机点开链接，一分钟不到的时间就可以完成问卷填写，能够为班级管理者提供极大的便利。

案例分享

通过数据收集统计系统采集班级成员活动报名情况和最终结果的截图

姓名（报个名哈） *

手机（方便漫琦琦统计信息） *

📱

我要参加哪一项（可多选） *
- ☐ 活动一：【民族艺术进校园】（校内免费）
- ☐ 活动二：【戏曲进校园】（校外免费）
- ☐ 活动三：陶艺制作体验（校内自费）
- ☐ 我已有安排，不参加了

我想跟沙老师说点儿心里话（最近有木有需要帮忙或者需要咨询的事情，可以给沙老师留言，如果没事儿，也可以问候一下~~）

共33条数据

我要参加哪一项（可多选）

条形图 柱形图 🔖

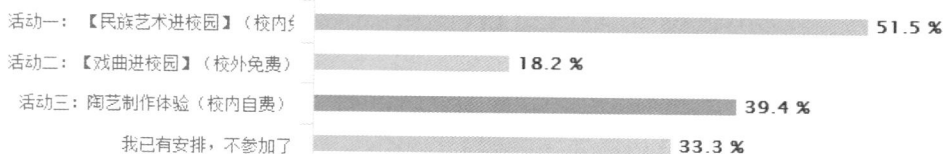

项目	百分比
活动一：【民族艺术进校园】（校内免费）	51.5%
活动二：【戏曲进校园】（校外免费）	18.2%
活动三：陶艺制作体验（校内自费）	39.4%
我已有安排，不参加了	33.3%

二、前期筹备是基础

在掌握班级成员的基本想法之后，组织者应进一步明确具体的活动时间、活动形式、活动地点、人员安排和经费预算等内容，汇总形成详细的活动策划书和具体的任务推进表。通过班主任的指导或者班委会集中商议，最终确定活动方案，并照此执行。前期准备越充分，活动开展就会越顺畅。

三、过程执行需果断

大学生从不缺少创意十足的想法，缺乏的是将自己的想法付诸行动的执行力。大多数班干部都有很好的创意，但是在具体实施过程中，往往出现好的想法和创意得不到有效执行，最终只落得"雷声大雨点小"的结果。这将会打击班干部的积极性，影响班级工作的开展。作为班干部要及时寻求班主任和辅导员的指导与帮助，对于活动执行中遇到的困难，共同商议解决办法。

四、事后回馈升内涵

一次活动的结束不应该是以过程执行结束为节点，而是要以最后的活动总结为整个活动画上句号。这需要活动组织者将活动的初衷和意义高度凝练，并向全体班级成员做展示。建议通过个人微信、班级微信群或班级微信公众号等传播媒介，用文字和图片的形式将活动主旨呈现出来。

案例分享

发于朋友圈的中秋班级活动总结

【艺66的中秋这样过】

在一起！在一起！在一起！

你们说，这是最美的中秋！

你们说，这是过的最有意义最感动的中秋！

你们说，这个中秋太棒了，perfect!

你们说，今年中秋很艺66，第一次收到这么特别的月饼！

你们说，Maybe this is the most beautiful Mid Autumn Festival.

【沙老师这样说】

说好的在一起，我们做到了！

1米高台上的背摔，我们体会了信任的担当。

8米断桥上的一跃，我们获得了勇敢的力量。

3小时的篝火晚会，我们开心地唱、开怀地笑、开悟地聊。

【断桥一小步，人生一大步】

祝艺66的小天使们，中秋快乐！梦想成真！

感谢所有付出辛苦、分享快乐、收获成长的你和你们。

案例分享

发于朋友圈的"彩虹桥"新生班级风采展示活动总结。

【这很艺66】

这两天为了"彩虹桥"，你们听到最多的就是彩排、彩排、彩排，还是彩排。

一场演出可以彩排，而真实的大学生活是没有彩排的，它是那么鲜活的存在，需要我们认真的过好。

你们说：一周的相处很幸福，希望今后能更加和谐的相处；

你们说：赢就一起狂，输就一起扛，但是六班的字典里没有"输"字。

你们说：六班一个不能少，我们做到了。其他的梦想也能实现！

带着今天的幸福和美好，开启真正的大学生活吧。祝艺66一切都好！

案例分享

发于朋友圈的第一次班会总结

【记】艺66第一次班会

终于等到你。1片叶，1封信，1份礼，1次拓展，1个分享，满满的祝福与期许。

微信里，你们说："天王盖地虎，六班是老虎！"

复测前，你们说："六班一个都不能少！"

班会上，你们说："艺六是家，困难不怕！"

赢了一起狂，输了一起扛！

北林欢迎你，精彩属于你！

PS：这很艺66！非常艺66！

前文从活动流程角度出发，介绍了一次成功的班级活动需要实施的具体步骤，下面将重点分享两个班级活动的方法。

方法一："移花接木"法

"移花接木"本意是指把一种花木的枝条或嫩芽嫁接在另一种花木上。在班级活动设计中，是指将社会上成熟的广受大众喜爱的文娱形式借鉴过来。比如目前在热播的中国好声音、爸爸去哪儿、汉字成语大赛等比赛形式受到社会广泛追捧，收视率屡创新高，这种文娱形式也受到青年大学生群体的喜爱。我们完全可以借用节目中的某种表现形式设计自己的班级活动，例如可以将校园素质拓展活动改编为"校园生活你在哪儿"定向挑战赛，也可以将专业知识竞赛改编成专业汉字听写大赛。重新包装的活动形式新颖，贴近学生，深受学生喜爱。

案例分享

"北林我来了"活动策划

活动背景：此活动举办于大一入学的中秋节之际，目的是增进学生彼此认识和了解。

具体方法：将班级分为五个组，每个组5-6名学生，参照"爸爸去哪儿"活动模式，开展校园素质拓展活动。

场景选择：选择北林校园具有文化特色的风物作为打卡记录点。

1. 北林在老前辈的诗歌里——致敬梁希先生

请在行政楼门前硅化木，寻求路人帮助照一张集体合照（以硅化木为背景），之后抵达梁希先生塑像前，将团队合照交给工作人员核实，团队全体一起带有感情的朗诵诗歌《林钟》，并向梁希先生鞠躬致意，并获得下一张任务卡。

2. 北林在辅导员的辛劳里——祝福辅导员老师

请抵达辅导员老师办公室，小组全体成员逐一向辅导员老师进行自我介绍，至少要包括：姓名、家乡、兴趣爱好三项信息，最后询问辅导员老师负责的主要工作，并送上"中秋节快乐！"的祝福，随后获得下一张任务卡。

3. 北林在树叶的图画里——描绘《树叶画》

请在校园中寻找三种植物的叶子（银杏叶、鹅掌楸叶、紫叶小檗叶），并用采集的树叶在A4纸上粘出一幅《树叶画》，并将《树叶画》交至班主任老师处，获得下一张任务卡。

提示：

银杏分布在学校西南门至北门的道路两侧，叶子形状像扇子；

鹅掌楸分布在田家炳体育馆南侧和行政楼西侧，叶子形状像马褂；

紫叶小檗，带刺小灌木，分布在东配楼东侧，叶子为紫红色。

4. 北林在文化的传承里——寻找北林的象征

北林的纪念品种类丰富，小到笔袋徽章，大到书包衬衫，彰显着北林的文化，你知道到哪里才能购买到这些文化用品吗？请到学研中心地下一层北林纪念品商店，收集印章，并获得下一项任务。

5. 北林在琅琅的书声里——大学的第一节文化课

9月9日，我们即将正式开启大学的学习模式。你知道大学里面第一节课的教室在哪里吗？第一节是什么课程吗？抵达该教室后，请小组每个成员在黑板上写一句勉励自己的话语，签字并拍照，收集印章，并获得下一项任务。

6. 北林在相亲相爱的班级里——属于我们的家

大学的班级，大学的家，我们大学里的第一个印记，一辈子也抹不去的记忆。在这里有互相关心的同学、帮你克服困难的老师、为你保驾护航的家长。所有的所有你感受到了么？请抵达最后一个地点，将获得一份神秘的奖励。

方法二："薪火相传"法

"薪火相传"本意是古时候比喻形骸有尽而精神不灭，后人用来比喻学问和技艺代代相传。在班级活动设计中，指将传统的、有意义的精品活动保留下来，并推陈出新，赋予新的时代意义，让传统的班级活动焕发出新时代的特点。主题班会可以通过地点和人员的变化增加新意，班级聚餐可以作为大型活动结束的集中奖励等等。通过细节的改变，让传统形式焕发出新的活力。

案例分享

"艺·未来"——男神级辅导员与我们谈"发展与选择"主题班会的信息推送

最近，我带的高年级学生经常来找我，他们向我提出的问题大致相同：保研、考研、出国、就业如何选择。

在与他们交流的同时，经常听到这样的叹息：

如果我一上大学就探索自己的发展方向，也许我就知道自己真的喜欢什么；

如果我大一不挂科，我就可以有保研的机会……

听到这些的时候，我在反思，也在思考，

如何让【艺66】的孩子们，不在大三的时候发出同样的感慨，

这就是举办这次班会的初衷。

来到大学，你们又一次站在人生的十字路口，兴奋之余，也开始迷茫。

迷茫的原因有很多，其中最主要的原因就是我们咨询了很多"过来人"。

这些人里包括父母、亲朋、师兄、师姐、辅导员、班主任……

我想说你有没有问问自己，到底想做什么样的工作，想要什么样的生活，

对于没有方向的航船，什么风都不是顺风，

如果看到风就跟着动，那也只好随波逐流。

【班会主题】"艺·未来"——男神级辅导员与我们谈"发展与选择"

【时间】9月29日（本周四，明天）上午10：30-11：30

【地点】图书馆五层501（Vlight工作室）

【主讲嘉宾】张老师|学院团委书记|就业专职辅导员|2016年度北京市十佳辅导员|北京林业大学辅导员职业能力大赛第一名，他被誉为艺术设计学院"男神"，建院以来一直负责学院就业工作，掌握了大量的一手就业数据。指导学生团队进行创业，帮助每一位毕业生修改求职简历和开展生涯规划。

所以，"男神级"辅导员来到【艺66】班会，

我们需要做的就是，带着问题来，带着耳朵来，带着脑子来！

总结成三个字："来！来！来！"

第四节　班级文化营造"妙"

班级文化一般都围绕班级共同愿景开展建设，主要依靠班徽、班旗、班服等视觉标识和班歌、班训等语言标识两种方式来呈现。班级共同愿景体现的是班级发展目标，对班级建设有导向作用，被所有成员认可的共同愿景还能凝聚众人的力量，在班级建设中发挥举足轻重的作用。

营造积极向上的班级文化可以从细节入手，实现让每名班级成员都能感受到集体的关心和同伴的关爱。"细水长流，持续存在"，班级管理者可以把握重大节日和班级成员生日，通过语言和文字等方式，对班级提供持续的教育和引导。

一、用好节日的氛围，开展应时"情感教育"

重大节日和班级成员生日是凝聚班级的最佳时机。南京航空航天大学辅导员徐川曾出版《节节向上》一书，书中收录了自己在中国传统节日时给学生的通信，比如：《重

阳节里谈敬老》《元旦节里谈梦想》等系列文章都成为学生群体中争相阅读的经典博文。作为班主任，在人大选举日当天给班级成员书信一封，将选举投票作为学生成人礼的一个环节，结合时事政治树立学生对中国特色社会主义的道路自信、理论自信、制度自信和文化自信。具体信件内容如下：

致艺66班"亲爱的"们的第三封信
——选举日里的成长与担当

今天的手机被各种人大选举的照片刷屏，

有晒选民证的，有晒投票时刻的，有晒幕后工作的，竟然还有通过晒出来的选民证改自己微信好友备注名称的。

总之，选举的气氛从生活传向了网络，传向了我们存在的现实和虚拟的每一个角落。

2016年11月15日，帝都天晴无霾，这是一个平凡又非凡的日子。

平凡在于，这是你们入校之后，度过的第72天，结结实实上了一整天水彩课；

非凡在于，这是你们18岁成人之后，第一次履行公民的权利，行使了投票权。

值得祝贺，值得纪念。

祝贺你们，从今天起，树木成荫，长大成人。从此，国家有召唤，我们有行动。

纪念你们，从今天起，将开启一段崭新的旅程，感受属于中国的属于自己的政治生活。

你们有理由骄傲，你们有理由自豪。

当今世界格局风云变幻，地缘政治暗中角力。

大洋彼岸，英国脱欧，前景看淡，美国大选，乱做一团。

紧邻伙伴，韩国亲信干政，日本安培作怪，朝鲜屡射导弹。

欧洲、非洲、中东和美澳，恐怖阴云迟迟不散。

想到赵本山的小品"苦不苦想想人家萨达姆，顺不顺想想人家克林顿，环顾全球，唯我中国独好！"

如今的中国，在中国共产党的领导下，发生了翻天覆地的变化。祖国大地上，铁路进青藏，公路密成网，高峡出平湖，港口连五洋，产业门类齐，稻麦遍地香，神舟遨太空，国防更坚强。一个独立、民主、富强的国家早已巍然屹立在世界东方。

今天的我们，比历史上任何时期都更接近中华民族伟大复兴的目标，比历史上任何时期都更有信心、有能力实现这个目标。

未来的艺术家们，未来的设计师们，
祖国需要你，国家需要你，
请你们骄傲地自豪地成长，
请你们努力地奋进地担当。

一个用尽洪荒之力呵护你们的人
2016年11月15日

二、用好文字的力量，提升班级"存在感"

"存在感"就是指个人或者组织受到重视，受到尊敬，受到广泛关注而产生的感觉，现已成为社会中广泛流行的词汇。班级"存在感"就是要让班级成员时刻意识到集体的存在，不断提升班级的关注度。班主任可以通过书信回答学生关注的问题，定期与班级学生沟通，引导学生不断增强班级意识，有效提升班级的"存在感"。

案例分享

采用定期与学生通信的方式，实现对班级组织概念的强化
致艺66班"亲爱的"们的第二封信
——大学里的那些"分"

"考考考，老师的法宝，分分分，学生的命根。"
经历了月考、期末考、升学考、会考、校考、高考……
毫不夸张地说，
我们经历了"九九八十一"考，终于来到了大学。
本以为我们可以放松一下了，好好"补偿"一下18年的"亏空"，
可是万万没想到，大学里面的考试不仅没少，反而种类更多了，五花八门的"分"让我们傻傻分不清楚。
那么今天，让我们一起看看大学里的这些"分"。
Q1：北林都有哪些分？
学分、考分、学分积、综合素质加分、二课堂成绩、学生学年总分
学分，是和课时挂钩的，课时越长，学分越高。学分与其他分数不一样在于这个分

（姚亚琦 绘）

值不是我们能控制的，是学校整体教学安排的结果。

考分，是我们的考试成绩，考分来自两部分，一部分是平时成绩，另一部分是考试成绩。每一个课堂作业，每一项课程设计都会影响到我们的考分。

学分积，是学分和考分加权平均值，以后我们还会接触到学年学分积，全学程学分积。

之前我们都说的是一课堂的成绩，下面聊聊二课堂。

二课堂成绩，学院要求每名学生都获得基础学分。要求学生每学期都参加一定的校级和院级活动，在活动中锻炼综合素质。

综合素质分，一学年一清算，每学年上限100分，加分项包括：品德素质（班级活动组织情况和参与情况）、身心素质（宿舍、表彰先进、文体素质）、专业素质（学术成果、学术竞赛、学术等级证书、国家专利）、职业素质（学生工作、专业技能和等级考试）。扣分项：各类处分（含迟到、旷课、宿舍卫生不合格，学院通报批评等）。

一二课堂的成绩通过学生学年总分相互联系：

学生学年总分=学年学分积（90%）+综合素质加分（10%）

Q2："分"都怎么用？

关系到专业选择。大二分班时，根据学生学年总分进行排名，排名靠前的学生优先选择专业。近两年，设计类分班基本满足了学生们的第一志愿。

关系到评优和保研。与分班相同，学院根据学生学年总分进行排名，确定评优和保研资格。今年"国家奖学金"评审要求规定，学生学分积和综合素质分均要在专业前10%，才有评奖资格。

关系到求职和发展。出国要看GPA，就业要看作品集和成绩单。你说这些分数重要不？

Q3：如何看待"分"？

分是导向。这些分数是学院在学校现有的学生评价体系下应运而生的产物。学院希望同学们成为品学兼优全面发展的阳光学子，所以"创造"出了这样那样的分数。提醒大家，督促大家，有意识的全方位培养自己。

分是结果。分数是我们学业状况和个人大学发展的"晴雨表"。付出了多少，得到了多少，是能够通过分数相对客观和直观地体现出来的。

如果我们疯玩傻闹，荒废学业，那我们的学分积又会是何等的惨淡呢？

如果我们宿舍巨乱无比，翘课成了"家常便饭"，那么我们的综合素质分还有多少呢？

能不能愉快的玩耍了？这么多分数快折磨死我们了，老师你说说看，我们到底怎么办？

老师建议"亲爱的们"：为了分而学，不为分而学。

如果把大学比喻成一场游戏，那么学院设定的这些分数就是"游戏规则"，不遵守"游戏规则"轻则输了游戏，重则提前出局。所以我们要为了分而学。

如果我们只为了分而学，参加个活动就是为了加分，听个报告也是为了加分，不管自己喜不喜欢选个高分的课也是为了加分。那么我们的大学又是何等的可悲？所以我们不能只为分而学。

最后的最后，希望亲爱的们

不忘初心，"分"为我用。

不做分数的奴隶，要做分数的主人

不在回首大学的时候，感到"蓝瘦香菇"。

心无旁骛的成长，天马行空的追求。

真正做到努力了，尽兴了，得到了，收获了。

一个用尽洪荒之力呵护你们的人

2016年10月28日

注：本章部分数据由"高校优秀班集体的特征研究与模型构建"课题组提供。

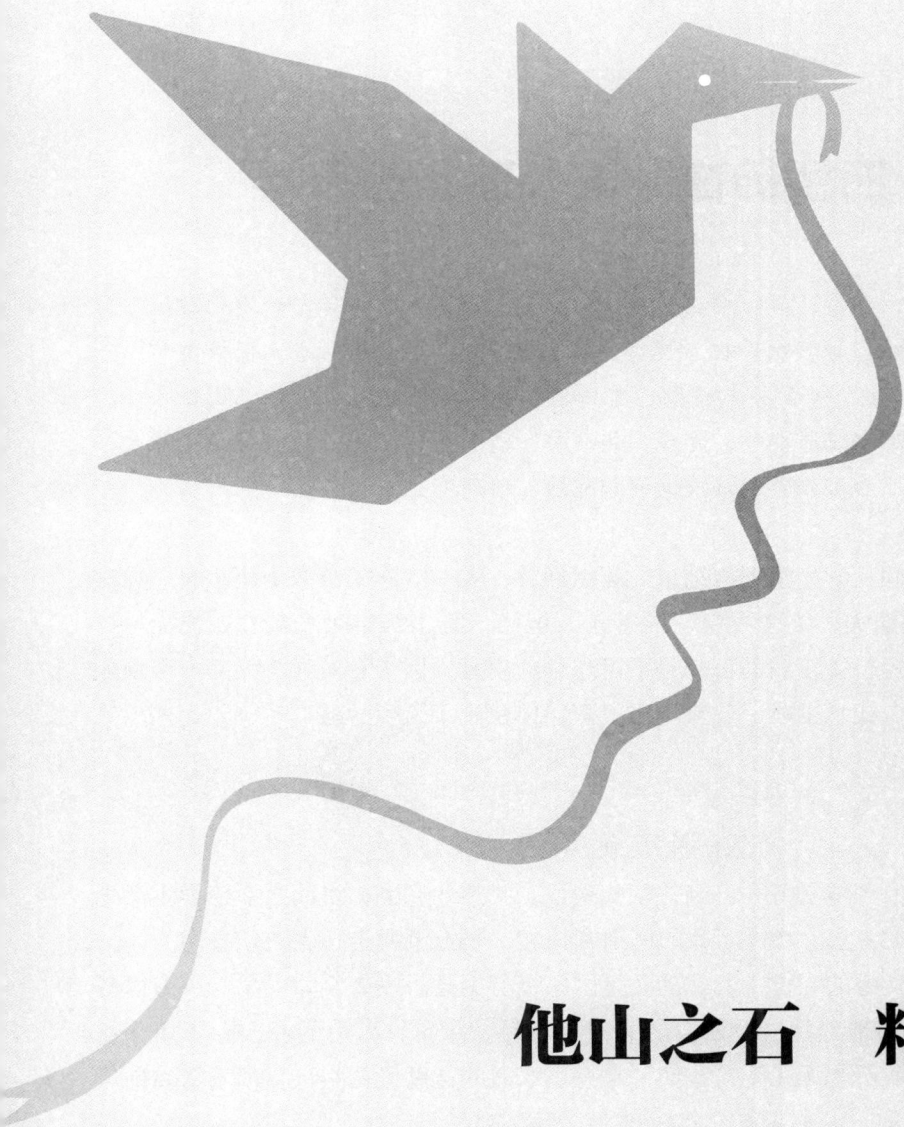

第八章

他山之石　精彩大学

大学是什么，每个人都有不同的答案。

有这么一群人，

他们是我们非常熟悉的师兄师姐、舍友同学，

他们如此充实地度过了大学生活，收获了累累硕果，

他们用信念和行动留给我们深深的思索。

大学应该怎么过？

让我们共同聆听他们成长的故事，

分享他们成长的足迹……

二十四桥仍在　波心荡足迹可寻

个人简介：刘振举，男，中共党员，北京林业大学水土保持与荒漠化防治专业2006届毕业生。曾多次获校"优秀学生奖学金"、"'永为'水土保持奖学金"、校"三好学生"等荣誉与奖励。曾担任校乒乓球协会主席、校社团联合会副主席、党支部书记等职务；曾获"挑战杯"首都大学生课外科技作品大赛三等奖。本科毕业后被推荐免试攻读中科院地理所研究生。

光阴似箭，转眼间大学生活即将结束。蓦然回首，大一入学的情景历历在目。忽然想起孔子的"逝者如斯夫，不舍昼夜"的警句，坦然一笑，四年时光果真如弹指一挥间。四年的生活虽然短暂，于我而言却是不可忘怀的岁月，因为它对我将来乃至今后的人生都有极大的影响，我从稚嫩一步步走向成熟，体验到了人生的酸甜苦辣，那些点滴是我今生最大的收获……

艰难中走下去

我不知道别人如何理解贫穷和苦难，就我来说，我感谢它们，虽因之而倍尝生活之艰辛，却也磨砺了我的意志，增添了我的坚强和执着，坚定了我走下去的信心。

我来自河南一个贫穷的农村，所在的县是国家级贫困县。没有文化的父母一直以务农为生，靠人均一亩田地养活一个四口之家实属不易。每年，家里的收入除了用于我的学费和种地的投入就所剩无几了，我们常常得靠亲戚的帮助维持生计。但不管如何艰难，父母供我读书的念头从未改变。2002年7月，我接到了北京林业大学的录取通知书，成了村里第一个到北京读书的大学生。好心的乡亲们，东拼西凑为我打点行装，他们的恩情，我一一记下了。贫困给我的第一个念头就是：读好书，用知识改变一家的境况，改变贫瘠土地上乡亲们的命运。怀着这样的憧憬，我来到了学校，那时的我拥有满腔的热情，规划着如何好好地走完这四年。因为贫穷，我在假期必须留校找兼职，为家庭减少负担。大一暑假，我找了份旅游宣传员的工作，平生第一回，我尝到了贫穷外的另一种辛酸——遭人轰逐。当时真想辞职，可我的家庭没有给我任性的资本，想想家人的艰难、乡亲们的嘱托，我咬着牙含着委屈坚持了下来。这段经历考验了我的心理承受能力，我庆幸走过来了。工作结束，捏着手里不多的四百块钱，我没有哭，这些钱里面有太多的辛酸，它见证了我的成长。感谢贫困，感谢乡情，让我在遭遇困难时才更懂得拥有的不易。

努力才有收获

我始终将学习当作自己的首要任务。入学后一位老师对我说过这样一句话："一个学生如果连学习都学不好，那他是失败的。"大学四年，我牢牢记住了这句话，努力地学习。印象最深的是《C语言程序设计》这门课，由于高中时学校教学设施简陋，所以从没接触过电脑，再加上大学取消了《计算机基础》这门课，刚上这门课时，别说听课，上机实验课连开机键都找不到。这种来自学习上的打击没有挫败我的自信和坚强。我很快就买了一本电脑入门的教材，补充自己的电脑基础知识，培养自己对电脑的感觉，每天看笔记，问同学、问老师，有次甚至为了一个程序，在机房呆了八个小时。也许真是苍天不负有心人，半个学期下来的某一天，我狂喜地发现——我开窍了。此后终于能轻松地搞定各种程序，这是在大学四年中最自豪的一段经历。这段经历，让我体验到了付出的辛苦和收获的快乐，也体验到了"山穷水复疑无路，柳暗花明又一村"的惊喜，更让我懂得：想不断地提高自己，需要的不仅是壮志，更需要一份恒久的努力。

大一下学期突如其来的"非典"曾让人恐惧，很多人因此放弃了学习，但我坚持每天戴着口罩上自习。很多时候，偌大的一教117教室就两个人，当时的那种学习精神连自己都不敢相信。可能因为对学习执着的态度，大学期间我多次获得"校学习优秀奖学金"、"'永为'水土保持奖学金"等荣誉与奖励。2005年10月，我被确定推荐免试攻读中科院地理所硕士研究生。我并非天资高，而是因为我执着，所以我收获了。

让理想的帆驶进海面

很小的时候，我就对中国共产党充满了崇敬和无限的向往，因为正是她带领中国人民建立了属于我们自己的新中国，也正是她带领国家大搞经济建设，解决了人民的温饱问题。作为寒门学子的我由衷地敬仰她，期望有一天能够成为一名共产党员。大二上学期，我郑重地向党组织递交了入党申请书，并顺利地进入党校初级班学习。大二下学期，进入了党校提高班学习。2004年12月25日，我光荣地加入了中国共产党。

那一天，对于别人也许很普通，但却是我人生的一个巨大转折点。此后，我必须履行自己的承诺，在各方面严格要求自己，处处发挥模范带头作用，因为，我有一个光荣的称号——中国共产党党员。如果我在平时表现不好，那就是给党抹黑。正是这种想法鞭策着我不断进步、不断完善。我扬起理想的风帆驶进了壮阔的大海，渴求大海的浩瀚洗礼。我希望自己能够成为大海中敢于搏击的一叶扁舟。

2006年2月，我有幸成为了水保022学生党支部书记，这对我又是一个很大的锻炼。在党总支老师和前任支部书记的帮助下，我逐渐熟悉了支部的各项工作，锻炼了自己的能力，从各方面发展与完善自己。

青春如夏花般灿烂

青春飞扬在大学校园，它是球场上的身影，是图书馆里的苦读，是一言既出众人便评的热闹……青春，没有沉寂。

高中时我是一个腼腆的男生。迈进大学校门后，我决定好好锻炼一下自己。我爱好广泛，喜欢乒乓球、篮球、长跑、写作、音乐等等。大一时，我顺利通过面试加入了校乒乓球协会，并成为校乒乓球协会办公室干事，代表学院参加了校乒乓球比赛并获得好名次。大一下学期，我成了校乒协办公室主任，之后任校社团联合会副主席兼体育分会主席；我还是班级篮球队成员，曾代表班级获院篮球比赛第三名；此外，我还担任了班级生活委员，负责管理班级账务，协助班长做好班级工作。这些虽然都是小事，但我认认真真、兢兢业业，尽自己最大努力将所有事情做好，不辜负老师和同学们的期望。大二暑期，我参加了社会实践活动，提高专业方面的实践动手能力和科研能力。我跟随导师和国家林业局调查设计研究院有关人员参加了云蒙山泥石流和植被调查，回来后查阅了大量相关文献并撰写了论文，获得了"挑战杯"首都大学生课外科技作品大赛三等奖。这次实践活动使我的科研能力和写作能力有了大大的提高，激发了我对专业的兴趣，也增强了自信，陶冶了情操。

四年大学生活，我付出了，也收获了，没有留下遗憾。人生是艰难的跋涉，有人只顾埋头远行，有人只求一路快疾，我则怀着一颗虔诚的心，途中阅览云卷云舒也不忘让每一步在地上印上清晰的痕迹！

足　迹

个人简介：毛准，男，中共党员，北京林业大学水土保持与荒漠化防治专业2006届毕业生。大学毕业后获得法国政府全额奖学金资助，赴法攻读工程师研究生。大学期间曾获"北京市三好学生"、多次获校"三好标兵"、"优秀学生一等奖学金"、"优秀团员"、"优秀学生干部"等荣誉与奖励。曾作为中国大学生代表参加"中日水论坛"和"世界水论坛"。

学习篇

1. 知识？语言？——有感于英语学习

老贺老师的一句话让我有种醍醐灌顶的感觉，他说：英语是一门语言，而不是知识。老贺老师是我在日记中对贺康宁教授的称呼，这样的称呼可能会让人觉得这是对老师的不尊重，然而，我如此称呼贺老师恰恰证明了自己对贺康宁教授由衷的敬爱。听贺老师的课总是能在他诙谐并富有启发性的演讲中，轻松快乐地学到知识与专业技能。

英语是一门语言，贺老师的这句话彻底地改变了我对语言学习的思路，之前的我一直陷于学习"英语知识"的泥淖中：每每自习时，不是狂啃"马德高星火英语单词"，便是猛做"王长喜四六级仿真卷"，这样的"战备观念"练出的英语水平，对付四六级可以，但想在老外面前露两句，却常常抓耳挠腮，张口结舌。花在英语上的时间不少，但进步的速度就像以10为底的对数曲线一样，想让它抬头都难！——这就是由于对英语缺乏根本性的认识，把"语言"学成了"知识"。后来，我开始调整学习的重点，愈发重视听、说训练，并且每隔段时间就找机会去实践，最终英语成绩提高了很多，从开始的"开不了口"到后来可与老外自由闲聊。如此方法也用于后来的法语学习，收益颇多。学习过程中，我总结出次序很重要。那时我刚刚考过英语六级，想进一步增加词汇量，同学建议我先攻TOEFL词汇，然而我太过急功近利，直接买了一本GRE的词海狂背，结果发现：没有丰富的词根基础，GRE单词很难背，而且背了许多可能一辈子都用不到的词。个人认为先TOEFL后GRE是较好的选择，但我搞错了次序，不仅浪费了时间，还影响了学习积极性。

2. 木桶效应——有感于学分积的提高

我为什么会最终获得保送资格？因为我的学分积高，我的学分积为什么高，因为在大学课程学习过程中我基本没有考试上的失误。因而，决定一只木桶装多少水，不取决于最长的木板，而取决于最短的，学习上同样也有"木桶效应"。大学前三年的平均学分积是保送研究生校内选拔的关键参考，大学的基础课程中，参与保研同学的学分积基本都在80分以上，彼此间差距不大。然而，如果A同学有门课程失误了，而别人都发挥正常，那么A同学的这次失误就有可能很"致命"。我们专业所有参与保研的同学，除我之外的多数同学在考试中均出现了一两门课程失误，因此我的学分积位于前列，原因并不单单是我考分高，也在于他人的失误拉开了我们之间的距离。

3. 蝴蝶效应——有感于学业中的细节处理

非洲的一只蝴蝶扇一下翅膀，可能带来美洲的一次大风暴。大学四年，我目睹了无数类似"蝴蝶效应"的故事以及险些成为"蝴蝶效应"的故事。

在保送研究生选拔时，这样的例子更是不胜枚举。A同学被保送的希望很大，大家也对他有信心，但在校内选拔考试前一周，学校突然规定：英语四级考试成绩65分以下的没有保研资格。A同学四级64分使他成了这一规定的最"冤"的牺牲者。事后，大家议论纷纷，有的同学怪学校突变政策不应该。但我认为，作为学生我们不应该抱怨学校，因为学校每年的政策都可能会变，我们能做到的就是要适应学校的每一次变化，在每次变化中做好自己。我自己有过类似的情况：那是2002年的一个晚上，我定错了闹铃，一次起床闹铃没调好，导致第二天早上错过了体育测验而最终"挂科"，这件事间接导致2005年我险些丢掉保研资格。实际上"定错闹铃"本身与"保研"并不相关，如此风马牛不相及的事情，却险些影响到我的前途。

4. 李儒与司马朗——有感于学习中自我强项的培养

"多数人不可能像曹操一样文武双全，所以做人要么像吕布，虽然智力低，但武力高；要么像李儒，武力很低，但智力高，但千万不能像司马朗。"曾几何时，有关"三国"主题的电子游戏软件风靡校园，男生人人喜之，我也不例外。2005年，"三国群英传Ⅴ"刚一上市，我亦先玩为快。在游戏过程中，模式化的战斗让我有所启发：那就是千军易得，一将难求。室友唇枪舌剑地讨论众将属性值孰高孰低，有一点是大家公认的：有特长的将才在游戏中用得顺手，最怕那种样样属性说高不高，说低不低的。例如李儒与司马朗，二人的武力、智力值分别相加之和相近，均在120左右，但李儒武力20以下，智力90左右；司马朗却武、智平均，不到60，因而前者是一个求之不得的智将，而后者只能成为平庸之辈。

学习亦是如此。学习上有专长的同学是很受欢迎的。我个人认为：平均学分积的高低，只能证明一个学生在学习上有没有下工夫，而不能证明这个人是否在某一方面有特长或钻研精神。因此，即使获得"优秀学生一等奖学金"的同学也不要沾沾自喜，这只能证明你全面发展、综合表现突出，而在大型竞赛中获奖的同学，如"全国大学生英语竞赛"、"挑战杯"全国大学生课外科技作品大赛、"全国大学生数学建模竞赛"等，他们的竞争对手来自全国各地，在这样的竞赛中脱颖而出，在一定程度上证明他们在学习上是有专长的。我曾获得过两次"优秀学生一等奖学金"，遗憾的是从未获得过大型竞赛奖项，说明自己需要进一步挖掘"长"，使自己在学习上更具特色。

5.　"雷厉风行"——有感于学习互助

室友传授我一妙招，"单个智将的武将计杀伤力很弱，两个智将组队后就会很厉害，太好使了"。他还说"三国群英传Ⅴ"中每个将均有不同的"武将计"也是这款游戏的魅力之一，但这些"武将计"各自用起来威力有限，倘若加以组合，杀伤力将大大地提高。如：李儒会"旋风"术，贾诩会"雷击"术，若二人分别单用，对敌人的伤害不大，但二人组合使用，便会形成"组合计"："雷厉风行"，杀伤力加倍！

学习上亦是：同学之间互助学习效果明显。但有些同学因各种原因不愿意与他人分享自己学习中的所感所悟，这样的做法其实是不利的。交流是学习的一个重要环节，与他人交流学习经验、心得可弥补自身不足，达到互利共赢。尤其是学习成绩较好的同学，千万不要认为"他没有我学习好，我若教了他，那他会不会超过我？"学习一定要打破思维局限，三人行必有我师，学习上主动帮助他人，在促进自身提高的同时还会赢得他人的尊重。

6.　"巴巴多斯"——有感于知识面

在墨西哥水论坛的Culture Event上，我认识了一位住在加勒比海上的女孩，当我问及她的国籍时，她说出生在"巴巴多斯"，然后我接着问她："布里奇敦的天气还好么？"这时她睁圆了眼睛，她不敢相信，一个来自于地球另一半、远至东亚的小伙子竟然知道加勒比海上的一个小得不能再小的岛国"巴巴多斯"，还知道它的首都是"布里奇敦"！对她来说，这是一件很了不起的事情，她当时对我的"表现"十分感动，好像在遥远的他乡遇到了同胞，主动邀我跳舞，因而我们立刻从刚一认识就变得非常要好。我这次"出彩"的表现得益于广阔的知识面，假如我不知道"巴巴多斯"，我们的友谊就不可能进展那么快。所以，在大学里丰富自己的知识面很重要，积累多了，说不定哪天就用上了。

7.　纳班的加冕——有感于坚持

有心人，天不负。无论做什么，贵在坚持。大学四年，亦是如此。我最好的朋友苗来自陕北农村，由于当地教育水平有限，刚进大学的他在我们宿舍里英语成绩排在最后。但从大一开始，他每天有计划、有目标地坚持学习英语，每天必看一部英文电影、练习口语，每周找人对话、练习口语。就这样一直坚持，最终苗的英语水平超过了周围所有的人，尤其是口语。考研时，他报了中科院植物所，但最后的分数不是太高，刚刚过线。在复试之前，老师提前便向他透露：他不在招生计划之内，建议他抓紧调剂别的学校。但到了复试那天，他的表现让所有老师改变了原来的计划：他在无准备的情况下，完全用流利的英语与考官侃侃而谈，而且对于"土壤呼吸"、"叶面积指数"等专业性很强的知识，也解释得毫无纰漏。最后，苗被破格录取！我还通过校报了解了我校经管学院邹同学的事迹：她学习目标清晰、信念坚定，四年如一日地坚持每天六点起床学习，使成绩名列前茅。这样的人怎么会不成功呢？苗和邹的故事、均告诉我们："成功来自于持之以恒的努力。"

生活篇

8. 第一次——多给自己锻炼的机会

想起三年前自己第一次站在讲台上，面对同学作自我介绍，紧张得腿直哆嗦。现在觉得很好笑，有些不可思议，但当时自己也不明白有什么可紧张的。人生要经历无数个第一次：第一次上台演讲、第一次主持会议、第一次在社团担任要职、第一次当志愿者、第一次用英语与老外交谈、第一次出国、第一次打工挣钱……我要感谢生命中每一个第一次，使我体验到了成长的力量。面对第一次，不要太计较成败，要积极去尝试，这样才能走出一个成熟的自己。大学生不能两耳不闻窗外事，一心只读圣贤书，要多到外面走走，在社会中锻炼自己的处事能力、随机应变能力和与人沟通能力。

9. 朱元璋与宋濂——有感于诚实做人

"想想今天的那一幕，真是出了一身冷汗，幸亏自己说的是真话。"2005年9月份，在联系保研的学校方面，我联系了北京大学，简历投寄后，我收到了北大刘老师的面试通知。但到了北大之后我分不清逸夫一楼和逸夫二楼，便找人询问。我问一位正朝我走来的女生哪个是逸夫二楼，那个女生反倒问我："你找哪位老师？"我说找刘**老师。她点了下头，对我说："我恰好也去逸夫二楼，跟我来吧。"路上，她问我：你是大学新生吧。当时我非常想就此答应："嗯"，一方面，简单省事；另一方面，我觉得我一个外校生，见北大的老师应该还是保密为好。但我还是选择说了说实话：我是林大学生，硕士推免来见导师的。到了逸夫二楼，她先进去了，我看离约定时间尚有20分钟，便没有立即进楼，就此与她道别。后来我走进刘老师办公室时发现，她就坐在刘老师背后，原来她与刘老师竟在同一间办公室里工作。她对我笑了笑，我则出了一身冷汗，幸好之前跟她没说半句假话，否则这个面谈不用进行便可宣判"死刑"了。

明朝有这样一件事：大学士宋濂上朝，朱元璋问他："昨天在家请客没有，请的哪几位客人？吃的什么菜？"宋濂一一如实回答，朱元璋高兴地说："说得全对，没有骗我。"说着拿出一张地图，上面画着宋濂请客的座次位置。宋濂见了吓得出了一身冷汗。而我的北大面试也上演了朱元璋与宋濂故事的翻版。虽然由于竞争激烈，我最终放弃了与北大的联系，但这次面谈的一身冷汗却足以让我铭记终身。

10.　QQ事件——有感于以诚待人与保护自己

一次小小的失误损失了近千元，不仅弄得我筋疲力尽，而且可能"声名狼藉"。前些日子QQ被盗，原因是，我错把QQ上的一个陌生人误当成我的同学，他向我要密码，我不好意思拒绝，便发给了对方。结果对方原形毕露，立即将我的密码进行修改。他一方面向我索要QQ币，另一方面又以我的名义向我QQ里的在线好友索要密码，结果又骗来数个QQ，盗走里面的QQ币，接着又用骗来的新QQ进行新一轮的行骗——盗来更多的QQ号和QQ币。更令我气愤的是他以我的名义向我的QQ好友借钱，结果同学信以为真，立即向此人提供的账户里转账。每当回想此事，自己后悔莫及。当时我若自我保护意识强，只需去同学宿舍一趟便能分出真假，我为我的冲动付出了代价。

诚待他人非常重要，但我们也应该懂得如何保护自己不受伤害。通过这起QQ事件，我发现许多同学都非常坦诚，但不少同学还是都缺少自我保护意识，处理不好以诚待人与保护自己的关系。

不忘初心　青春无悔

个人简介：云雷，男，中共党员，北京林业大学水土保持学院资源环境与城乡规划管理专业2006届毕业生。本科期间曾多次获校"优秀学生奖学金"、"三好标兵"、"三好学生"、"优秀学生干部"、"社团单项奖"、院"优秀共产党员"等十余项荣誉与奖励。曾担任班长职务，所在班级多次获校、院双优班集体。2011年博士毕业后留在学校党政办公室工作，迄今发表论文近40篇，出版专著3部。曾兼任环规11-2班班主任，现兼任资环15-2班班主任，连续多年被评为校"优秀班主任"，并获校"'十佳'班主任"荣誉称号。

回首四年的大学时光，有欢笑也有泪水，有希望也有失望，我感到自己在一点点地进步，人也变得成熟了，大学历程成为我永远的青春记忆。

树立危机意识，加强专业学习

刚入大学时一切都如此新鲜，但经过一段时间的学习和生活，我深深感到大学并不是原来想象的那么轻松。面对繁重的学习任务，日趋激烈的就业形势，我认识到大学的学习并不是终点，而是一个新的起点。

学习其实并不是一件苦差事，只要积极努力，充分发挥自己的主观能动性，就能找到学习的乐趣；只要虚心请教、与同学交流互动，就能减轻学习压力，更好地掌握知识。对待学习，我尽量多动手、勤练习，遇到问题及时地请教老师、同学；遇到困难，努力克服，寓乐于学。如果学习是一个过程的话，那么学习成绩无疑就是这个过程的结果。我是一个学习能力一般的人，甚至可以说有一些笨，所以开始时的成绩很一般，但我没有退缩。我认为功到自然成，于是更加勤奋努力。到了大二学年，学分积大幅度提高到83.29（综合排名班级第四）。到了大三学年，学分积已达到87.78（综合排名班级第一）。

我是一个有危机感的人，大学期间时刻能够感受到激烈的就业竞争，深知自己还不能适应当今的社会需求，所以我不满足于学习本专业和本校的知识，更努力地学习书本以外的各种技能，比如参加公关员中级培训，获得国家公关员中级证书等。这些学习有效地扩充了我的知识面，提高了我的综合素质，增强了我的就业竞争力。

注重体育锻炼，丰富课余生活

在完成学习任务之外，我还利用课余时间锻炼身体，因为我深知身体是革命的本钱，如果身体不好一切都无从谈起。大学一开始我积极参加校、院举办的各类体育活动。在团体项目上，我参加了"专业杯"篮球赛，取得了冠军；参加了"专业杯"足球赛并以队长的身份捧得冠军奖杯；参加了拔河比赛，夺得新生队冠军；新生合唱比赛中，我担任指挥，班级获得团体二等奖；参加运动会获得4×400米接力第四名等等。在个人项目上，我获得了香山越野三等奖，"水保体育文化周"篮球技巧赛第二名等等。最值得一提的是，大三学年，我作为水保学院足球队队长带领球队获得校足球联赛季军，这是学院足球史上的最好成绩。当然，除了参加体育活动外，我还经常参加知名专家的学术讲座、先进人物的事迹报告、英语角、文艺演出等活动，使大学生活变得丰富多彩。

坚定入党信念，提升党性修养

我的父亲是一名中共党员，从小我就受他的影响，我对党组织充满着向往。上了大学后，我立即向党组织递交了入党申请书，表达了强烈的入党愿望并如愿地进入了党校提高班学习。在党校提高班学习期间，我系统地学习了党的基础理论，积极地参加了每一项活动。讨论会上我踊跃发言，劳动中我认真勤奋。针对同学们给我提出的党的理论水平不高的不足，我更加努力完善自己，主动参加学院模拟党支部的培养，经过不断努力最终我成为2002级环规专业学生中发展的第一批中共党员。

作为一名学生党员，我努力在学习、工作和生活等各方面发挥表率作用，带头遵守校规校纪，积极参加集体活动，主动关心集体、帮助同学，正确处理个人与集体之间的关系。我认为如果连周围的同学都带动不好，又如何称得上合格的共产党员。其实同学们也正是通过身边的党员来认识党组织的。因而，作为一名学生党员要在自己不断进步的同时，带动大家共同进步。时光飞逝，经过大学的洗礼，我从一名预备党员转正为一名正式党员，每个时期、每个阶段，都感觉到自己在成长、在进步。

做好本职工作，坚持服务同学

大学期间，令我感到最光荣、最骄傲的事情就是担任环规02-2班的班长。因为在初中、高中一直都是班长，所以我对班长这个职务并不陌生。刚接手班级工作时，我发现大学班级的管理方式和中学差别很大：中学时大家都在固定的教室里，老师管得很严格，而大学里提倡的是自由学习、自由发展。根据实际情况，我立即转变工作方法，和班委一起制定了"一个中心，两个基本点"（以学习为中心，以发展个人才能、搞好班级建设为两个基本点）的工作思路，促进班级建设。

正所谓"在其位，谋其政"，对待班级工作，我从不敢懈怠。从一些重要的决策到做每一个同学的思想工作我都尽心尽力，但有时也难免会出现纰漏，比如有一次班级推选就业信息员，因为要求上报的时间很紧急，我在没有征求大家意见的情况下，就上报了一个人。我认为这个人无论从人品、工作能力、工作态度都是最佳人选，却没有考虑客观因素，如他没有方便的通讯手段（手机、电脑），无法及时传递就业信息等，导致后续工作出现了一系列的问题。面对这个结果，我虚心接受，认真反思，加快改进工作方法。担任班长的有段时间，我工作压力很大、学习成绩也不好，面对学习和工作的双重打击，曾想辞掉这个职务，但因为真心地热爱这个集体，所以不甘心这么放弃。于是，我只有加倍努力，付出比其他同学更多的时间和精力，来处理好学习与工作的关系。功夫不负有心人，一段时间过后，我在工作和学习上均取得了较好的成绩。班级获得了北京市"先锋杯"团支部、校院"优秀班集体"等荣誉称号；我个人也得到了学院领导、班主任老师和同学们的肯定，多次被评为"优秀学生干部"、"三好学生"、"三好标兵"，最终，我以优异的成绩考上了本校的研究生。

我会坚守我的梦想，并为之努力奋斗。

感悟大学　感受成长

　　个人简介：李义，女，水土保持与荒漠化防治专业2008届毕业生。大学期间多次获得校"优秀学生二等奖学金"、"三好学生"、"三好标兵"、"'永为'水土保持奖学金"、"边坡绿化奖学金"等荣誉与奖励。曾担任班级副班长、院学生会副主席。本科毕业后被推荐免试攻读中科院地理所研究生。

　　当青春在激情的校园里尽情燃烧时，我收获了欢笑、喜悦和泪水。平静地面对走过的一切，才发现走过的路程充满坎坷。初入大学校园时，发现一切都变得如此美好，心一下放松了很多，当不知道该去做些什么的时候，"郁闷"就成了我的口头禅，但也没有放弃寻找大学生活的意义。令我感受最深的是职业生涯规划课，老师通过简历制作的方式，让每个人写下自己的大学目标。我在简历上写着"计算机二级，英语六级……"。从那以后，我竟不自觉地按照简历上的目标要求自己，不断实现了一个又一个目标。现在回想起来，入学之初的制作简历实际就是在为自己的大学生活确立一个目标，然后，朝着这个目标迈进。

　　大学给我们提供了更多自主学习、自我锻炼、自我管理的机会。学生在老师的指引下逐步地自我发展与成长。我们需要做的就是抓住一切自我锻炼的机会，利用一切有利的资源，不断地朝着既定的目标奋进。

　　大一是独立处理人际关系的开始，也是培养合作意识的起点。首先，这里有着未来四年最重要的人际关系，也有着对未来很多年都会起作用的社会关系，而在这个过程中磨砺出来的心智和胸怀将在很大程度上决定你四年的走向，甚至影响你一生的发展。

　　学习是紧张有序的，生活是丰富多彩的。大二、大三我开始喜欢读书，喜欢在学生会忙碌的日子里，和朋友们一起探讨问题；学会了如何更好地安排自己的时间，也学会了更好地与人交流。一个真正有远大目标并期待成功的人能够抵制住各种不良诱惑，给自己一个清晰明确的定位，树立一个阶段性的目标，并为这个目标去奋斗，直到取得最后的成功。"态度决定命运"，"境由心造，烦由心生"，有什么样的精神状态就会有什么样的生活状态，因此，我们要以良好的心态去面对大学生活中的不顺与烦恼。

　　进入大四，开始为自己今后找出路。我喜欢这样一句话"努力了不一定成功，但不努力就一定不会成功。"考研是为圆自己继续深造之梦，就业是为圆职业发展之梦。无论深造还是工作都是我们一生的财富。这些财富的多少取决于我们的努力程度，我们应该用自己的努力和汗水去铸就明日的辉煌。同时，还要学会用平常心去对待身边的每一件事情，不要让坏情绪控制你的行为。一个真正有志的青年，在其成长的过程中必将经

历着各种成功与失败，因此要做好随时作战的准备，"天将降大任于斯人也，必先苦其心志，劳其筋骨……"。经历了磨练，相信定能在曲折的道路上挥舞自信的利剑披荆斩棘，勇往直前，以更加灿烂的笑容去迎接明日的成功。

让我们坦然面对大学的成长，面带微笑，一起把握现在，拥抱美好明天！最后，用我喜欢的一首小诗来表达我大学生活的感悟以及对大学生朋友的祝愿：

寒风吹松松更青，霜打梅花梅更红；

愿你立下青松志，愿你理想比梅红。

大学生活的两点建议

个人简介：贾慧慧，女，水土保持与荒漠化防治专业2008届毕业生。曾获"国家奖学金"、校"优秀学生一等奖学金"、"三好学生"、"优秀学生干部"、"边坡绿化奖学金"等荣誉与奖励。曾担任水土保持学院团总支宣传部部长、记者团团长、班级团支书等职务。本科毕业后被推荐免试攻读北京大学城市与环境学院研究生。

回首四年的大学光阴，成功与失败，欢笑与泪水，缤纷迭至，就像放电影，一幕幕让人感慨万千。学习成绩、工作、朋友……少了任何一个，大学都不是完整的。总结我的大学经验，有两句话值得与大家分享。

第一句话，努力让每一天变得有意义。看上去，大学里有各种各样的人群，忙碌的人、清闲的人，快乐的人，不快乐的人……每个人都以自己的方式生活，也以自己的方式为未来铺路。但作为一名大学生，我们都应该关注大学四年的意义，做到喜欢你的大学生活，享受大学四年的快乐，不要让光阴虚度。大学里除了学习、工作，可以给自己多留一点空间，多做一些自己喜欢的事。但这并不意味着懒洋洋地在宿舍看没完没了的剧集，或者干脆成天呼呼大睡。而是真正对自己有帮助、有意义的事情，如听一门喜欢的课，参加一次有意义的活动等。要相信，有时候无意间埋下的种子，可能会开花结果甚至长成参天大树。我在大学里学习了篮球裁判、急救培训、旅游知识等很多自己喜欢的事情，令大学四年更加难忘！

第二句话，不要放弃希望，付出你的努力，总会找到属于自己的方向。这是说给一些不喜欢自己专业的学弟学妹。部分同学进入大学后，所学专业不一定就是自己的理想专业。相信很多人上了半年或一年大学后，才真正明白什么才适合自己。这时候该怎么办？是自暴自弃还是调整心态继续坚持。我认为是继续坚持。人生有很多路口，无论最初的选择是什么，只有不放弃希望的人才能走到最后，走得最好。仔细想想，换一个专业就真的适合你么？每个人想法不同，我是一个善于发现事物闪光点的人。水土保持与荒漠化防治专业本科学习内容广泛，很适合在大领域内选择研究生方向。我们可以在保证成绩的基础上拓展其他能力，发展自己的兴趣与特长。世事都是利弊相生，关键看你用怎样的眼光去看待！可以想成功，可以怕失败，但是绝对不要想着放弃！

希望学弟学妹们用自己的努力，活出属于自己的精彩！

大学成长经历及生活感悟

个人简介：徐海巍，北京林业大学土木工程专业2009届毕业生。大学期间曾获"北京市三好学生"，校"三好学生"、"优秀学生干部"等荣誉与奖励。曾担任班级团支书，土木05党支部组织委员，学院量化管理委员会副部长等职务。本科毕业后被推荐免试攻读浙江大学建筑工程学院研究生。

四年前，虽然经历了高考的失利，但我依然满怀信心地来到了北京林业大学。因为我相信大学生活将是我人生的另一个起点，我有一种强烈的信念，就是我将有一段精彩的大学经历，在这里实现自己的理想。回顾大学四年的生活，我有以下几点深刻的感悟。

第一点是，进入大学后的主旋律依然是学习。刚进入大学时，我发现身边不乏有一些天赋极高的同学，但是由于目标和定位不同，逐渐地分成了几类，一种是过分热衷于社会工作，几乎把所有的时间和精力都投入到各种学生社团活动中；第二种是专注学习的同时，发展自身特长，全面提升自己；第三种是目标不清，甚至认为进入大学就是享乐，抱怨所学的东西对今后的就业没用，放纵自己沉溺于网络游戏。我的感受是，无论你学什么专业，既然你选择了它，学有所成才是最终目的。所以作为刚入大学的新生，一定要对自己有正确的定位，树立切实可行的目标，因为有目标才能有动力。大学课程涉及的知识面广、内容丰富，我们要学会利用网络，图书馆和各种可利用的资源去学习，而并不仅仅局限于课本。另外，对于知识的掌握程度取决于你所投入的精力与时间多少。相信经历了高考的磨砺后，每个人都具备在大学学习的能力，但不少人欠缺的是自我约束意识。

英语和计算机作为重要的技能，往往成为求职时用人单位比较看重的素质。关于英语的学习，要有毅力坚持背单词和做听力，外加真题的练习，如果资金允许可以上个辅导班提高一下。当然，英语的学习不能仅仅止步于此，有机会可以考一考雅思、托福、GRE等。二是关于计算机的学习。要有针对性的学习，取得相关证书。现在越来越多的单位要求二级计算机证，所以对于想在大城市找一个好工作的同学来说，一张计算机三级证将会增加不少竞争力。

虽然学习是大学生活的主业，但是仅仅学习是不足以成就一段精彩的大学生活的，必须要有各式各样的活动和工作来作为补充。所以我的第二点深刻感悟就是在大学中要参加一些社会活动。刚来大学时，我还是比较腼腆的，但是在第一次班委选举时，我还是大胆地站上讲台去竞选，我认为能在这样一个公开场合向还不太认识的同学介绍自己就已经是成功了。当然最后大家选了我做了班级生活委员。我十分认真地对待我的第一份工作。我认为班委就是为同学服务的，只要是班级的事情无论大小我都积极地参与，有些班委不愿做的事情，交给我，我总能很好地完成，这份工作锻炼了我的组织协调能力。在第二年的班委选举中，我顺利地竞选上团支部书记。在这个职位上，我更加努力地投入班级建设，带领团支部不断取得进步，个人也获得了"优秀学生干部"、"优秀团干部"、"校三好学生"、"北京市三好学生"等荣誉。我认为，只要处理好学习和工作之间的关系，适当的学生工作不仅可以丰富大学的生活而且还能锻炼组织管理、沟通协调等各方面的能力，增强人的自信心。

此外，大学还是一个加强自身修养的地方。大学生在修业的同时也要修德，不仅要技术精湛，也要厚德载物。尽管是工科学生，要想成才没有深厚的人文修养是不可能的。做人是第一位的，人文修养能从根本上提高人的素质，我做人的准则是：真诚、友善、尊重。

时光匆匆，大学四年有无数美好的回忆。我对北林这个美丽的绿色学府，心存留恋，唯有祝福北林的明天更美好，希望林大的学子都有一个美好的前程。

如何适应大学生活

个人简介：王志明，男，中共党员，北京林业大学水土保持与荒漠化防治专业2009届毕业生。曾获"国家励志奖学金"，校"优秀学生奖学金"、"三好学生"、"优秀学生干部"等荣誉与奖励；曾任水土保持学院邓小平理论学习与实践协会会长。本科毕业后被推荐免试攻读北京林业大学工程绿化专业研究生。

回想大学四年生活，感慨颇多。大学之道，在明明德，在亲民，在止于至善。清华大学前校长梅贻琦说：所谓大学者，非谓有大楼之谓也，有大师之谓也。大学，带给我们的东西太多，需要我们学习的东西也太多，我们能做到的是在有限的时间里尽可能地充实自己，使自己成为一个对社会有用的人。

对于刚刚进入大学校园的新生们，新奇、憧憬、迷茫……这是很自然的事，大学和高中有着很大的区别，远离父母我们必须尽快学会独立。只有学会了独立，大学生活才会如鱼得水。

大学生活需独立。但在独立过程中，并不是每个人都会一帆风顺，很多人都会遇到挫折和烦恼，其实这并不是一件坏事，相反，它会使大学生活增色不少，值得回味。大学生活中的一切都需要自己打理，如洗衣、看病、买衣服等样样需要自己动手。除了学会独立以外，节俭也是必要的，成为"月光族"的感觉并不好。除了合理的生活费外，要尽量养成科学的理财习惯，如记账就是一个不错的选择。

人际交往需真诚主动。与身边同学相处，应当抱着一颗坦诚和宽容的心，要学会合群，这样你往往能够结交到知音。男生普遍不爱打扫寝室卫生，对于有些别人不愿意去做的事，我们应当表现得积极些，其实做这些事并不需要花费很多精力，却能给别人留下好印象。共同的爱好往往容易打成一片，比如通过打篮球你就会结识许多好哥们。我不赞成和同学一起去网吧玩游戏，虽然这样也能结交很多朋友，但是这种交友的代价太大，往往会给自己带来毁灭性的打击。此外，人际交往中还要保持一颗乐观的心，主动与同学交流，这样既能尽快适应大学新生活，又能提高交际能力。

对待学习要摆正位置。大学里学习是最重要的，不少人由于受到多方面的诱惑，如恋爱、游戏等，以至于无心学习，影响了学业。要知道，学习是大学生的首要任务，否则将来必定后悔不已。大学学习是一个持之以恒的过程，太急功近利往往会半途而废。只有保持一颗积极、上进、乐观的心，才能在学习上保持精力充沛。大学生活有别于高中的一个重要方面就是学生工作，有人甚至将其比作进入社会的踏板。学生工作确实能锻炼一个人的能力，但前提是要处理好与学习之间的关系。在社团招新的过程中，往往会有这样的提问："如果有一项工作很紧急，但同时会影响你的学习，你会怎样选择？"很多同学碍于面试人员，往往会说我选择工作，这并不是合适的回答。因为学生不能保证学习就不适宜做学生干部。大学中学生组织很多，无论是在哪个类型的学生组织中，最重要的是要对工作有热情、有责任心以及创新精神。热情是支撑我们前进的动力，责任是促使我们成功的保证，而创新则是我们不断发展的灵魂。

大学里要学习社会知识。青年人要将自己的思想植根于现实的土壤。我们在"与柏拉图为友、与亚里士多德为友"的同时，还应该与社会现实为友。读大学的目的不应该只是毕业后能够找到一份理想的工作，因为走出校门以后面对的不只是一份工作，而是整个纷繁复杂的社会。如果没有对社会的提前了解和关注，则会使自己的视野受到局限，不利于将来的发展。总之，我们肩负着使命和责任，任重而道远。相信每一个对生活有信念的人在大学里都会留下难忘的回忆，毕业之时，能给自己、给亲人、给社会交出一份满意的答卷。

银杏树下的曾经

个人简介：胡英敏，女，北京林业大学水土保持与荒漠化防治专业2009届优秀毕业生。大学期间曾获"国家奖学金"、"宝钢奖学金"、"首届全国大学生生态科普创意大赛一等奖"，校"优秀学生一等奖学金"、"三好学生"、"优秀学生干部"等荣誉与奖励。2008年参与北京奥运会志愿服务工作，并被评为优秀志愿者。本科毕业后被推荐免试攻读北京师范大学研究生。

一直认为自己不是个聪明的人，一直被父母安慰着"既然是笨鸟，咱就先飞、多飞"，怀着"勤能补拙"的信念，从大一开始，一直努力到现在。

学习，是大学的主要内容。现在很怀念曾经"操场—教室—图书馆—食堂—宿舍"的生活。早起锻炼身体，喜欢在夏日的早晨呼吸着操场上清晰空气的宁静；一天的课程开始，喜欢在教室里听老师讲课，还有那笔尖摩擦笔记本的"沙沙"声；喜欢课后跑进图书馆，倚着书架找书、看书的悠然；喜欢赶在高峰前冲到食堂，美美饱餐一顿的惬意；喜欢在亮堂的宿舍里，和同窗姐妹们谈论闲闻趣事的乐趣……尽管看似平凡，却有着不平凡的点点滴滴。

很庆幸专业给了我亲近大自然的机会，那些背着标本夹跋山涉水的曾经，那些拿着笔记本记录下植物特征的曾经，那些攀到半山腰大家一起加油鼓劲的曾经，那些登上最高峰俯瞰高山草甸的曾经，实习因为每一次与大自然的亲密接触而变得多彩，因为每一次与同伴携手并进而变得不再艰难。我渐渐地喜欢上了在青山绿水中享受祥和与美的恬淡，喜欢上了在烦躁时走出都市、走出繁华，回归自然的沉思。与其说，外业实习是一种锻炼，不如说是一种享受，走出狭小的空间，走进更广阔的蓝天。

"累，并快乐着"这是校学生会宣传部的口号，至今依然清楚地记得。我在校学生会的宣传部生活工作了两年半，从干事到副部长，从只会画板写字到统筹安排工作，每一次改变都是一种成长。记得无数次和兄弟姐妹们在地下室的走廊里画板，直到深夜伏在桌上睡着，无数次和大家在田家炳体育馆的大舞台上通宵做背景，直到天亮在睡眼朦胧中离开。是的，我们累着，但却很快乐。与其说大学里我学到了知识，不如说我学会了生活，懂得了珍惜身边的亲人、朋友，珍惜带给我们喜悦与欢笑的成功进步，珍惜带给我们伤痛与泪水的挫折困难。把大学记忆永远写在金黄的银杏树下，把大学情感永远留在林大的绿色荧光中。

北林你好，北林再见

　　个人简介：彭丽瑶，女，北京林业大学资源环境与城乡规划管理专业2010届毕业生。曾连续三年被评为校"三好学生"，获校"优秀学生一等奖学金"、"今禹奖学金"等荣誉与奖励。曾任瞳林文学社办公室主任，获得院"社团之星"称号。本科毕业后赴瑞典隆德大学攻读研究生。

　　初入北林，习惯了在中学作为"优等生"的我对于自己高考失利还有些耿耿于怀。但当我开始慢慢熟悉大学新的生活方式，发现再也没有老师在旁边督促学习，看到社团招新时那些我从未见过的、散发着青春朝气的笑脸的时候，我突然明白，大学给了每个人自由的生活，让每个人去做自己想做的事情，获得自己心目中的成功。那我又何必停留在过去呢？我很快收拾好心情，开启了自己的大学旅程。从这一段珍贵的成长时光里，我收获了如下几点认识与体会。

　　专业学习始终是大学生活的主旋律。大学学习和高中不同，课堂内容相对较多而没有那么多反复的巩固练习，所以学习方法尤为重要。总结归纳是学习方法的最核心部分，抓住一门课程的整体框架然后再不断细化其中的各个部分，便于理解记忆。大学学习不仅仅是知识积累的过程，也是交流合作的过程。为班级同学精心撰写期末复习提纲，和小组成员熬夜认真完成实习作业，和老师同学热烈探讨问题，在这些互动学习中，能够从他人不同的思考角度中汲取精华，不断丰富自己的知识体系。同时，学习需要实践和应用。我与同学组队进行国家大学生创新实验计划项目过程中，从探索如何选题、确立合适的方法、制定可行的计划，根据具体调查情况进行调整，规划资金使用，到最后撰写出调查报告，这个"袖珍版"的科研经历使我在各个方面得到了锻炼，为今后的研究生学习打下了良好的基础。

　　大学生活当然不应该只有学习，社团工作和社会实践也是必不可少的。我在做校学生科协干事的过程中逐步学习到了社团运作的基本模式；通过在院瞳林文学社担任办公室主任，习得了作为一个管理者的基本素质和合作精神，提高了沟通、组织、演讲和策划能力。我与社团里有着相同目标的同伴们认真搞好每一次活动，获得了同学们的赞赏，实现了自身的价值。在社团工作这一年，我积极参与志愿者活动，如在中国红十字会做阳光工程志愿者、在CAI组织做美术教师志愿者等，在付出努力的同时，我也收获了爱心与快乐。

　　在实现留学梦想的那段时间，我放弃了保送研究生的机会，毅然参加了高强度的考试训练，努力积累所申请专业的知识，精心准备申请材料。经过一番艰苦的努力，最终拿到了自己满意的瑞典隆德大学MA录取通知书，这一路充满了艰辛，却收获了坚强和自信。"有志者，事竟成"，大学四年的磨砺，成长比我想象的要多得多。很感谢母校北京林业大学，让我度过了如此美好的大学时光。我会永远给母校以最真挚的祝福，希望她变得越来越好！同时我也特别感谢一路相伴的老师、同学和伙伴，你们给我的光芒是那么耀眼，我会带着你们的鼓励一直努力下去。

　　北林，你好。北林，再见。

有心人事竟成

个人简介：杨金彪，男，中共党员，北京林业大学土木工程专业2010届毕业生。大学期间曾获校"优秀学生二等奖学金"、"三好学生"、"优秀学生干部"、"学术优秀奖学金"等荣誉与奖励；2008年被评为"北京市奥运会残奥会志愿者先进个人"。曾担任土木06-1班班长，邓小平理论学习与实践协会会长。本科毕业后考入山东建筑大学结构工程专业攻读研究生。

四年的大学时光给我留下了无数值得回忆的时刻。记得刚入学时，自己比较迷茫，大学到底应该干些什么呢？那时我参加了水土保持学院学生会，这是一个非常好的组织，这里聚集了很多的精英，尤其是高年级的学长，他们在工作中以身作则的态度教会了我许多为人处世的道理，同时也给予我生活、学习上很多帮助。大家一起热情高涨地筹备元旦晚会，齐心协力地进行每次彩排，虽然非常辛苦，但看到晚会成功时，那种成就感是无法言喻的。学院实行的宿舍辅导员制度真是好，它发挥了学长的作用，为新生进行领航。我们当时的辅导员是戴相洪，第一天晚上，他所在宿舍全体成员都来给我们介绍学校的情况，从学生会、社团、学习、购物、饮食等都讲了一遍，使我们受益匪浅。后来学长们还把他们的书籍借给我们，对我帮助很大。直到现在学长们还同我们有着密切的联系，宿舍辅导员联系了校友间的情谊。

大学里努力学习是很重要的。优秀的成绩对于保研、考研、找工作非常有利。我虽然参加了许多社会活动，但在学习方面从来没有放松过，成绩始终保持在班级前三名。我的体会是：大学一年级应注意掌握学习方法，激发自己强烈的学习兴趣。记得我刚开始学高数罗尔定理的时候，难度突然就增大了，考虑到这个定理是其他知识的基础，我就从图书馆借了好几本相关的书籍，中午没事儿的时候就看，过了半个月终于弄明白了，这样高等数学学起来就轻松多了，期末考试时我的高数成绩接近满分。

大三学年，我担任了班长和邓小平理论学习与实践协会会长。突然忙碌的学习、工作迫使自己必须适应节奏。作为班长要涉及评优等学生切身利益问题，哪怕出现一点儿不公平也会对班级同学造成伤害，对班级建设是非常不利的，这一点我在工作中特别注意。担任邓协会长的职务，对我来说是一次挑战，刚开始不知如何开展工作，辅导员徐老师带领大家一起制定方案，研究细节，使工作慢慢步入正轨。通过这些我学到了很多东西，也提升了组织管理与协调能力。

　　大四上半年我开始准备考研，由于准备的时间比较晚，结果考得不是很理想。下半年我一边找工作一边准备复试。我和同学们一起参加了几场招聘会，个人感觉北林的土木工程专业还是很好找工作的，基本上都有面试机会，被录用的同学也很多。在求职过程中，企业非常看重学习成绩和学生工作经历，记得当时我拿着大学里的获奖证书去面试时，一下子就给面试官们留下了深刻的印象。

　　总之，大学四年的宝贵经历很是令人不舍。北林真的非常好，她接纳了我的无知与懵懂，像母亲一样教会了我很多东西，想说再见很难，我会经常来看你，因为这里是母校。

难忘大学

个人简介：胡娈运，女，北京林业大学水土保持与荒漠化防治专业2011届毕业生。大学期间曾获"新生专业特等奖学金"，校"优秀学生一等奖学金"、"三好学生"、"优秀学生干部"等荣誉与奖励。曾担任班级团支部书记、院社联副主席等职务。本科毕业后被推荐免试攻读清华大学地学中心研究生。

我的大学，有着太多想说、想写的东西，可是真正叫我来写的时候，我不知从何说起。一路走来，看似平坦，却是我人生的一个重大转折点，让我从一个不懂世事的高中生步入了成人世界。大学四年是我人生的过渡期，是最美好的时光。

曾记得爸爸、妈妈、舅舅以及表妹第一次送我来学校，北林给我的第一印象是主楼那个向上的箭头，向我传递着一种思想——积极向上。在迎新现场，学长们热情地迎接我们，带我注册、找宿舍、领饭卡、去校医院打疫苗，他们欢快的笑声感染了我，使我对校园生活充满了向往。开学第一天是我记忆最为深刻的一天，几乎脑海中的每一个场景、每一个细节都历历在目：妈妈帮我收拾宿舍、学姐带我们认识隔壁的同班同学、四岁的表妹爬到我的床上说："我不想回去了，我也要读大学"。晚上爸爸妈妈走了后，六个姐妹坐在宿舍里进行自我介绍……就这样开始了令我一生难忘的大学。

大学第一年，我参加了各种社团和学生组织。最深印象的是校学生会，工作非常繁忙，但收获却很大，从学生会中来自不同院系同学的身上，我学习了很多他人的长处。学生会对工作要求很高，需要耐心细致的态度和创新意识，我虽然干了很多打杂的活儿，但却从中学到了很多细节上的学问。总之，大一是丰富多彩的一年，课程不是很紧张，我们有很多自由的时间参加各种感兴趣的活动。

大二课程开始增多。这个时期班级同学也更加熟悉了，我们会把更多的热情与精力融入班集体，因为此时的我们渐渐意识到，大学同学是难得的缘分，大家来自五湖四海，班级就是我们在北京唯一的家，班主任是家长，同学是兄弟姐妹，班级活动需要大家积极参与。

大三的专业课程更多了，我们更加忙于学习。大三下半学期大家开始确定自己的方向，有确定保研的，有确定考研的，也有确定要找工作的。大家都分头忙于自己的事情，考研的同学经常在图书馆上自习；找工作同学经常在外面奔波；对于想要保研的我来说，为了保住最后一个学期的成绩，我依旧会选择认真上课听讲。大三暑期，我开始忙于联络导师，确定自己要保送的学校。那段时间很煎熬，需要自己选择的东西很多，同时还得等待别人来选择自己，心里比较焦虑。看着保送校内的同学一个个有了结果，而自己还得焦虑地等待，心情是很复杂的。但最终结果还是好的。

大学四年过得很快。四年的时光里，我学到了很多东西，从刚进大学时的小女生蜕变成了成熟的我。四年中我遇到了很多人，无论他们在我身边是短暂的停留，还是长久的相守，我都想感谢。感谢7#105的姐妹，感谢水保07-2班的全体同学，感谢我的本科导师汪西林老师，感谢班主任宋吉红老师、陈静老师，感谢学生会、社联中每一个朋友，是你们装点了我的生活，是你们教会了我生活。

有压力才有动力

个人简介：薛莎莎，女，中共党员，北京林业大学资源环境与城乡规划管理2011届毕业生。2010年获得首都大学生、中专院校"先锋杯"优秀团员称号，多次获得校"三好学生"、"优秀学生干部"、"社团优秀奖学金"等荣誉与奖励。曾任水土保持学院瞳林文学社会长、记者团副团长、班级心理委员、团支部书记等职务。2008年参与了北京奥运会城市志愿者工作。本科毕业后被推荐免试攻读北京林业大学研究生。

2007年，我收到了北京林业大学录取通知书，收拾好行囊来到学校，参加了新生入学典礼，开始了新的生活。回首往事，在校时的一幕幕让我怀念和感激。

大一上学期的生活令人眼花缭乱。辩论赛、歌手赛、主持人大赛、新生运动会，我抱着贵在参与的心态参加了各种活动，经过这些活动的"洗礼"，我意识到刚愎自用是不会进步的，还要多向他人学习。"百团大战"的社团招新那两天，我加入了学院瞳林文学社和记者团，以此来丰富自己的课余生活。在记者团里，我学会了写新闻稿、摄像、排版、出报纸、采访等。我最喜欢采访，每次和前辈聊天儿，都有醍醐灌顶的感觉。大一下学期，我被任命为文学社的编辑部长。大二当上了文学社的会长，兼任学院记者团副团长，再加上班干部工作，身兼数职的我一下子忙了起来。经过大一学年的影响，我决定要在学习上下更多的工夫。这样一整年下来，我就像一只不会停的陀螺，旋转在活动、会议、学习、考试等各个舞台上。还记得为了电子杂志的按时出版与同伴们一起熬到半夜；为了征收漂流书，我在女生宿舍23层挨户跑；时间紧要交一个视频时，我"现学现卖"……压力带来动力，这句话在我身上得到了很好的验证。大二我的成绩和工作能力都得到了很大的提高。

大一刚入学我就问过学长这么一个问题：大学四年，我们究竟要学什么？学习知识和锻炼能力哪个更重要？当时学长们的回答是：两个都重要，我听从了他们的意见，大学四年也是这么做的。

大四确定保研之后，我又重新思考了这个问题，回忆了一下从大一到大三哪些东西是对我最重要的，最后得出的结论是：独立思考的能力。

无论是学习知识还是锻炼能力，我们都会遇到很多判断或者选择，这个时候什么才是做出判断或选择的标准呢？我认为，作为一个大学生，应该有自己的思想，在是非面前要做出正确的判断，通过自己的价值标准、知识积累和经历形成准则，以作为行动的指南，而不是单纯用大众的眼光或像愤青一样发泄私愤。社会上声音很多，诱惑很多，

说法也很多，我们只有学会独立思考才能做出正确的判断与选择，而不会轻易被人利用或者随波逐流，失去自我。当然，大学生受年龄和阅历的局限，有时做出的判断不可能是完全正确的，所以准则一定需要不断地进行调整，最后形成正确的。

我感激那些流汗流泪的日子，使我在工作中一步步积累经验，增长见识；感激身边指点我前进的老师，避免我走错路弯路；感激一起努力合作且竞争的同学，督促我进取不偷懒；感激为我们举办各种活动的校友，让我更全面地认识世界；感谢北林校园每年的春花烂漫、落叶缤纷，让我们的青春肆意闪耀。

一分耕耘，一分收获

个人简介：李丹雄，女，中共党员，北京林业大学水土保持与荒漠化防治专业2012届毕业生。曾获得"国家励志奖学金"、"'汪—王'奖学金"，校"优秀学生二等奖学金"、"三好学生"、"优秀班干部"、"优秀宿舍长"等荣誉与奖励。曾担任班级学习委员、瞳林文学社副会长等职务。本科毕业后被推荐免试攻读北京林业大学研究生。

春去秋来，日复一日，大学四年如白驹过隙。蓦然回首，大学生活的点点滴滴使我不断成长、成熟。在这四年里，我不仅树立了自己的世界观、人生观、价值观，还交到了不少知心朋友，懂得了许多为人处世的道理。如果说大学是一个孕育梦想的殿堂，那么，我们每一个人都需要在这个殿堂里辛勤耕耘、慢慢积淀，等待四年后走出校门的时候，梦想化为现实的种子，我们带着它去到理想的地方播种、发芽、开花，最后结出丰硕的果实。

刚进入大学校门的时候，我们还没有摆脱高中生身上那种味道，看着学长们在校园里按照各自的人生轨迹有序地漫步，我心里是那么茫然，就像刚出生的孩子，天真地看着周围的一切。这时候，班主任老师对我们说，摸着石头过河吧，于是大一的生活由此起航。我的大一是在懵懵懂懂中度过的，每天除了上课以外还经常会想着去干点别的有意义的事情，所以我选择加入了瞳林文学社和院学生会。在学生组织中，我不仅认识了许多学长，交到了一些真正的朋友，从他们身上学到了很多知识，也远离了思家的寂寞与苦楚。还学到了一些有用的技能，锻炼了自己各方面的能力。老师、同学们像茫茫晨雾中点亮的灯，照亮了我前进的道路，我心里有说不出的感激和感动。

大学期间，我同时忙于学习和社团。一方面不断加强学习，掌握更多的知识，对专业有了进一步地认识和了解。另一方面想着如何提升社团的影响力，将社团建设得更好。大二暑假期间，我和9个姐妹一起跟着林学院赵秀海老师赴吉林蛟河去做森林植被调查。在调查活动中，我不仅提高了实践操作能力，加深了对森林涵养水源的理解，而且还深刻地体会到团队合作的意义。"拉样方"和"录数据"是当时我们每天的必修课，虽然有时候会感到劳累、单调、乏味，但是，一想到我们所做的每一步都会影响到科研的成败，就倍加仔细，始终保持着严谨的态度去完成任务。在调查结束返京途中，每个人都很高兴、自豪，在火车上，一个同伴在睡梦中还在报数"3.5、6.8……"，不得不感慨蛟河之行确实给了我们很大的锻炼和难忘的回忆。

转眼之间就到了大四，大家的目标开始变得明确起来，考研的忙着复习、出国的忙

着签证、找工作的忙着找单位实习……我觉得自己是一个幸运儿——顺利地保研了。记得有人说过，成功只会给有准备的人。我觉得自己的成功不仅是个人努力的结果，而且是与老师、同学、朋友的帮助分不开的。大四，我不仅在学习上有了很大的提高，而且在思想上也有了很大的进步。大四可支配的时间比较多，我用更多的时间来发展个人的兴趣爱好，如读书是我的一大爱好，这段时期我常到图书馆翻阅自己感兴趣的书籍，让自己脑子里积淀一些东西。在书籍的启发和引导下，我不仅视野上得到了拓展，思想境界也得到了升华。

　　时光飞逝，大学四年学习中的收获、生活中的点滴、思想上的感悟，都让我久久不能忘怀。我所能做的就是把这一切的感动、感悟铭记在心里，在人生下一个十字路口再次找准方向，然后，再次起程！

悠悠北林情

个人简介：刘滢，女，北京林业大学土木工程专业12届毕业生。曾获得"国家奖学金"、"首都'先锋杯'优秀团员"、校"三好学生"等荣誉与奖励。曾参加国庆60周年群众游行活动。本科毕业后被推荐免试攻读东南大学结构工程研究生。

时间荏苒，一转眼四年就过去了。我们曾经飞扬的青春、辛勤的汗水、成功的喜悦和失落的身影在北京林业大学这个美丽的校园里不停地上演着。对于母校我有太多的不舍、太多美好的回忆。始终记得秋天美丽的银杏大道，是北林最美的风景之一；始终记得主楼西侧梁希先生的雕像，是那么的庄严、伟岸；始终记得图书馆里面一个个好学的身影，是那样求知若渴；始终记得待我们如亲生子女一样的老师们，是那么的敬业……是的，我眼中北京林业大学就是一部撰写不完的书，每一页都是令人回味；是一首永远唱不完的歌曲，每一篇章都优美动听！在这个美丽的校园里，孕育着一代又一代的北林人，我为自己是其中的一员而感到自豪，我会在自己今后的人生中争取更大的辉煌以报答母校的养育之恩！我为身为北林人而骄傲、自豪！

大学四年，我最大的感悟就是"不积跬步，无以至千里；不积小流，无以成江海"、"不以善小而不为、不以恶小而为之"。这两句话凝练了我大学四年的苦与乐。

不积跬步，无以至千里

大学四年，我最大的改变就是自信，这源于我认真与坚持的态度。就拿学电脑来说，由于自己以前没接触过，所以每一堂计算机课我都是坐在第一排认认真真地听课、做笔记。由于个人没有电脑，就特别珍惜在计算机中心上机实习的时间，每次遇到问题的时候就请求同学帮忙。我觉得偏远地方来的很多同学可能和我一样，对电脑很多知识都不了解，有的人可能会出于自卑等其他原因不愿意问别人，我认为这点很不好。那时的我由于问的问题过于简单，也遭遇过个别同学不太友好的眼光，我也曾躲起来哭过，但是绝大多数同学是非常好的，他们会很细心地为我讲解。所以不要因为一次两次很小的挫折就给自己的成长埋下阴影。大一是提高自己的最好时期，一旦这时候懒惰了，将来再想勤奋起来就困难得多。由于勤学好问，我逐渐学会了word、excel、photoshop等实用工具，期末考试的时候取得97分的好成绩。后来我凭着这股子韧劲，于2009年获得了"国家奖学金"。我很注重做好每一件小事、把握每一个细节，因为我知道，只有努力才能改变自己，正所谓"性格决定命运，细节决定成败"。当我在羡慕别人的时候，我能感受到他背后的付出。我始终相信"阳光总在风雨后，乌云上面有晴空"，但前提是一点点的积累才能助你跨过一次次的沟壑，一次次的奔跑才能让你飞翔起来。

不以善小而不为、不以恶小而为之

大学四年，我"不以善小而不为"的行为很多。如每次经过地铁上或者是天桥上乞讨的人，我都会多多少少放些钱，总是希望我帮助的是真正需要帮助的人。每一次在公交和地铁上，我都第一时间给老年人让座。每一次看到搬了很多东西的人，感觉他们需要帮忙的时候，我都会主动帮忙。大一时，我与一位汶川阿坝州的女孩"一对一"结对，给她学习生活上的帮助。在青海玉树地震发生的第二天，我就去北京市献血中心献血，也参与了学校的捐款。我想这个世界正是因为每个人一点点的付出，才会变得越来越美好。我也很感谢帮助过我的人，我的母校、学院的领导、我的班主任关老师、班级同学、舍友，感谢你们陪我度过了这么美好的四年。

刚刚走进大学生活时，我们还是懵懂少年，对任何事都是在摸索，然后才能积累经验。可以说我们都犯过一些错误，但是往往犯了错误之后才开始后悔。比如说，有的同学考试之前不好好复习，考试作弊就是人生中很大的一个错误，因为作弊的代价是失去本科学位证，这对今后发展会造成很大的影响。我很为这部分同学感到惋惜，同时也想在此给学弟学妹们敲一个警钟，千万不要考试作弊，否则将后悔莫及！这也是"不以恶小而为之"，因为我每当有一点点不好的想法的时候，就会及时地遏制。

在大学里，有的人很成功，有的人很平淡。但不论经历了怎样的四年，这个时期给予了我们人生中很重要的财富。回想大学，我觉得自己是很幸运的，我不是一个很出众的人，但却一直在努力做得更好。希望学弟学妹们在大学里充分挖掘自己的潜能，挑战自己的极限，学会主动，要相信，无论是学校还是社会，没有人有义务教你什么，只有自己不断地求知、主动地求索，才能让自己强大起来。最后希望你们做一个北林的天之骄子！

在争取入党的日子里

个人简介：李瀚之，男，中共党员，北京林业大学水土保持与荒漠化防治专业2013届毕业生。曾获校"优秀学生二等奖学金"、"优秀学生干部"、"三好学生"，"今禹奖学金"、"'永为'水土保持奖学金"、"边坡绿化奖学金"等荣誉与奖励。曾担任水土保持学生科技协会主席、学生宿舍辅导员等职务。曾获校中国象棋比赛第二名、心理情景剧表演第二名、学院首届职业生涯规划大赛第二名、"我与祖国共奋进"演讲比赛第二名等成绩。2015年硕博连读攻读北京林业大学水土保持与荒漠化防治专业博士研究生。

2009年，进入大学的第一年，我便怀着对中国共产党的崇敬之情，郑重地向党组织递交了入党申请书，开始以实际行动向党组织靠拢。

自小学开始，我便以加入中国少年先锋队为荣，当时稚嫩的我并不明白这意味着什么，只是受家庭的影响和小朋友间的竞争驱使，我粗浅地意识到先锋队是优秀的小朋友才可以加入的，这是无上的光荣！鲜艳的红领巾时刻提醒自己、也鞭策自己，让自己更加优秀，早日入团，早日入党。

步入大学后，我有了自己的思想和价值观，不再人云亦云，随波逐流。尤其是随着年龄的增长和阅历的丰富，我看到了周围许多优秀共产党员的先进事迹，特别是看到了党在许多灾难面前所表现出的果断与坚决：1998年抗洪、非典、汶川地震……中国人民在党的领导下，克服了一个又一个困难，创造了一个又一个奇迹。所有这一切无不使得我对党组织更加崇敬并充满向往之情。我渴盼着能早日融入到这个优秀而神圣的组织。

一年级开始不久，我就申请进入党校初级班学习。通过学习党的基本理论，我不断端正入党动机。认识到入党是以心怀人民、无私奉献为基础的。在认真学习了《共产党宣言》、党的十七大报告、党的领导人系列重要讲话精神及思想政治必修课之后，我对党的理想与奋斗目标已经深入了解，并开始从思想上、行动上向党组织靠拢。我是一个喜欢辨证看待问题的人，中国共产党成立90多年以来，取得了举世瞩目的成就，但也不可避免地出现了一些问题，对于这些问题我们应该勇于面对、积极解决，我一直坚信，与时俱进的中国共产党，会发现并积极解决存在的问题，领导中国人民实现中华民族的伟大复兴！

学习上，我刻苦努力，专业排名第十，曾获得校"优秀学生二等奖学金"、"今禹奖学金二等奖"。我热爱水土保持与荒漠化防治专业，刻苦钻研专业知识，立志为国家生态环境建设做出贡献。党的十八报告中习近平总书记提出了生态文明建设的重要论述，而水土保持与荒漠化防治正是一门改善人类生态环境、走可持续发展之路的学科，我愿意学习并研究先进的水土保持理论为国家生态文明建设贡献力量。

工作上，我曾担任班级心理委员、水土保持科技协会会长。我充分利用已掌握的管理知识，将班级和社团工作做好。在社团全体成员的共同努力下，水土保持学生科技协会获"明星社团"的称号。在科协的工作中我接触过许多优秀的共产党员，关君蔚院士就是其中一位。我通过对关先生的了解，学习他平凡而又伟大的一生，敬佩他为中国水土保持教育事业的献身精神。他是一位执着追求、甘于奉献的老人，68岁如愿入党，他用实际行动践行着入党誓言，他对学生的关爱堪比父母，在学术上孜孜以求，是中国水土保持事业的开拓者与奠基人。关先生作为一名优秀共产党员，他的一生是我们青年人学习的典范。

当今社会，随着网络媒体的发展，部分反华势力大肆宣传西方社会思潮，诋毁党的形象，丑化民族英雄，冲击青年人的世界观、人生观和价值观。面对这些危险与挑战，我认为大学生一定要看清问题本质，主动抵御敌对势力的渗透，站稳政治立场，提高政治敏锐性。经过党组织的培养与教育，我更加坚定了入党信念，并于2011年5月光荣地加入党组织。入党后，我自觉学习习近平总书记系列重要讲话精神、党章党规，扎实掌握专业知识，努力使自己成为一名合格党员。我明白，入党更重要的是从思想上入党。一些同学受家庭、社会等因素影响，把入党仅仅当做荣誉；有的同学将入党作为提高就业竞争力，找到好工作的敲门砖；还有的同学没有将积极要求入党的愿望与实际行动结合起来，言行不一致……这些都是不正确的。作为新时代大学生，我们应端正态度，积极行动，不断完善与提高自己，以优异的表现向党组织靠拢。组织上入党，一生一次；思想上入党，一生一世！我愿为党和人民奉献一生！

大学里的学习攻略

　　个人简介：郭含文，女，中共党员，北京林业大学水土保持与荒漠化防治专业2014届毕业生，大学期间前往丹麦进行为期一年的联合培养。曾获"国家奖学金"、"北京市三好学生"、"北京地区优秀毕业生"、"北京市优秀团员"、校"三好学生"等荣誉与奖励。曾担任北京林业大学建校60周年绿色青年大使、水保10-3班班长及心理委员，所在班级曾荣获北京市十佳示范班集体、北京林业大学"十佳班集体"等荣誉称号。本科毕业后被推荐免试攻读清华大学硕博连续研究生。

　　随着时间的推移，我越来越对知识充满渴望，越来越希望自己能够拥有一个专长。上学多年，学习终于从被动驱使变成了一个主动获取的过程。说到大学四年的学习，并没有一个现成的方法，只是不断给自己设定一个个可以实现的小目标，并付出努力去实现它。

　　刚入大学时，很多人会误以为自己已经实现了全部的人生理想，剩下的事情就是高枕无忧，亦或是放松一下对自己的要求，好好享受一下大学时光。显然这些想法是不对的。大学的学习离开了父母、老师的严格管束，一切的生活都由我们自己做主，所有事情都显得那么"随心所欲"，这很容易使人产生懈怠心理，如何才能战胜内心的松懈，是在大学之初应该努力解决的问题，对此我的经验有以下几点。

　　一是端正学习态度。这是我在大学里学到的最重要的东西。端正的学习态度是今后学习的基石，基石不稳，高楼难建。生活中不是所有的事情都能如我们所愿，或许你现在所在的学校并不是心中理想的一所，或许你现在所学的专业并不是真正能够激发你学习的兴趣与欲望的专业，当现实遮蔽住你的梦想时，我们应该怎么办？是自暴自弃、哀哀怨怨度过大学四年，还是要更早更明智地做出选择？如果一直在躲避，终究有面对的那一天，而当要面对的时候，一切将为时已晚。

　　二是明确学习目标。这是我们奋斗的方向。学习目标明确了，才不至于像无头苍蝇乱飞乱撞。好好问问自己，我的目标是什么？是政府、企业还是高校，亦或是更多其他的选择？实现目标的途径不一样，我们要做的准备也不相同，因此，明确的目标不仅能让我们的奋斗有方向，更让我们获得努力的动力。我们班的一个同学，大一的时候成绩还算中等，大二开始有了自己较为明确的保研目标，于是从学习成绩和综合素质等各方面开始提高，综合排名不断上升，最终实现了成功保送研究生。或许我们不能完全清楚我们的目标是什么，但在这个阶段，我们只要坚持做正确的事情、坚持付出，终究会有所回报。

三是保证学习时间。这是取得成绩的有效途径。学习不能三分钟热度，而是一个坚持、不断进步的过程，没有时间上的保证，一切梦想都不会变成现实。入学教育那天，带领我们参观校园的辅导员老师对我们说，"这是图书馆，很多获得'国家奖学金'的同学，几乎每天在这儿学习"，当时我便记住了。所以大学刚开始我便保持了高中时的学习热情，坚持勤学习、多读书，当时还有同学对我的做法不太理解，但是一学年后，我用优异的成绩证明了学习时间投入与成绩的关系。

四是利用好学习资源。我们能从图书馆、机房、课题组等获得良好的学习资源。大学中跟随老师做项目是锻炼我们的好途径。做科研项目虽然不是大学的必修课，但是却能培养我们的思考与动手能力，为研究生生活做些铺垫。在这个过程中，我们或多或少地会遇到困难、挫折，但是，我们要把困难当成进步的阶梯、垫脚石。每经历一个错误、解决一个困难，我们都会在自己的生活阅历上收获一些可以令人铭记的东西。

五是多参与社会活动。大学中不仅要学会学习，还要学会生活，学会为人处世。大学生活是多姿多彩的，学生会、社团等能给我们带来丰富多彩的业余生活。社会工作是学习的有益补充。通过社会活动能很好地锻炼一个人的组织管理能力、人际交往能力等。但人的精力毕竟是有限的，过多的时间、精力参与社会活动会影响到学习。所以，任何事情都要有一个"度"，应该将我们的精力进行合理分配，这样才能使我们的学习、工作、生活都有收获。

总之，学习是一个不断坚持的过程，不能一蹴而就，更不能半途而废。在大学学习过程中，我们不仅是独立的个体，也是宿舍、班级中的一份子。在这些集体中，大家一起成长，一起感悟团队的力量，所有这些都会让我们终生受益。我对大学生活心存感激，感恩我的父母、老师和同学们，让我们一起努力，走向人生新的辉煌。

金石为精诚者所开

个人简介：曹美娜，女，北京林业大学水土保持与荒漠化防治专业2015届毕业生。大学期间曾获"国家奖学金"、"北京地区优秀毕业生"、"关君蔚英才奖学金"，校"优秀学生二等奖学金"、"三好学生"、"'永为'水土保持二等奖学金"、"今禹奖学金"等荣誉与奖励。获2013年暑假社会实践优秀论文一等奖、北京林业大学第三届大学生数学竞赛（非数学专业组）二等奖等荣誉。曾担任班级班长。本科毕业后被推荐免试攻读北京大学研究生。

满怀希望的人，不会忘记昨夜的美梦；追求生命价值的人，才会抓住生命中每一个精彩的瞬间。大学是一个舞台，它给每个人提供了发展的机会。在这里，有学识渊博的老师，有团结奋进的同学，更有着让每一个人可以憧憬的梦想。学生可以充分利用各种锻炼机会在学习领域中独领风骚，在社团组织中叱咤风云。大学是能大度包容我们错误的象牙塔，给予我们完善自我的机会，使我们能够利用宝贵的时光来学习理论知识与实践技能，以更加充实的自我迎接未来的挑战。

勤奋学习　刻苦钻研

重视课堂学习。课堂是学习的重要场所，大部分知识的传授都是在课堂上进行的。随着教学的不断改革，部分课程的学时不断压缩，老师需要在相对较短的时间内完成学科知识的传授，因此，老师精心准备的课件和课上所讲述的内容必定会是该科目的精华所在。另外，老师在课堂上还会讲授书本上没有的重要知识点，我们应该认真做好笔记，标记出老师反复强调的重点，这样在课后复习时能有所侧重，有利于建立自己的知识体系。

注重交流式学习。课程学习除了复习、理解、记忆外，还应更多借鉴他人的学习方法，取他人所长，建立适合自己的学习模式。在学习过程中，应当采取谦虚谨慎的学习态度，有不懂的地方，及时向授课老师请教，乐于和身边的同学讨论问题。在实习课上，要多在实践中发现问题，与老师进行互动交流，这样容易加深对知识的理解。

应充分利用图书馆的资源。图书馆的资源是非常宝贵和丰富的。课余时间应多去图书馆，查找相关专业知识，拓展自己的知识面。专业老师在开学前期可能会向大家推荐教科书，同时也会附带着其他相关书本的介绍，这时我们可以去图书馆进行搜索，一般都能找见。这一过程虽然看似有些多余，但是每个教材毕竟有自身的不足，这样在多方阅读的情况下，能够达到互补，进一步完善自己的知识框架。

投身科研　积极实践

刚开始接触科研的时候，感觉一切都很陌生，不知道如何下手。但是，一旦我们摆正心态，多向他人请教与学习，便会发现其实科研工作充满了乐趣。本科生可以在大二下学期参加科研项目。参加科研项目分几个步骤。一是项目申请阶段。申请前期要多与导师沟通，并查阅相关文献，确定研究方向。接下来，进行项目细化，通过借鉴他人的研究方法，初步拟定研究方案。这个过程同样需要与导师和学长们进行交流，在他们的指导下不断完善方案，提高项目实施的可行性，这样有利于获得审批。二是项目实施阶段。按照项目计划有步骤地实施。这个阶段应当尝试独立解决问题，只有这样才能真正地达到锻炼目的。三是论文撰写阶段。论文是衡量科研水平的重要指标。论文写作前可借鉴前人的写作技巧与方法，多看一些相关文献，理清写作思路。论文要注意语言的科学性和严谨性，撰写过程中可能会涉及数据的处理或者绘图，这需要我们平时学习一些相关软件，例如SigmaPlot、Origin、SPSS、Matlab等，应熟练掌握这些软件的基本操作技巧，为深入科研领域打下坚实的基础。

充实自我　乐于奉献

大学期间应利用课余时间，积极参加学校、学院组织的各项活动，锻炼自己的创新、沟通、组织、领导等能力。当学习和社团活动冲突时，应当分清主次，将最要紧的事情摆在优先处理的位置，懂得取舍，这样才不会顾此失彼。

我把大部分课余时间用在志愿服务上。无论是平西王府的信心小学支教、北京国际园林博览会志愿者，还是北京海淀区残联志愿者、国际花样游泳志愿者等等，都使自己在公益活动中实现了自身价值。在担任班长、班级组织委员和党支部委员期间，我团结其他委员主动工作，积极地与同学们沟通交流，并在学习上、生活上给予他们帮助和指导，关心他们思想道德品质的提高，积极引导大家向党组织靠拢。

最后，我想对师弟师妹们说：临渊羡鱼，不如退而结网。有梦便去追，为自己的青春插上翅膀，理想便会自由翱翔。人生有梦想才会有希望，怀抱理想，风雨兼程，一分耕耘，一分收获。一个人离开了勤奋，可能也就远离了成功。大学是人生最宝贵的四年，与其在消磨以后扼腕叹息，何不从现在开始为之奋斗。请相信，我们会用自己的双手规划属于自己的大学生活，创造属于自己的未来。时间还在继续，我会依然拼搏着，不断地提高自己，争做一个对社会有用的人。

好成绩是如何练成的

　　个人简介：董玥，女，汉族，北京林业大学水土保持与荒漠化防治专业2015届毕业生。大学期间曾获"国家奖学金"、"关君蔚英才奖"、校"三好学生"、"学术优秀一等奖学金"、"文体优秀一等奖学金"等荣誉与奖励。大英四六级成绩分别为646分、620分，雅思综合成绩7.5。辅修日语专业，并高分通过国际日本语能力测试最高级N1。本科期间在中文核心期刊上发表论文1篇，曾主持校级大学生科研创新项目、参与国家级大创各1项。获得配音、戏剧、摄影、长跑、跳高、写作等比赛的多项奖励。曾是2014年APEC志愿者、北京林业大学60周年校庆志愿者，代表学校参加首都高校第十三、十四届传统养生体育比赛，分别获得五禽戏团体组第一、二名。2013年暑假参加以色列本古里安大学的暑期课程。本科毕业后被推荐免试攻读北京大学环境科学与工程学院环境管理系研究生。

　　刚入大学时我是没有什么目标的，甚至不知道自己为什么选择了水土保持与荒漠化防治这个专业，但我知道，这不是自己颓废的理由。当时我就想，既然进入了大学的校门，踏上北林金色的银杏大道，希望自己能够成长，能够经历，能够留下宝贵的人生印记。抱着这样的心态，我开始了漫漫求学路。学习对于我来说，不是为了出人头地，不是为了找到一份好工作，也不是为了挣大钱。正是因为目标不明确，才更要学习各种知识，当以后发现自己真正感兴趣的行业时，不会因为自己缺少相关背景而被淘汰。我希望自己能有更多选择的权利，去干自己真正感兴趣的事情，能过上自己认为有价值、有意义的生活。现在我已经在不断地探索中找到了方向，很庆幸当初没有选择虚度四年。

　　也许你会说，我很确定自己以后不想从事自己的专业。我想说的是，如果你有明确的方向，有自己的规划，那就按照自己的计划，一步一步地去实现自己的梦想；但如果你没有目标，那就请好好学习自己的专业，就当为自己多准备了一条路。如果你连自己的专业都学不好，你拿什么向别人证明你有能力干好其他事情呢？所以，学习无用论是错误的，大学学习尤为重要。

效率决定一切

　　要想提高学习效率，良好的学习习惯很重要。首先要利用好课堂。我没有预习的习惯，偶尔会在课前浏览一下下节课的大标题。我认为课后的复习十分重要，复习能加深记忆，帮助消化课上的知识。在复习期间发现了问题要及时请教老师，或者与同学讨论解决，否则可能会影响下节课的学习。

我从来不熬夜，即使是考前我也坚持熄灯就睡的习惯，但这并不意味着我对熬夜持全盘否定的态度，这是一个因人而异的选择。如果你夜间学习效率高，而且熬夜不会影响第二天的状态，那么熬夜对你来说没有问题。我属于"早起鸟型"，睡得晚会严重影响我第二天的心情，而且早上是我学习效率最高的时间段，背书记单词很快。所以，每个人都要找到适合自己的学习方式，养成良好的生活习惯。

培养几个爱好，但不要沉溺。相信每个人都会有完全学不进去的时候，这很正常，关键在于如何调节。我喜欢看动漫和美剧，在不想学习的时候它们起到了很好的调节作用，也帮助了我的日语及英语学习。但过犹不及，如果每天都宅在宿舍煲剧、打游戏，这就是颓废而不是调节了。"学习的时候就要百分之百的投入，玩的时候就要百分之百的享受"，这是我的原则。

有许多同学经常把"deadline就是生产力"这句话挂在嘴边，这在我看来"拖"是最没效率的。就以写实习报告为例，实习结束就要抓紧时间写，这时对实习的记忆最清晰，报告能很流畅的写完，但如果你有重度拖延的习惯，非要赶在提交前一天熬夜写，这样匆匆忙忙、粗制滥造的结果可想而知。拖延症是效率的大敌，一定要克服！

学会利用资源

练习外语听力的时候需要做听力题，但听力书由于包含光碟很贵，而且里面原文占了很大部分，真正的题目很少，因此我经常去图书馆找外语听力书来练习。但由于是借的书，所以不能把答案直接写在书上，要写在本子上，并把没听懂的单词，句子抄录下来，方便以后复习。记得在考日语N1的时候，我几乎找遍了图书馆所有N1的听力书，挨个做了个遍。英语的听力练习我推荐一个广播——轻松调频91.5，每天下午1点到3点都是几乎全英的内容，会针对热点问题进行讨论，坚持听一定会有很大进步的！

学长们的资料也是很重要的资源。考前的重点总结可以节约很多精力，参考别人的报告可以借鉴一些思路，还有一些信息通过其他方式获取不到的，要好好地利用。记得大三下学期，我对保研充满了疑惑，就找上届的学姐咨询，学姐耐心地答疑解惑，还向我推荐了保研论坛这个网站，并拷贝给我许多保研考试的复习资料，对我帮助很大。

另一个重要的资源是身边优秀的人。三人行必有我师焉，当你找不到目标时可以和他们谈一谈，从他们身上汲取经验与教训，发现正能量。当你有困惑时，可以多从别人身上学习处理问题的方法，也许你会得到启示。总之，与优秀的人做朋友你也会变得优秀。

学习与学生活动两不误

　　大学四年是全面发展的契机。人是离不开社会的，如果一味的只读死书，那么就只是一部学习机器；但如果只顾着参加各种学生活动，就可能会耽误自己的本职。因此，要学会在两者之间找到一个平衡点，做到学习与学生活动两不误。

　　刚上大学时，各类社团的宣传单令人眼花缭乱，但人的精力是有限的，要有选择性的加入。如果希望锻炼能力，就选择一个社团坚持做下去，将其他组织作为空余时间的爱好。只要你平时做到高效学习，适当的学生活动是不会影响学业的。我从小钟情于舞蹈表演，喜欢跟随镜头与绚烂的镁光灯。大一时我加入了院"文冠果"舞蹈团，参加了学院元旦晚会、学校元旦舞会等多个节目的演出。大一至大三每年"五月的花海"合唱比赛中，我均为学院合唱团伴舞，这丝毫没有影响到我的学业成绩。我认识许多担任过学生会主席职务的同学，他们同时还能够保持专业第一，因为他们很好地处理了学习与工作之间的关系。相信只要养成良好的习惯，好好规划自己的大学生活，你也能够做到！

只要努力，一切皆有可能

个人简介：程雨薇，女，资源环境与城乡规划管理专业2012届毕业生。本科期间曾获"国家奖学金"、"校优秀学生一、二等奖学金"、"新科鹏举奖学金"、"今禹奖学金"等荣誉与奖励。曾担任班级学习委员、校就业助理团媒体部副部长等职务。本科毕业后被推荐免试攻读浙江大学研究生。

回望我的大学，就像是在游戏中一路跋山涉水、过关斩将，从最初的稚嫩到现在小有成就，感慨颇多。

新手上路

初入北林，就仿佛进入了一个全新的世界，从刚开始的慢慢摸索到熟悉周围的一切。首先是对学习环境的适应。大学完全不同于高中，更多的是靠自觉，是自我修炼的过程。大一期间，我上课认真听讲，积极思考，课余阅读与专业有关的书籍，加深对专业的认识，开阔自己的眼界。气象学、地质学、地貌学、土壤学等课程还设有外业实习，使我们在巩固课业、夯实基础的同时又领略了祖国的大好河山，见识了自然的鬼斧神工。

作为唯一一个大一新生参加学院职业规划大赛，当时的紧张不安现在仍记忆犹新，但是通过那次活动，我知道了方向对于人生的重要性，开始学会规划时间，合理利用资源，慢慢摸索属于自己的道路。以后的时间里，我下意识地把握机会，"逼迫"自己参加一些比赛，上台面对众多目光的注视。也有过窘迫和失落，但种种过后，我欣喜地发现自己在慢慢地成长。

科研进阶

大二、大三是进阶的过程，需要加深对自身的探索，在准确定位自己的同时，应对前途有一个更明确的规划，勇于尝试新事物，并且以十二分的热情持之以恒地努力。

大二的暑假，我参加了为期20天的由中科院和湖北大学环境学院合办的"LUCC及其气候/生态效应模拟平台模型集成与算法优化技术验收研讨会"。会议探讨研究了国内外的城镇化模式，比较了不同国家发展模式的特点，为中国的城镇化发展提供借鉴；土地利用与生态系统服务功能联系的背景，为国家制定土地利用优化建议以改善生态系统服务功能等。这样几乎一整天安安静静地坐在电脑前听会，对我来说还是第一次，这让我惊讶于自己的定力和耐力，这也为我日后的学习、科研开启了良好的开端。

在老师的指导帮助和朋友的鼓励下，我参与了大学生科研创新项目"京郊蔬菜与作物食用部位重金属研究"，经历了项目书的编写、实验地踩点、外业采样、内业实验等过程，常常在实验室一呆就是一整天，称量、加热、吸滤等，这锻炼了自己的科研实践能力，使自己愈加深刻地体会到科研是一项需要耐得住寂寞的工作，没有一项工作不需要认真、细致和耐心，简简单单的几个数据背后，是付出的无数心血。

一年之后，我以主持人的身份申请了另一个项目"高铁枢纽站对区域经济发展的时空效应研究——以中国东南沿海和西部经济战略带为例"。在这个过程中，我看了很多篇文献，逐渐理清了研究思路，确定了题目，期间我与老师反复进行沟通、讨论、修改，直至完成项目书，虽然申请结果不尽如人意，但对我而言却是获益良多，心里成就感满满。两个大学生科研创新项目经历过来，我发现有时候只要多一点勇气，多一点决心，多付出一些努力，就可以完成很多自己原来觉得不可能的事。

幸运的是，每一次的挫折和失败都是为今后的成功积累经验。大三是我收获的季节，在导师的帮助下，我以第二作者发表了2篇SCI论文。这验证了一句话：并不是努力就一定会有结果，但如果不努力就一定没有结果。在巩固课业学习、加强科研实践的同时，各种各样的活动也丰富了我的大学生活。比如参与凤凰卫视《世纪大讲堂》（上海自贸区与中国经济改革）和规划业界大师们的讲座等，业界翘楚的讲授让人眼界开阔、受益匪浅。

如果说教室学习是我的第一课堂，那么志愿者活动就是我的第二课堂。红领巾支教、"心羽心愿"民工子弟小学支教、太阳村志愿者、海淀残联志愿者、香山敬老院志愿者等，让我更多地接触了社会中的弱势群体，体会到了生活的种种不易，懂得了作为一个新时代大学生应有一份社会责任和担当。

大学一路走来，最想感谢老师、朋友们的鼓励和帮助，在我失落、失望、失去方向时予我明灯和肩膀；又在我得志、得意、得过且过时让我清醒和远望。

大学是人生重要的一站，前方依然"道阻且长"，我会收拾行囊，整装再发，希望自己走出校门后依然不忘初心，无愧于父母、老师和自己，做一个精彩出色的北林人。

我在北林的四步曲

个人简介：王红杰，女，中共党员，北京林业大学资源环境与城乡规划管理专业2016届毕业生。曾获"校优秀学生一等奖学金"、"今禹奖学金"和"'北林丽景'科技创新奖"，参与两项大学生科研创新项目并发表论文1篇。连续三年被评为校级"优秀学生干部"、获得关君蔚特殊贡献奖等荣誉。曾任班长，所在班级获北京市先进班集体、校十佳班集体等荣誉称号；曾任校新闻社影媒部副部长、校党委组织部助管。本科毕业后被推荐免试攻读中科院地理所研究生。

林之基——学习

2012年9月，我来到了"绿色学府"——北林。初来乍到，我对大学充满了好奇。高中时代经常听说"大学以后你们就轻松了，学习不是最重要的，可以放松一下了"的言论，再加上大学刚开始的课程安排相对较松，因此，我对学业放松了要求，加入了多个社团组织，希望发展一下综合素质。没想到第一学期期末考试，我的成绩仅排名专业第13名，这令我失落了很久，也突然意识到学习的紧迫性和重要性。后来接触专业实习后，我便真正地喜欢上了这个专业，登鹫峰、去密云、览群山、访溶洞，不但知道了几百种花草的名称，还知道了多种地貌形成的过程。随着对专业知识的深入了解，我对环规这个专业愈加热爱，学习上便有了动力，成绩也不断上升。为了提高保研考试成绩，我不断努力学习各门课程，加上综合素质的量化成绩，最终成功保送研究生。

本科期间我开始从事科研活动。大二下学期，在吴秀芹老师的指导下，我参加了国家大学生科研创新项目"雾霾对居民心理健康的影响"。从确定题目到收集数据，从查阅文献到自己创作，逐渐了解了科研工作的流程。工作过程中，有时候会感觉到枯燥乏味，但是发现问题、解决问题的过程却具有很强的吸引力。此外，2014年，我参与的"梁希杯"大学生创业项目"润土科技有限公司"进入复赛，虽然最终没拿到名次，但在模拟创业的过程中，大大开拓了我的思维视角。大一暑假我组建了环规专业暑期实践团，带领大家进行岗位调查，规划自己的职业生涯，获得了暑期社会实践优秀成果奖；大二暑假我组建了"润土暑期实践团"，对泥炭土进行市场调研，取得了较好的效果。我坚信，每一次努力都是为梦想大厦添砖加瓦。

林之韵——工作

大一时我参加了很多学生组织的活动，如学生会外联部、社联组织培训部、礼仪队等。但是一个人的精力是有限的，不可能做到面面俱到，学生活动多了必然会冲击学习，所以还是建议师弟师妹在参与活动上有所取舍。而一旦决定了要选择某个组织长期做下去，就要认真地做好每一项工作。我坚持时间最久的是班级工作，曾先后任团支部书记、班长，组织了第一次班会、系列学术沙龙、坝上草原行，成立了班级志愿服务队，每一项工作我都认真投入，学会统筹规划、处理各种突发情况等，在全班同学的共同努力下，最终我们班获得北京市十佳示范班集体、北京市"先锋杯"团支部、校十佳班集体等称号。

林之魂——思想

大学期间，我不断参加各种理论培训和实践活动，参观了国家博物馆、抗日战争纪念馆和西柏坡等，还在学校组织部（党校）做助管，通过学习培训，加深了我对党的认识，最终光荣地成为了一名中共党员。我热衷于参加志愿活动，先后参加了敬老院敬老、陪伴残障儿童、农民工子弟学校支教，与学校离退休党支部共建等活动。通过志愿活动我体会到了助人的快乐。

林之体——生活

学习、工作并不是大学生活的全部。"如果你爱生活，你就会爱1902"，这是我们宿舍的一句标语，我喜欢这个充满活力与正能量的集体。全寝室基本上都是23：00睡，7：00起，一起去图书馆自习，一起到操场跑步，我们养成了良好的作息习惯。还记得宿舍才艺大赛上一起跳舞，宿舍设计大赛时一起剪星星。在毕业、读研、工作三者的选择上，我们纠结了很久，但目标确定之后大家便快速地投入到了行动中。

大学生活的选择面很宽。我参加过一些文体活动，如"12·9"长跑、主持人大赛、心理情景剧、演讲俱乐部等；选修过学院路共同体的课程，如国际象棋、保健按摩之类；也去周边高校听了一些讲座，选择了一些自己感兴趣的辅修课程，甚至提前考一些证书等。在大学四年中，学长帮助了我们很多，学院也经常会有经验分享、职业规划等活动，希望学弟学妹们要学会利用好这些资源，为全面发展打牢基础。

让过程更加完美，让结果不留遗憾

　　个人简介：王欢，女，北京林业大学资源环境与城乡规划管理专业2016届毕业生。在校期间曾获"北京市优秀团员"荣誉称号，多次获校"三好学生"、"优秀团员"、"优秀学生二等奖学金"、"关君蔚英才奖学金"、"北林丽景科技创新奖学金"等荣誉与奖励。曾担任院科协团支部书记、校学生会干事、校就业服务中心助管、班级学习委员、体育委员等职务。本科毕业后被推荐免试攻读中科院地理所研究生。

　　人生是一次长跑，大学四年我们正经历着人生最为灿烂的时光，也是最为关键的时期。四年里我们经历了无数个的第一次，第一次离家独自生活、第一次参加学生会、第一次结交来自五湖四海的朋友、第一次品尝乡愁的滋味、第一次跌倒、第一次哭泣……在无数的第一次中我逐渐学会成长与坚强。在这四年的长跑中，我从不求做到最好，但只求让过程更加完美，使结果不留遗憾。

破茧成蝶·蜕变

　　四年前的我一脸稚气来到了北京林业大学。报到的那一天我拉着爸爸妈妈的手好奇地看着这绿树成荫的校园，满心欢喜。爸爸妈妈准备起程回家前跟我说：今后我和爸爸不在身边，你一定要好好照顾自己，要快乐地生活。我点了点头笑着和爸爸妈妈道了声"再见"，然后转身就哭了。我给妈妈发短信说："放心吧，你牵挂的孩子长大了。"回想这些，如果问我是在什么时候开始学会坚强了，也许就是刚入校园的那一瞬间。大一时懵懂，跌跌撞撞做错很多事；大二时迷茫，东闯西闯几次碰壁；大三时找到了方向，拼尽全力只为圆自己的一个梦想；大四这一年的自己基本就是大一时候想要成为的样子。回首来时的路，可以问心无愧地对自己说：青春无悔。

厚积薄发·积淀

　　也许有一条路你走得很辛苦，付出很多努力，结果却不如所愿，你觉得很不公平，为什么自己那么努力却都没有得到一个好结果。当你这样想的时候你或许忘记了，上帝为你关上一扇门的同时会为你打开一扇窗。我的科研之路和保研之路就是那一扇门和那一扇窗。

　　第一次申请科研项目是在2014年4月，我以极大的热情精心组建团队，进行选题，联系老师修改申请书等，每周一次例会研讨进程，自信满满地去答辩，可结果却失败了。于是我告诉自己，大三还有机会，于是整个团队重整旗鼓开始准备下一个项目的申请。2014年11月，我第二次递交申请书，这一次比上一次更加努力，可结果又失败了，当时自己的内心深处有一点点委屈。但我还是安慰自己，还会有机会。后来，这个项目受到中科院高江波老师的青睐，我由此成功地被推荐免试攻读中科院地理所研究生，成为吴绍洪和高江波老师联合培养的研究生。两次申请项目尽管没成功，却奠定了我从事科研的基础，也增添了知识储备。所以无论什么时候都要坚信，上帝为你关上一扇门的时候会为你打开一扇窗，越努力，越幸运。

一丝不苟·求实

学生工作在我大学四年中一直占据着重要的位置。其中，校就业服务中心的工作一直贯穿我的整个大学生活。缓派、改派、派遣、二分、签三方协议等名词在我的脑海中从完全陌生到应用自如，使我不断熟知大学生就业政策。我清晰地记得在校学生会工作的日子，每周三晚上的例会都要持续到23：00以后才能结束，宿舍楼里的电梯已经停止运行，我们就爬楼回宿舍，整理会议记录，开始一周的奋斗。我们举办了四六级模考、北林讲堂等各类活动。活动过程中，我们一起进行方案策划、会场布置、人员分工等工作，大家紧张而有序，热情饱满，现在想起来非常具有成就感。在担任班级学习委员期间，为了避免同学们挂科，我举办了期末大讲堂，并亲自担任主讲人，给同学们讲解高等数学、线性代数、概率论等挂科率较高的课程，并搜集复习资料发给大家。这种互助活动增进了同学之间的感情，班级氛围非常融洽。

我很爱北林、很爱水土保持学院、很爱环规12-2班。感谢北林对我的塑造，感谢在北林的经历，感谢自己这四年的努力。在未来的日子里，我一定会坚定自己的梦想，潜心科研，走好每一步。心之所向，无惧无悔。

记忆北林

个人简介：申嘉澍，男，中共党员，自然地理与资源环境专业2017届毕业生。在校期间曾获"国家奖学金"、校"优秀学生一等奖学金"。大学期间辅修了北京林业大学经济管理学院会计专业。曾担任班级体育委员、水土保持学院学生会、社联和就业助理团干事，本科毕业后被推荐免试攻读北京大学研究生。

初至北林，在学长热情迎接、爸妈舅姨忙碌打理、舍友同学愉快见面过后，站在宿舍的阳台上，脑海涌现着《肖申克的救赎》中安迪迎着暴风雨重获新生的画面，耳畔回响着马丁·路德·金的《我有一个梦想》里渴望自由的声音，我真切而兴奋地感到成堆的模拟试卷、厚重的《五年高考三年模拟》都已成为过去，大学的故事自此由我写起。

开学最初的一个星期，没有课程、没有任务、没有督促、没有目标，日升而起，日落不睡，犹如一匹脱缰的野马，遇到一群脱缰的野马，万马奔腾。之后社团报名、学生会申请、社联竞选接踵而至，每天虽然忙得不亦乐乎。不知不觉期末将至，才倍感茫然，手忙脚乱，内心忐忑，用一句话总结教训就是整个学期课程学习、社团工作与休闲娱乐时空分布不均，以社团工作和休闲娱乐居多。这时的我才理解了乔布斯演讲中所提到的皆有因果，才想起了高中熟背的"不积跬步，无以至千里"。

期末成绩是教训、是警醒，也是经验。我彻底反思入学这段时间的安排，认为应合理处理学习与其他事务的关系，理清头绪，权衡利弊，明确下一步发展的方向。我明白了，在学习、工作和娱乐间仍应更侧重于学习，并非从高中进入大学就可以放下学习而不顾。大学很多课程看似与生活联系不密切，与专业不相关，与兴趣不相符，实则会在潜移默化中对自身的思想、思维和行为产生影响。课程知识学习的过程是一个积水成渊、聚沙成塔、集腋成裘的过程，不论以后选择工作、读研或者出国，昨日之积累，是今日之准备，乔布斯在大学上书法课时也没有想到日后竟会在电脑设计中用到。

从大二开始，我便把主要精力放在了各门专业课上，把大部分别人消遣的时间放在了专攻科研问题上。每个人时间都很有限，在有限的时间里，我搜集更多的资料，学习更多的知识，掌握更多的统计与制图技巧，从而更好地完成了课程论文。最困难的一次经历是老师要求两天后交一份论文，论文中制图技术复杂且涉及内容广泛。由于是一名本科生，查阅资料、选取信息的能力有限，所以我在学校图书馆从早忙到晚，两天六顿饭、六个面包最后换来的是自己专业制图技能的提高、收集统计信息能力的增强以及得到老师赞许的论文。

大二期间，我利用周末时间，辅修了北林经管学院的会计专业，以此拓宽知识广度，开拓学术视野。资环专业的各项课程都要求学生形成综合考虑环境、社会和经济三个维度，辅修会计中的宏、微观经济学等经济课程，弥补了我经济知识方面的空白，使我收获颇丰。

大二到大三期间，我作为科研团队骨干参与了国家级大学生创新项目。在项目指导教师的带领和团队同学的配合下，我充分发挥了自身所具备的专业理论与科研实验优势，从文献阅读、选题、提纲撰写、任务书编制、实验设计、材料购买、实验观测、结题答辩一路走来，每一步都认真扎实。犹记深夜中在学研大厦里阅览的文献，难忘酷暑里在温室中栽种的花卉。通过项目的锻炼，我初步探索了本学科相关领域的具体问题，储备了继续从事相关领域科研工作的知识与能力。

资源环境与城乡规划管理专业英语中的许多专业词汇由于不是平时英语的常用词汇且冗长，因此在识记、理解上会比较困难，再加上面临英语四、六级考试的压力，所以既要提高时间利用效率，又要增加学习时间，而为学之要，贵在勤奋、贵在钻研、贵在有恒。每天早晨六点宿舍灯一亮，我就赶紧起床背单词，此时头脑清醒，思路清晰，既有学习效率，又增加了学习时间，对于难度较大的专业词汇，大量翻资料查阅以了解词汇背后的专业知识，一年下来就扎实地积累了很多专业词汇，也为日后研究生考试时专业英语试题的圆满答卷奠定基础。

进入大三，专业课程尤为重要。在这期间，要确定自己的毕业方向，如果要争取考研的话，就更要抓紧课程的学习。我所学专业的研究方向主要是自然地理或人文地理，两个方向都要求熟练掌握水、土、气、生和地质地貌相关知识，会利用数据分析软件如SPSS等进行统计分析，会运用GIS、ERDAS等地理学专业技术软件进行空间制图，这些在大三的课程中均涉及到，也是我重点学习和复习的部分。

大三至大四期间，撰写毕业论文是最主要的任务。从与指导老师探讨论文选题，到阅读大量中英文献、了解论文选题的当前研究进展；从总结文献内容来编写提纲，到数据的采集与整理；从论文结果的计算及图表的制作，到论文初稿的完成，各个环节都需要耐心与细心。专业名词一字之差，谬之千里；实验数据单位有别，务必弄清；制图范围尺度不同，不可叠加；论文规范字体差异，切记修改。当最后论文答辩完成，心中多是欣慰与感恩。

大学四年，北林为伴；师生之情，不敢有忘。青春正当时，不予负流年，执着的青春最动人。执着是北林人的性格。我也会带着这份执着的坚持，通过不懈地求索、孜孜地追求，为祖国自然地理学事业的发展与进步贡献自己的热情与力量！

|参考文献|

昂其珍. 浅谈大学生如何利用好图书资源［J］. 教育教学论坛，2013（35）：141–142.

博思人才网. http://www.bosshr.com/shownews_37180.html

曹文波. 新时期高校"虚拟班级"的建设与管理研究［J］. 教育探索，2014（11）：79–81.

程斯纳.成长的思考—浅谈当代大学生自主独立能力的缺失与培养［J］. 科技导刊，2012（3）：4–6.

大学生就业指导编写组. 大学生就业指导新编［M］. 长春：吉林文史出版社，2008.

代妮，孟庆恩. 论高校社团文化与大学生素质教育的融合［J］. 金融教育研究，2009（6）：117–119.

丁凡. 欣赏他人获双赢［J］. 华北民兵，2008（12）：60.

儿子沉迷网络荒废学业母亲赶赴申城网吧寻子. http://www.southcn.com.

方洲. 中国当代名人成功素质分析报告［M］. 北京：中国青年出版社，1998.

冯仑. 伟大是管理自己［J］. 人民文摘，2011（2）：61.

付英明. 对大学生参加社会实践活动存在问题的思考［J］. 陇东学院学报，2007（3）：113–116.

GCDF中国培训中心. 全球职业规划师GCDF资格培训教程［M］. 北京：中国财经出版社，2006.

郭东敏. 当前高校大学生社会实践存在的问题及解决对策［J］. 榆林学院学报，2007，17（1）：91–93.

韩静. 高校学生社团激励机制优化研究［D］. 重庆：西南大学，2013.

韩宗芳. 浅谈阅读习惯的培养［J］. 阅读与鉴赏：教研，2010（7）：43–43.

胡晓转. 公共关系是现代人走向成功的必备技能［J］. 文教资料，2009（2）：171–173.

黄雪. 大学生沟通主动性与心理健康的相关性研究［D］. 重庆：重庆大学，2010.

吉晓琳. 大学生参加社会实践活动重要性［J］. 世纪桥，2011（1）：119–120.

赖建萍. 如何引导学生与人和睦相处［J］. 职业，2008，（10X）：76.

黎鸿雁，邵彩玲，安涛. 大学生自我管理能力培养研究［J］. 河北农业大学学报，2008，10（1）：85–87.

李朝阳. 大学生社团开放性建设初探［J］. 江苏高教，2003（3）：107–109.

李惠. 谈大学生社会实践存在的问题与对策［J］. 思想政治教育研究，2006（2）：

65-67.

李家华. 生涯规划与管理［M］. 上海：上海交通大学出版社，2012.

李静. 浅析如何培养大学生的团队合作精神［J］. 现代企业教育，2009（10）：239-239.

李香菊. 浅谈大学生职业意识的教育［J］. 学校党建与思想教育，2012（3）：85-86.

李盈. 美国家庭教育的启示［J］. 教育实践与研究，2005（4S）：11-13.

李颖. 当代大学生合作意识培养途径探析［J］. 青少年研究：山东省团校学报，2008（S1）：426-428.

林少波. 大学路线图：读大学怎么读［M］. 天津：天津教育出版社，2010.

刘念. 论大学生团队合作精神的培养［J］. 西南民族大学学报（人文社科版），2007，28（4）：224-227.

刘星期. 论强化大学生责任感的教育［J］. 中国高等教育，2000（3）：88-89.

刘勇. 对在校大学生参加社会实践的另一种思考［J］. 湖北经济学院学报，2008，5（5）：150-151.

马高山，王晨辉，王含英，等. 互联网对高校大学生的影响及应对措施［J］. 河南科技学报，2011（5）：111-114.

马秋丽. 论大学生的自我管理［J］. 湖南科技学院学报，2005，26（6）：233-235.

莫春梅. "90后"大学生社会实践存在的问题和策略思考［J］. 四川文理学院学报，2015，25（2）：125-128.

穆枭枭，杨萌. 论大学生参加社会实践的重要性［J］. 人才资源开发，2015（16）：149-149.

彭杜宏. 大学生对家庭教育的回顾与展望研究［J］. 宁波大学学报（教育科学版），2010，32（5）：36-39.

屈善孝. 探析加强大学生自我管理的有效途径［J］. 国家教育行政学院学报，2010（3）：68-72.

沈立人. 学习别人超越自己［J］. 群众，1998（3）：53.

石婷. 大学生参加社会实践的意义和途径方式调查研究［J］. 学理论，2009（29）：115-116.

苏超. 大学生如何处理好寝室人际关系［J］. 辽宁经济职业技术学院（辽宁经济管理干部学报），2010（1）：93-94.

孙五俊，魏俊彪. 河南省大学生家庭沟通模式与应对方式和幸福感的相关研究［J］. 中国学校卫生，2008，29（2）：134-136.

孙夕翔的博客. http://blog.sina.com.cn/s/blog_a61463dd0100z1nf.html.

谭彪喜. 读大学，究竟读什么［M］. 广州：南方日报出版社，2010.

田桂荣. 学生社团：大学生成长的重要课堂［J］. 中国教育报，2005（6）：10.

汪洪捷. 浅论大学生自我教育和自我管理能力的培养 [J]. 首都师范大学学报，2004
（S2）：58-61.

王洪平. 高校学生社团在加强大学生思想政治教育中的作用研究 [D]. 沈阳：吉林农
业大学，2012.

王佳权. 大学生师生关系现状研究 [J]. 江西青年职业学院学报，2009，19（2）：
11-13.

王军. 工科大学生人际交往能力归因特点的研究 [D]. 上海：华东师范大学，2002.

王明夫. 心有理想，春暖花开 [M]. 广州：广东经济出版社，2013.

王向明. 为什么要信仰共产主义 [M]. 北京：人民出版社，2013.

王艳玲. 口语表达能力——当代大学生必备的基本能力 [J]. 长春教育学院学报，
2001，26（1）：130-131.

吴迪，谢志远，王晶. 论大学生自我管理能力缺失的原因及对策 [J]. 广西青年干部学
院学报，2006，16（3）：42-44.

吴颖. 高校政治理论型学生社团对大学生政治社会化的功能研究 [D]. 重庆：重庆师
范大学，2013.

吴志全. 网络的利与弊 [J]. 创新作文：初中版，2015（4）.

肖晶星. 珠海高校大学生人际交往状况的调查研究 [J]. 长江工程职业技术学院学报，
2010（1）：22-23.

徐正贞. 善于学习别人长处受益无穷 [J]. 人民教育，1985（1）：51-52.

杨国英，杨绍梅. 新时期的大学生如何对待恋爱与学业 [J]. 法制与社会，2011（10）：
231-232.

杨继瑞. 关于加强大学生社会实践活动的思考 [J]. 高校理论战线，2010（2）：49-52.

姚裕群. 职业生涯规划与发展 [M]. 北京：北京大学出版社，2004.

尹秀云，周立新. 大学新生适应问题与适应教育探析 [J]. 扬州大学学报（高教研究
版），2008（5）：85-88.

应届毕业生网. http://www.yjbys.com/news/293933.html.

余三定. 我的快乐读书观 [J]. 云梦学刊，2009，30（2）：57-58.

余炎英. 浅析高校辅导员如何引导大学生合理使用网络 [J]. 江西电力职业技术学院学
报，2013，26（4）：42-44.

曾涛. 实践出真知，实践出人才——论大学生参加社会实践的重要性 [J]. 鸡西大学学
报，2001（2）：27-28.

张德江. 学会学习：21世纪大学生必备的基本能力 [J]. 高等教育研究，2003（6）：
69-72.

张伟强. 大学生人际关系新特点与高校德育的创新 [J]. 思想教育研究，2007（3）：
38-40.

张五常特．四招读书方法让你事半功倍［J］．考试：双语读写，2014（6）.

张颖．大学生亲子沟通态度与心理适应的相关研究［D］．重庆：重庆大学，2008.

赵晓霞，杨卉．浅谈大学生课余时间应如何利用图书馆［J］．医学信息，2009，22（11）：2338-2339.

中共中央办公厅印发.中国共产党发展党员工作细则.［M］.北京：党建读物出版社，2014.

中共中央组织部党员教育中心．信仰的力量［M］．北京：人民出版社，2013.

钟谷兰，杨开．大学生职业生涯发展与规划［M］．上海：华东师范大学出版社，2011.

周天翠．县级图书馆如何更好地开展免费开放服务—以巧家县图书馆为例［J］．科技、经济、市场，2015（5）：184-185.

周耀明，马林．大学生就业指导与职业生涯规划［M］．北京：科学出版社，2011.

朱刚，滕丽娟，李卫峰．高校图书馆文化环境建设对大学生成才成长的影响探析［J］．江苏理工学院学报，2012，18（3）：137-139.

|后 记|

酷夏，完成书稿，掩卷长思，如释重负，激动之余感慨万千。自萌生撰写念头至编写完成的两年间，我与小伙伴们在繁忙工作的同时，利用无数个夜晚和休息日，边总结，边写作，边思考，边实践，一路走来，其中的艰辛不言而喻。此拙作既可以说是给大学生的"指南"，也可以说是对自身工作的"检验"。一方面我们期望用不变的初心、浅薄的经验帮助心爱的学生们扣好大学生活的第一粒扣子，以度过美好、充实、有收获的大学生活；另一方面在写作过程中，我们也一直在思考，如何能够把大学生思想政治工作做得有温度、有情怀、有成效，让每一名学生都得到最好的发展；如何对标对表，善谋善为，厚德爱生，做热爱学生的"贴心人"。为此，每写到字里行间，均深感作为一名高校思想政治工作者责任重大、任重道远。但也相信一句话"爱是比责任感更好的老师"，正是对学生的爱、对工作的爱一直坚定着我与小伙伴们完成本书写作的决心与信心。本书中的观点一方面来自于我们对工作的切身体会，一方面借鉴了前辈与同行们的宝贵经验，大家集思广益形成《大学生活引航》，期待能对大学生朋友们有所借鉴，也希望进一步促进我们自身工作的精益求精。真切地希望此书能与同行朋友们共筑思想交流的平台，共同分享成长的收获。

感谢编委会全体同仁的辛勤付出，感谢黄国华、田阳、刘广超、王伟、云雷、杨实权、马景行等同事朋友们的大力支持与帮助；感谢北京师范大学姚亚琦硕士绘制的精美插图；感谢"他山之石"中的各位主人公为学弟学妹们提供的宝贵经验；感谢书中所引用图片的原作者。也特别感谢我们自己当初的引路人，值得终生铭记的领导与尊师，正是因为有了你们，才有了我们今天的成长。

因时间、水平所限，书中见解不尽到位，错误之处在所难免，诚恳地希望大家多提宝贵意见与建议。

编者
2017年7月